山梨県

〈収録内容

便利な DL コンテンツは右の QR コードから

解答用紙　過去年度　リスニング ⇒

※データのダウンロードは 2025 年 3 月末日まで。
※データへのアクセスには、右記のパスワードの入力が必要となります。 ⇒ 558042

〈 各教科の受検者平均点 〉

	数学	英語	理科	社会	国語	総合
2023年度	52.8	48.0	55.1	51.5	56.0	263.4
2022年度	54.8	57.9	51.8	48.7	51.5	264.7
2021年度	59.1	50.8	53.6	58.3	58.7	280.4

※各100点満点。
※最新年度は、本書発行の時点で公表されていないため未掲載。

本書の特長

- POINT 1　解答は全問を掲載、解説は全問に対応！
- POINT 2　英語の長文は全訳を掲載！
- POINT 3　リスニング音声の台本、英文の和訳を完全掲載！
- POINT 4　出題傾向が一目でわかる「年度別出題分類表」は、約 10 年分を掲載！

実戦力がつく入試過去問題集

▶ 問題 ……………… 実際の入試問題を見やすく再編集。
▶ 解答用紙 …… 実戦対応仕様で収録。
▶ 解答解説 …… 重要事項が太字で示された、詳しくわかりやすい解説。
※採点に便利な配点も掲載。

合格への対策、実力錬成のための内容が充実

▶ 各科目の出題傾向の分析、最新年度の出題状況の確認で、入試対策を強化！
▶ その他、志願状況、公立高校難易度一覧など、学習意欲を高める要素が満載！

解答用紙ダウンロード	解答用紙はプリントアウトしてご利用いただけます。弊社ＨＰの商品詳細ページよりダウンロードしてください。トビラのＱＲコードからアクセス可。
リスニング音声ダウンロード	英語のリスニング問題については、弊社オリジナル作成により音声を再現。弊社ＨＰの商品詳細ページで全収録年度分を配信対応しております。トビラのＱＲコードからアクセス可。
famima PRINT	原本とほぼ同じサイズの解答用紙は、全国のファミリーマートに設置しているマルチコピー機のファミマプリントで購入いただけます。※一部の店舗で取り扱いがない場合がございます。詳細はファミマプリント（http://fp.famima.com/）をご確認ください。
UD FONT	見やすく読みまちがえにくいユニバーサルデザインフォントを採用しています。

2024年度/山梨県公立高校受検状況(全日制課程・後期)

学校名・学科名（コース）		定員	後期募集人員	受検者数		入学許可予定者数		実質倍率	前年実質倍率
					特別措置		第2希望		
北杜	普通	80	48	37	0	36	0	1.03	1.12
	総合	90	45	48	0	45	0	1.07	1.19
韮崎	普通	196	138	130	0	129	0	1.01	1.12
	文理	30	21	20	0	20	0	1.00	1.19
韮崎工	工業（一括）	154	122	89	0	83	−	1.07	1.05
甲府一	普通	160	135	133	0	133	2	1.02	1.07
	探究	60	42	44	0	42	0	1.05	1.04
甲府西	普通	200	154	128	0	126	−	1.02	1.00
甲府南	普通	188	160	174	0	160	7	1.14	1.06
	理数	40	28	35	0	28	0	1.25	1.36
甲府東	普通	228	206	216	1	207	−	1.04	1.15
甲府工	機械	80	41	47	0	41	0	1.15	1.00
	電気	80	40	49	0	40	0	1.23	1.00
	建築	40	22	20	0	22	2	1.00	1.00
	土木	40	20	27	0	20	0	1.35	1.00
	電子	40	20	22	0	20	0	1.10	1.00
甲府城西	総合	246	136	141	1	137	−	1.03	1.03
甲府昭和	普通	228	183	217	1	184	−	1.18	1.09
農林	システム園芸	29	18	17	0	15	0	1.13	1.00
	森林科学	29	26	17	0	10	0	1.70	1.00
	環境土木	29	26	22	0	20	0	1.10	1.15
	造園緑地	29	19	16	0	14	0	1.14	1.19
	食品科学	30	18	18	0	17	0	1.06	1.00
巨摩	普通	195	117	129	0	117	−	1.10	1.03
白根	普通	130	94	88	0	87	−	1.01	1.03
青洲	普通	140	100	110	0	100	0	1.10	1.16
	工業（一括）	60	36	42	0	36	4	1.31	1.06
	商業（一括）	70	42	48	0	42	3	1.23	1.24
身延	総合	80	55	30	0	28	−	1.07	1.12
笛吹	普通	80	56	44	0	43	0	1.02	1.06
	食品化学	30	15	19	0	15	0	1.27	1.40
	果樹園芸	30	15	24	0	15	2	1.85	1.62
	総合	85	43	45	0	43	0	1.05	1.04
日川	普通	200	120	139	0	120	−	1.16	1.03
山梨	普通	142	105	105	0	105	−	1.00	1.10
塩山	普通	67	51	20	0	18	−	1.11	1.00
	商業（一括）	42	33	13	0	8	−	1.63	1.14
都留	普通	175	140	122	1	122	−	1.00	1.01
上野原	総合	85	69	41	0	40	−	1.03	1.02
都留興譲館	普通	72	68	50	3	51	2	1.00	1.02
	英語理数	25	20	9	0	7	0	1.29	1.07
	工業（一括）	96	85	27	0	22	0	1.23	1.07
吉田	普通	188	151	144	0	148	4	1.00	1.09
	理数	40	34	38	0	34	0	1.12	1.38
富士北稜	総合	222	158	123	0	121	−	1.02	1.02
富士河口湖	普通	160	128	129	1	129	−	1.00	1.04
甲府商	商業	165	83	96	0	83	0	1.16	1.00
	情報処理	95	51	59	0	51	0	1.16	1.00

［注］①「実質倍率」は「受検者数」を「入学許可数で除したもの。ただし，特別措置及び第２希望の数は含まない。
②普通科はコースを含む。
③「特別措置」欄は特別措置を受ける者の数で内数。
④「第２希望」欄は第２希望の学科による入学許可予定者数で内数。
⑤韮崎工業高校は，電子機械科・電気科・情報技術科・環境化学科・システム工学科・制御工学科を一括して募集。
⑥青洲高校は，機械工学科・土木工学科を一括して募集。
⑦青洲高校は，ビジネス探究科・ビジネス情報科を一括して募集。
⑧塩山高校は，商業科・情報ビジネス科を一括して募集。
⑨都留興譲館高校は，機械工学科・電子工学科・制御工学科・環境工学科を一括して募集。

数学 出題傾向の分析と合格への対策

出題傾向とその内容

〈最新年度の出題状況〉

今年度の出題数は，大問が6題，小問数にして29問と，例年とほぼ変わりがなかった。中学校数学の全領域から，かたよりなく出題されているが，思考力を問う問題も含まれている。

出題内容は，大問1が数・式の計算，平方根から6問の基本的計算問題，大問2は解の公式を使った二次方程式，角度，作図，比例関数，確率から基本的小問群5問，大問3は図形の移動を題材とした関数とグラフの問題，文字を使った式，方程式の応用，大問4は資料の散らばり・代表値，大問5は図形と関数・グラフの融合問題，大問6は円の性質を利用して合同の証明と弧の長さを計量させる平面図形の問題，線分の長さと体積を計量させる空間図形の問題であった。

出題レベルは，基礎的な問題から標準的なレベルの問題まででで構成されてはいる。昨年と同様，記述式の問題が多く出題されている。今年度も空間図形の問題が出題された。

〈出題傾向〉

問題の出題数は，ここ数年，大問数で6～7題，小問数で29問前後が定着している。

出題内容は，大問1で数・式，平方根から基本的な計算問題が6問，大問2で文字式・不等式の立式，連立方程式・二次方程式の計算，比例関数，角度の計量，作図，確率，資料の散らばり・代表値，標本調査から基本的な数学能力を問う小問群5問の出題が定着している。大問1，2は確実に得点したい。大問3以降では，図形と関数・グラフの融合問題や記述式の証明問題，長さ・面積・体積の計量など平面図形・空間図形の統合問題が毎年出題されている。これに加えて，関数・グラフと確率，式による証明，動点問題，規則性の問題，関数とグラフの融合問題から大問単位で1～2題が出題されている。

来年度の予想と対策

来年度も，問題量，時間，出題の内容・レベル・形式に変化はないだろう。教科書のほぼ全領域から出題されるので，分野によって苦手なところがないように，教科書の基本的事項をしっかり身につけておこう。特に，作図の基礎や図形の定理・公式などは，練習問題をくり返し演習して完全にマスターしておきたい。基礎が固まったら，問題に慣れるため，さまざまな入試問題に数多くあたっておくとよい。

証明や考え方の過程も書かなければならないので，解答をわかりやすく書く努力も必要である。また，関数と図形の融合問題や，平面図形での三平方の定理を利用する求積問題にも慣れておこう。また，三平方の定理を利用する空間図形の計量問題も出題されることが多いのでその対策も必要である。さまざまな定理，性質を使いこなせるだけの応用力を身につけておくことが大切である。

⇨学習のポイント

- 答えだけでなく，途中の計算過程も簡潔に書けるような練習をし，記述式の問題にも十分対応できるようにしよう。
- 過去問や問題集を使って図形の証明や図形と関数・グラフとの融合問題への対策を立てよう。

年度別出題内容の分析表 数学

※ [grey box] は出題範囲縮小の影響がみられた内容

出題内容			27年	28年	29年	30年	2019年	2020年	2021年	2022年	2023年	2024年
数と式		数の性質	○					○				
		数・式の計算	○	○	○	○	○	○	○	○	○	○
		因数分解										
		平方根	○	○	○	○	○	○	○	○	○	○
方程式・不等式		一次方程式				○	○		○		○	○
		二次方程式	○	○	○	○	○	○	○	○	○	○
		不等式										
		方程式の応用			○	○	○		○		○	○
関数		一次関数	○	○	○	○	○	○	○	○	○	○
		関数 $y=ax^2$	○	○	○	○	○	○	○	○	○	○
		比例関数	○	○	○	○	○	○	○	○	○	○
		関数とグラフ	○	○	○	○	○	○	○	○	○	○
		グラフの作成				○				○		
図形	平面図形	角度	○	○	○	○	○	○	○	○	○	○
		合同・相似	○	○	○	○	○	○	○	○	○	○
		三平方の定理	○	○	○	○	○	○	○	○	○	○
		円の性質		○	○	○	○	○	○	○	○	○
	空間図形	合同・相似							○	○		
		三平方の定理	○		○				○		○	
		切断			○	○			○	○	○	○
	計量	長さ	○	○	○		○	○	○	○	○	○
		面積	○	○	○	○	○	○	○	○	○	○
		体積	○	○	○	○	○	○	○	○	○	○
		証明	○	○	○	○	○	○	○	○	○	○
		作図	○	○	○	○	○	○	○	○	○	○
		動点	○	○						○		
データの活用		場合の数	○			○					○	
		確率	○	○	○	○	○	○	○	○	○	○
		資料の散らばり・代表値(箱ひげ図を含む)	○	○	○		○	○		○	○	○
		標本調査		○		○		○				
融合問題		図形と関数・グラフ	○	○	○			○	○	○	○	○
		図形と確率	○									
		関数・グラフと確率										
		その他										
その他							○				○	

— 山梨県公立高校 —

英語　出題傾向の分析と合格への対策

出題傾向とその内容

〈最新年度の出題状況〉

本年度も昨年度とほぼ同様の構成で，聞き取り問題3題，読解問題2題の計5題が出題された。

聞き取り問題は，会話を聞き英語の質問に対する答えを選ぶものと，短い説明を聞き，英語のメモを完成させるもの，短い説明を聞き質問に答えるものが出題された。配点は100点満点中30点で，他の都道府県と比較するとやや高い。

長文読解問題の大問4は会話文，大問5はスピーチの原稿であった。設問は内容理解に関するものがほとんどであるが，基本的な文法事項の理解が必要な問題も含まれている。出題形式は記号式を中心に，適語補充，英問英答など，また条件英作文では35語以上の英語記述もあった。

〈出題傾向〉

H25年度以降，出題傾向に大きな変化はないが，和文英訳の問いが英文を完成させる問題に変わっている。

聞き取り問題は英文の分量，難易度ともに標準的なものである。ただし，「複数に渡る内容が述べられ，その中から質問に合うものを選ぶ」というタイプの問いが多い。質問をしっかりと聞き取ること。

大問4は読解総合問題となっている。語句補充が高い割合を占めるが，英文を書く問題も必ず出題されている。

大問5は内容理解問題が中心である。大問4と比較すると，こちらは文章全体の内容に関わる問いが多い。また最後の小問として，まとまった量の条件英作文がある。

全体としては，基本的知識をふまえた上での読解力，表現力が要求される出題と言える。

来年度の予想と対策

聞き取りと読解問題を中心とした出題形式は，今までと大きく変わることはないだろう。

まず，聞き取り問題に関しては，日頃から音声などを利用して耳を慣らし，内容を的確に聞き取る練習をしておこう。その際，要点や質問の内容をメモする習慣もつけよう。

読解問題では，内容理解を問う問題のほかに英作文が出題されているので，基本的な文法事項や語い力をしっかりと身につけておく必要がある。特に英作文に対しては，基本事項を十分理解した上で例文を暗記したり，自分で英文を書いたりする練習をしておきたい。

また，読解力をつけるには，教科書の内容理解を中心に学習し，さらに標準レベルの問題集などで少し長い英文にも慣れるようにしておくことが大切である。

⇨学習のポイント

・聞き取り対策として，音声で英語を多く聞くとともに，出題パターンにも慣れておこう。
・まとまった内容の英文を読み，流れをつかむ訓練をしておくこと。
・英単語や英作文を，自分の手で書いて練習する習慣をつけよう。

年度別出題内容の分析表　英語

出題内容			27年	28年	29年	30年	2019年	2020年	2021年	2022年	2023年	2024年
設問形式	リスニング	絵・図・表・グラフなどを用いた問題										
		適文の挿入										
		英語の質問に答える問題	○	○	○	○	○	○	○	○	○	○
		英語によるメモ・要約文の完成	○	○	○	○	○	○	○	○	○	○
		日本語で答える問題										
		書き取り										
	語い	単語の発音										
		文の区切り・強勢										
		語句の問題										
	読解	語句補充・選択（読解）	○	○	○	○	○	○	○	○	○	○
		文の挿入・文の並べ換え	○	○	○	○	○	○	○	○	○	○
		語句の解釈・指示語					○	○	○	○	○	
		英問英答（選択・記述）	○	○	○	○	○	○	○	○	○	○
		日本語で答える問題										
		内容真偽	○	○	○	○	○	○	○	○	○	○
		絵・図・表・グラフなどを用いた問題										
		広告・メール・メモ・手紙・要約文などを用いた問題	○									
	文法	語句補充・選択（文法）										
		語形変化										
		語句の並べ換え										
		言い換え・書き換え										
		英文和訳										
		和文英訳	○	○	○	○	○	○	○	○	○	
		自由・条件英作文	○	○	○	○	○	○	○	○	○	○
文法事項		現在・過去・未来と進行形		○	○	○	○	○	○	○	○	○
		助動詞	○			○					○	
		名詞・冠詞・代名詞			○	○	○	○	○	○	○	
		形容詞・副詞		○			○	○	○	○	○	○
		不定詞	○	○	○	○	○		○	○	○	○
		動名詞	○	○							○	
		文の構造（目的語と補語）			○					○	○	
		比較	○							○		
		受け身	○	○	○	○					○	
		現在完了	○			○			○	○		○
		付加疑問文										
		間接疑問文		○					○		○	
		前置詞			○	○	○	○	○	○	○	○
		接続詞		○			○	○				○
		分詞の形容詞的用法				○					○	
		関係代名詞	○	○				○		○		
		感嘆文										
		仮定法										○

理科 出題傾向の分析と合格への対策

出題傾向とその内容

〈最新年度の出題状況〉

大問は8題で，範囲は第一分野から4題，第二分野から4題と，バランスよく出題された。小問の数は40問程度で，解答数が比較的多く，これを45分で解くので，時間配分も大切である。

〈出題傾向〉

内容は，教科書レベルの基礎的なものがほとんどであるが，論述する問題が多いのが特徴である。一つのテーマについて，いくつかの実験や観察から調べていき，データをもとに考察する問題が多く，実験結果を利用して考えさせる設問が目立った。解答には正確な分析力，理科的な思考力，表現力を問われる傾向が強い。また，作図も3問と多く，この傾向は今後も続くだろう。

物理的領域　実験自体は見慣れたものであるが，解答に分析力・思考力を要する内容であった。落ち着いて自分の知っている実験と照らし合わせて考えよう。

化学的領域　いずれも基礎的内容をしっかりと身につけていれば難なく解ける問題である。実験結果を基本的な現象に結びつけて考える力が問われるので，計算問題など，基本的な問題は必ず練習をくり返し，身につけておきたい。

生物的領域　実験・観察はいずれも教科書にあるものから考えさせるものであったため，比較的解きやすかった。知識問題が多くなると，1問のミスで大きな差が開いてしまうので，確かな学力をつけておこう。

地学的領域　様々な資料からヒントを見つけていき，基本的な事柄や思考力をともなう結論を問う形式の出題である。条件をよく読んでヒントの使い方を間違えないよう気をつけよう。事前に類題に多くチャレンジしておきたい。

来年度の予想と対策

出題範囲は広く，かたよりのない出題となることが予想され，実験・観察を扱った問題が中心であることは変更ないと考えられる。複数単元に関係する総合的な出題もあるので，幅広く学習するように心掛けよう。勉強方法としては，教科書を丁寧に復習し，基礎的な用語は正しく理解し，簡潔に説明できるようにしておきたい。出題形式は，従来どおり，実験や観察が中心と考えられるので，日頃の授業では実験や観察に積極的に参加し，実験装置は図を描き，実験・観察結果は図や表，グラフを使って分かり易く表現し，記録するよう心がけよう。考察は結果に基づいて自分で文章を書く習慣を身につけよう。基本的な問題の把握だけでなく，応用的な計算問題にも慣れておく必要がある。

⇨学習のポイント

- 図表を読み解く問題には積極的に取り組み，必要なデータを求めることができるようにしよう。
- 基本的事項やあらゆる現象が起こる理由など，文章で説明する練習を積んでいこう。

年度別出題内容の分析表　理科

※★印は大問の中心となった単元／※　　は出題範囲縮小の影響がみられた内容

分野	学年	出題内容	27年	28年	29年	30年	2019年	2020年	2021年	2022年	2023年	2024年
第一分野	第1学年	身のまわりの物質とその性質				○			○			
		気体の発生とその性質	★			○	★			★		
		水溶液		○	★			★	○		○	★
		状態変化				★					★	
		力のはたらき（2力のつり合いを含む）	○				○					
		光と音			★	★		★	★		★	★
	第2学年	物質の成り立ち	○				○	○				
		化学変化，酸化と還元，発熱・吸熱反応	○	○	○			○	○	○	○	
		化学変化と物質の質量	★	○	★		○		○		○	
		電流（電力，熱量，静電気，放電，放射線を含む）		★			★		○	★		○
		電流と磁界	★			★	○		○			★
	第3学年	水溶液とイオン，原子の成り立ちとイオン								○		
		酸・アルカリとイオン，中和と塩		★			★			★		
		化学変化と電池，金属イオン				★			★			★
		力のつり合いと合成・分解（水圧，浮力を含む）		★	○			○		○		
		力と物体の運動（慣性の法則を含む）	○					○		★	○	○
		力学的エネルギー，仕事とエネルギー	★		★			○			★	
		エネルギーとその変換，エネルギー資源		○		○			○	○		
第二分野	第1学年	生物の観察と分類のしかた					○		○	○		
		植物の特徴と分類	○						★			★
		動物の特徴と分類	★							○		
		身近な地形や地層，岩石の観察	○	○					○	○		
		火山活動と火成岩		★						★		
		地震と地球内部のはたらき				★		★			★	
		地層の重なりと過去の様子	★						★	○		
	第2学年	生物と細胞（顕微鏡観察のしかたを含む）					○					
		植物の体のつくりとはたらき	★		★		★		○		★	
		動物の体のつくりとはたらき		★		★	★	★	○	★		★
		気象要素の観測，大気圧と圧力		○	★	★	★	○	★	★		○
		天気の変化						○	○	○		○
		日本の気象		★			★	○				
	第3学年	生物の成長と生殖		★				★			○	
		遺伝の規則性と遺伝子				★					★	
		生物の種類の多様性と進化								★		
		天体の動きと地球の自転・公転	○		○		★				○	★
		太陽系と恒星，月や金星の運動と見え方	★		○		○				★	
		自然界のつり合い	○		★				★			
自然の環境調査と環境保全，自然災害												
科学技術の発展，様々な物質とその利用												
探究の過程を重視した出題			○	○	○	○	○	○	○	○	○	○

社会　出題傾向の分析と合格への対策

出題傾向とその内容

〈最新年度の出題状況〉

本年度の出題数は例年同様，大問4題，完全解答を11題として小問39題である。解答形式は語句記入・記号選択がバランスよく出題されている。短文の記述問題が7題出題されている。大問数は，日本・世界地理1題，歴史1題，公民1題，総合問題1題となっており，小問数は各分野のバランスがとれていると言える。

各設問は基本的事項を問うものが中心だが，資料の読み取りや論述式の問題が出題され，暗記力だけでは，解くことができず，思考力・判断力・表現力も求められている。

地理的分野では，略地図・表・グラフ・雨温図を読み取り，諸地域の特色・産業・気候などを考える出題となっている。歴史的分野では，表，風刺画などをもとに，日本の歴史を総合的に問う内容となっている。公民的分野では，憲法，政治のしくみ，人権，国際社会，国民生活と経済に関する基礎的な知識が問われている。

総合問題では，「万国博覧会」をテーマに三分野から重要事項が問われている。

〈出題傾向〉

地理的分野では，地図をはじめ各種資料が多く使われ，世界地理・日本地理ともに，自然・産業など広範囲から出題されている。

歴史的分野では，政治，外交などが出題された。資料などを用いて，各時代の特色，歴史の流れが出題されている。

公民的分野では，政治のしくみ，経済政策などが出題された。

来年度の予想と対策

来年度も例年通りの出題が予想される。出題数にも大きな変動はないと思われるし，内容も基本的なものが中心となるであろう。また，資料活用や記述式の問題も出題されるであろう。

対策としては，地理的分野では，地図や地形図やその他の様々な資料などを活用して，諸地域を比較・対照して理解することが大切である。

歴史的分野では，年表を活用して，重要人物の動向に注目しよう。また，歴史の流れを重視し，断片的ではない知識を身につけよう。絵や写真や史料にも目を通しておく必要がある。

公民的分野では，各項目の基本的用語を理解しておこう。日ごろから，政治経済，国際関係，地方自治などの資料を見る習慣をつけよう。そして，それらの資料と現実の社会の動きとを関連づけて出題されることもあるので，注意しておこう。

⇨学習のポイント

- 地理では地図・地形図・様々な資料の読み取りを深めよう！
- 歴史では重要人物を通しての通史の理解を深めよう！
- 公民では政治経済に注目して知識と現代社会を結び付けよう！

年度別出題内容の分析表　社会

※　　は出題範囲縮小の影響がみられた内容

分野	区分	出題内容	27年	28年	29年	30年	2019年	2020年	2021年	2022年	2023年	2024年
地理的分野	日本	地形図の見方	○	○	○		○	○	○	○	○	○
		日本の国土・地形・気候	○	○	○	○	○	○	○	○	○	○
		人口・都市	○				○	○			○	○
		農林水産業		○	○	○	○	○	○	○	○	○
		工業		○	○	○	○	○	○	○	○	○
		交通・通信	○				○		○	○	○	○
		資源・エネルギー									○	○
		貿易	○									
	世界	人々のくらし・宗教	○	○		○	○	○	○	○	○	○
		地形・気候		○	○	○	○	○	○	○	○	○
		人口・都市		○	○	○			○	○	○	○
		産業	○	○	○	○	○	○	○	○	○	○
		交通・貿易	○	○	○	○	○	○	○	○	○	○
		資源・エネルギー					○	○				
	地理総合											
歴史的分野	日本史―時代別	旧石器時代から弥生時代		○	○			○	○			
		古墳時代から平安時代	○	○	○	○	○	○	○	○	○	○
		鎌倉・室町時代	○	○	○	○	○	○	○	○	○	○
		安土桃山・江戸時代	○	○	○	○	○	○	○	○	○	○
		明治時代から現代	○	○	○	○	○	○	○	○	○	○
	日本史―テーマ別	政治・法律	○	○	○	○	○	○	○	○	○	○
		経済・社会・技術	○	○	○	○	○	○	○	○	○	○
		文化・宗教・教育	○	○	○	○	○	○	○	○	○	○
		外交	○	○	○	○	○	○	○	○	○	○
	世界史	政治・社会・経済史	○	○		○	○		○	○	○	○
		文化史				○					○	
		世界史総合										
	歴史総合											
公民的分野		憲法・基本的人権	○			○	○	○	○	○	○	○
		国の政治の仕組み・裁判	○	○	○	○	○	○	○	○	○	○
		民主主義										○
		地方自治		○			○		○			
		国民生活・社会保障	○	○			○				○	○
		経済一般	○	○	○	○	○	○	○	○	○	○
		財政・消費生活	○	○	○	○	○	○	○	○	○	○
		公害・環境問題	○			○	○			○		○
		国際社会との関わり	○	○	○	○	○	○		○	○	○
時事問題					○						○	
その他			○	○	○	○						

―山梨県公立高校―

国語　出題傾向の分析と合格への対策

出題傾向とその内容

〈最新年度の出題状況〉

本年度も大問が5題の構成で，内容も例年通りであった。2015年入試以降，ほぼ一貫している。

大問一は，漢字の読みと書き，そして敬語に関する問題。

大問二は，「山梨県が開発したブドウであるサンシャインレッド」についての発表形式の問題。

大問三は，『人工知能が俳句を詠む—AI一茶くんの挑戦—』から論説文の問題。

大問四は，『唐物語新釈』から古文の問題。

大問五は，『八月の御所グラウンド』から物語文の問題と，本文の内容に関連した240字の課題作文の問題。

〈出題傾向〉

漢字は，読みと書きが5問ずつ出題される。教科書レベルの，基本的な問題が多い。

現代文は，説明的文章が必出である。その他に，毎年交互に小説と随筆の問題が出題される。現代文は内容吟味の問題が中心で，説明的文章では特に指示語・接続語の問題や脱文・脱語補充の問題，文学的文章(小説・随筆)では特に心情や表現技法に関する問題など，標準的な形式の問題が多い。

古典は，古文もしくは漢文からの出題が基本となるが，2022年および2019年入試のように，古文と漢文(漢詩)の融合問題が出題されることもあるので注意が必要である。古文であれば歴史的仮名遣い，漢文であれば返り点についての知識を問う問題が必出である。

作文は，大問五の現代文の内容に関連した課題作文で，240字以内で自分の考えを書くというものである。条件として，二段落構成で書くことが課される場合もある。

特徴的なのが，伝統的に大問二で毎年問われる，発表・会話形式の問題である。資料を用いた発表原稿やインタビューなどを読み，その内容についてだけではなく，発表の仕方や話し方の工夫などについても問題として問われる。

来年度の予想と対策

来年度も，出題傾向・形式に大きな変化はないと思われる。

大問一が，漢字の読みと書き，そして敬語・書写・文法等の問題。大問二が，発表・会話形式の問題。大問三が，現代文の問題。大問四が，古文もしくは漢文の問題。大問五が，現代文と作文の問題。

制限時間に対して問題量・記述量が多いので，解く順番・時間配分に気をつけて，55分以内にすべて解き切る練習をしておこう。普段から過去問などを使って，10～15分で作文を仕上げる練習も丹念にしておこう。

漢字は，配点で20点分も占めるので，日頃から面倒くさがらずに，教科書に出てきたものは丁寧に書いて覚えるということをお勧めしたい。現代文は，説明的文章だけではなく，小説・随筆の問題演習もバランスよく行っておきたい。解答解説を熟読して，なぜそれが正解なのかの根拠をよく理解することを心がけよう。古文・漢文は，歴史的仮名遣いと返り点についての知識は必ず押さえたうえで，部分訳や語注なども利用しながら，本文の内容を捉える練習をしておくとよいだろう。近年，古文で満点をとるためには正確な読解が要求されるようになった。

⇨学習のポイント

・教科書や国語便覧などを使って，基礎的な語彙力をしっかり身につけよう！－“言葉は力だ”

・対策が手薄になりがちな，古文・漢文の学習も忘れずに行おう！－“古典を得点源に変えろ”

年度別出題内容の分析表 国語

		出題内容	27年	28年	29年	30年	2019年	2020年	2021年	2022年	2023年	2024年
内容の分類	読解	主題・表題										
		大意・要旨										○
		情景・心情	○	○	○	○				○		
		内容吟味	○	○	○	○	○	○	○	○	○	○
		文脈把握		○	○	○	○	○	○	○	○	○
		段落・文章構成	○	○	○		○	○				○
		指示語の問題	○	○	○	○	○		○	○	○	○
		接続語の問題		○	○	○	○		○	○		
		脱文・脱語補充	○	○	○	○	○	○	○	○	○	○
	漢字・語句	漢字の読み書き	○	○	○	○	○	○	○	○	○	○
		筆順・画数・部首				○				○		
		語句の意味					○		○	○	○	○
		同義語・対義語										
		熟語										
		ことわざ・慣用句・四字熟語										
		仮名遣い	○	○	○	○	○	○	○	○	○	○
	表現	短文作成	○									
		作文(自由・課題)	○	○	○	○	○	○	○	○	○	○
		その他										
	文法	文と文節										
		品詞・用法	○					○				
		敬語・その他			○		○		○			○
	古文の口語訳							○				
	表現技法・形式		○	○			○	○	○	○	○	○
	文学史											
	書写					○				○		
問題文の種類	散文	論説文・説明文	○	○	○	○	○	○	○	○	○	○
		記録文・実用文										
		小説・物語・伝記		○		○		○		○		○
		随筆・紀行・日記	○		○		○		○		○	
	韻文	詩										
		和歌(短歌)										
		俳句・川柳					○			○		
	古文			○	○	○	○	○	○	○	○	○
	漢文・漢詩		○	○	○	○	○	○	○	○	○	○
	会話・議論・発表		○	○	○	○	○	○	○	○	○	○
	聞き取り											

山梨県公立高校難易度一覧

目安となる偏差値	公立高校名
75 ~ 73	
72 ~ 70	
69 ~ 67	甲府南(理数) 甲府第一(探究)
66 ~ 64	吉田(理数)
63 ~ 61	甲府西
60 ~ 58	甲府東，甲府南 韮崎(文理)
57 ~ 55	甲府第一 吉田
54 ~ 51	甲府昭和，都留，日川 韮崎
50 ~ 47	甲府工業(電子)，青洲，都留興譲館(英語理数) 甲府工業(建築) 巨摩，富士河口湖
46 ~ 43	甲府工業(電気)，[市]甲府市立甲府商業(情報処理) [市]甲府市立甲府商業(商業)，北杜 上野原(総合)，甲府工業(機械／土木)，身延(総合)，山梨 甲府城西(総合)，白根
42 ~ 38	都留興譲館，笛吹，富士北稜(総合) 青洲(工業)，笛吹(総合) 塩山，青洲(商業)，北杜(総合) 韮崎工業(工業)，農林(システム園芸／森林科学／環境土木／造園緑地／食品科学)，笛吹(食品化学／果樹園芸) 塩山(商業)
37 ~	都留興譲館(工業)

＊(　)内は学科・コースを示します。特に示していないものは普通科(普通・一般コース)，または全学科(全コース)を表します。[市]は市立を意味します。
＊データが不足している高校，または学科・コースなどにつきましては掲載していない場合があります。
＊公立高校の入学者は，「学力検査の得点」のほかに，「調査書点」や「面接点」などが大きく加味されて選抜されます。上記の内容は想定した目安ですので，ご注意ください。
＊公立高校入学者の選抜方法や制度は変更される場合があります。また，統廃合による閉校や学校名の変更，学科の変更などが行われる場合もあります。教育委員会などの関係機関が発表する最新の情報を確認してください。

山梨県公立高等学校

2024年度

★★★★★★★★★★★★★★★★★★★★★★★

入　試　問　題

2024
年
度

●くわしい解説……47ページ

＜数学＞　時間　45分　　満点　100点

1　次の計算をしなさい。

1　$7+(-11)$

2　$\frac{8}{3}\div(-6)-\frac{1}{9}$

3　$(-9)^2-5^2$

4　$3\sqrt{5}+\sqrt{10}\div\sqrt{2}$

5　$-3x^2y\times 4y^2\div(-6xy^2)$

6　$\frac{x+y}{4}-\frac{x-y}{8}$

2　次の問題に答えなさい。

1　２次方程式 $x^2+4x-2=0$ を解きなさい。

2　右の図において，２つの直線 ℓ，m は平行である。点Ａ，Ｅは直線 ℓ 上の点，点Ｂ，Ｃは直線 m 上の点，点Ｄは直線ＡＢ上の点である。また，∠ＥＡＣ＝70°，∠DCA＝50°，∠CDB＝105°である。

　このとき，∠ x の大きさを求めなさい。

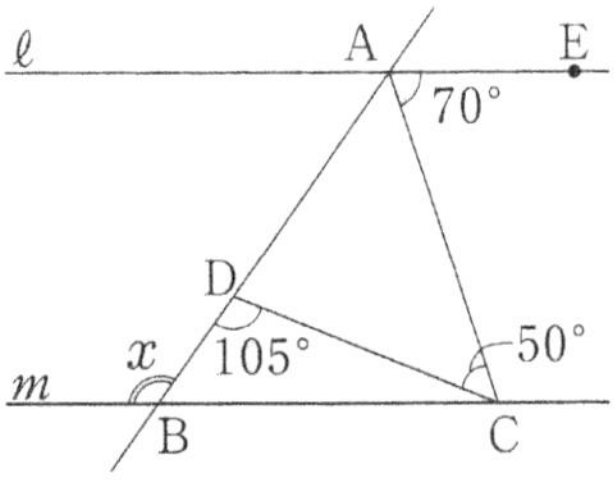

3　右の図において，半直線ＢＡ，ＢＣをともに接線とし，半直線ＢＡとの接点を点Ｐとするような円の中心を作図によって求めなさい。そのとき，求めた点を・で示しなさい。

　ただし，作図には定規とコンパスを用い，作図に用いた線は消さずに残しておくこと。

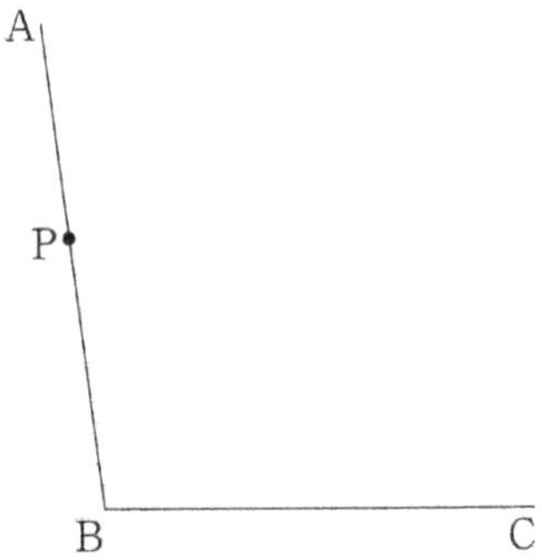

4　y は x に反比例し，$x=-1$ のとき $y=-4$ である。このとき，この関係を表すグラフ上にある x 座標と y 座標がともに整数となる点の個数を求めなさい。

5　箱の中に，赤球２個，青球１個，白球２個が入っている。この箱の中から球を同時に２個取り出したとき，取り出した球の中に青球が含まれる確率を求めなさい。

　ただし，どの球を取り出すことも同様に確からしいものとする。

3　次の１，２に答えなさい。

1　縦の長さが５cm，横の長さが８cmの長方形の厚紙が４枚ある。これらの一部を切り取って異なる多角形の厚紙を作り，厚紙より大きい長方形の封筒の中に１枚ずつ入れた。

もとの厚紙を右のような長方形ABCDとし，**図１**は，それぞれの多角形の厚紙を，封筒の右端から矢印の方向へ x cm引き出した様子を模式的に表している。点B，Cは直線 ℓ 上にあり，封筒から出ている部分の面積を y cm^{2}とすると，y は x の関数である。４つの多角形の，x と y の関係をそれぞれグラフに表したところ，**図２**のような折れ線となるものがあった。

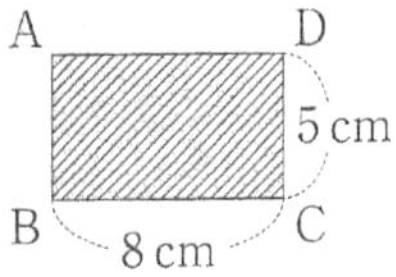

このとき，次の(1)，(2)に答えなさい。

図１

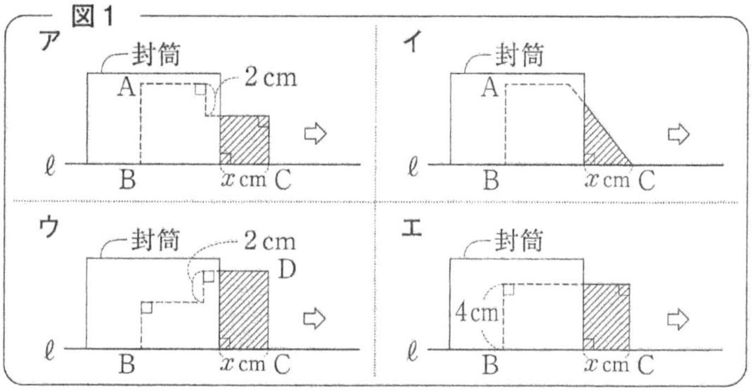

図２

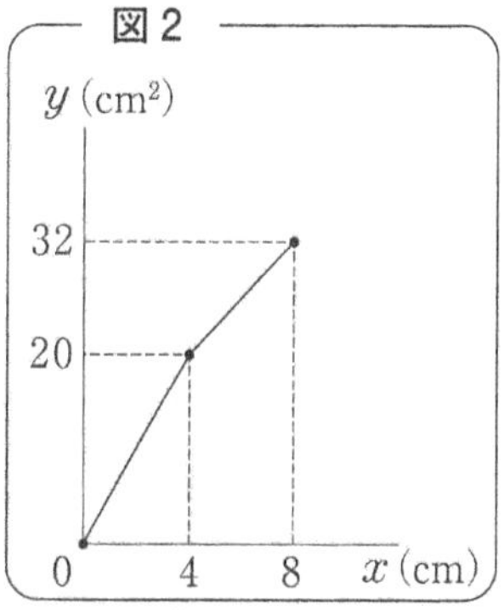

(1)　**図２**が表している x と y の関係は，どの多角形を引き出した場合であるか。その様子を表したものを，**図１**の**ア**～**エ**から**１つ**選び，その記号を書きなさい。

(2)　**図２**のグラフについて，x の変域が $4 \leqq x \leqq 8$ のとき，y を x の式で表しなさい。

2　「塩こうじ」という発酵調味料がある。野菜の分量に対して12％の分量の「塩こうじ」で漬けて「野菜の塩こうじ漬け」を作る。

Aさんは，にんじんと白菜の分量の比が１：７で書かれていたレシピをもとに，野菜の分量を n gとしたときの材料の分量を**表**のようにまとめた。

このとき，次の(1)～(3)に答えなさい。

表

材料		分量(g)
野菜	にんじん	□
	白菜	$\frac{7}{8}n$
塩こうじ		$n\times\frac{12}{100}=\frac{3}{25}n$

(1)　**表**の □ に当てはまる数量を，n を使った式で表しなさい。

(2)　「塩こうじ」が27gある。これを使って「野菜の塩こうじ漬け」を**表**のとおり作る。240gの野菜をすべて漬けようとするとき，「塩こうじ」はこの分量で足りるか。次の**ア**，**イ**から正しいものを**１つ**選び，その記号を書きなさい。また，それが正しいことの理由を**表**の式をもとに根拠を示して説明しなさい。

ア　「塩こうじ」は27gで足りる。　　**イ**　「塩こうじ」は27gでは足りない。

(3)　Aさんが，「野菜の塩こうじ漬け」を作るために野菜を用意したところ，にんじんと白菜の分量の比が１：10であった。そこで，にんじんを15g増やし，にんじんと白菜の分量の比が１：７になるよう調整した。このとき，必要な「塩こうじ」の分量を求めなさい。

4　Ｂさんの中学校では，ＰＣ・タブレットなどのICT機器のキーボードを用いた文字入力の練習会を行っている。

このとき，次の１，２に答えなさい。

1　Ｂさんは，所属する学年の生徒95人で行われた，ある日の練習会における１分間あたりの文字入力数を記録し，**図１**のようなヒストグラムに表した。また，長方形の上に示されている数は，それぞれの階級の度数を表している。

図１

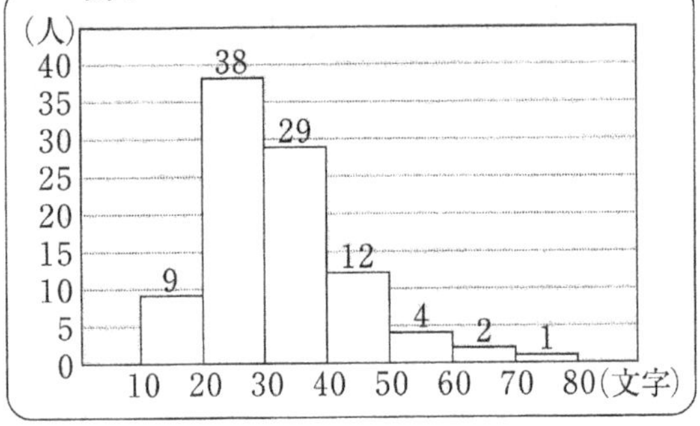

このとき，次の(1)，(2)に答えなさい。

(1)　中央値が含まれる階級を求めなさい。

(2)　１分間あたりの文字入力数が40文字以上の生徒の人数の割合は，全体の何％か求めなさい。

2　Ｂさんは，数か月後に行われた練習会で全校生徒285人を対象に１分間あたりの文字入力数を調べた。その際，１日あたりのICT機器を学習に用いた時間についても調べ，60分未満（①）の生徒と60分以上（②）の生徒に分け，それぞれについて相対度数を求め，右のような度数分布表に表した。

このとき，次の(1)，(2)に答えなさい。

文字入力数（文字）	60分未満（①）		60分以上（②）	
	度数（人）	相対度数	度数（人）	相対度数
以上　未満				
10 ～ 20	11	0.07	0	0.00
20 ～ 30	28	0.17	2	0.02
30 ～ 40	77	0.47	9	0.07
40 ～ 50	31	0.19	28	0.23
50 ～ 60	13	0.08	56	0.46
60 ～ 70	3	0.02	21	0.17
70 ～ 80	0	0.00	6	0.05
合計	163	1.00	122	1.00

(1)　２つの分布の傾向を比べるために，相対度数を用いることについて，次のように**理由**を示した。［X］に当てはまるものを下の**ア**～**エ**から**１つ**選び，その記号を書きなさい。

理由

①と②のそれぞれの［X］が異なるから。

ア　学習時間の合計　　**イ**　最大値　　**ウ**　範囲　　**エ**　全体の度数

(2)　次のページの**図２**は度数分布表をもとに，横軸を文字入力数，縦軸を相対度数として度数分布多角形（度数折れ線）に表したものである。**図２**から「１日あたりのICT機器を学習に用いた時間が60分以上（②）の生徒は，60分未満（①）の生徒より，１分間あたりの文字入力数が多い傾向にある」と主張することができる。そのように主張することができる根拠を，２つの度数分布多角形の特徴を比較して説明しなさい。

図2

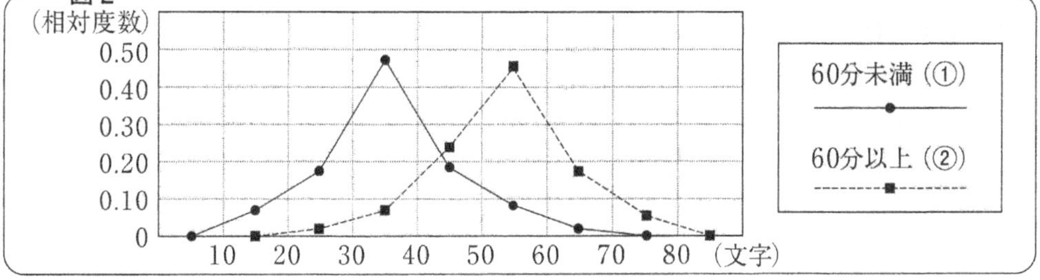

5 図1，2において，①は関数 $y=\frac{1}{3}x^2$ のグラフであり，点A，Bは①上にある。また，点Aの座標は（－3，3），点Bの y 座標は $\frac{1}{3}$ である。ただし，点Bの x 座標は正とする。

このとき，次の1～3に答えなさい。

1　点Bの x 座標を求めなさい。

2　①の関数 $y=\frac{1}{3}x^2$ において，x の変域が $-3 \leqq x \leqq 1$ のとき，y の変域を求めなさい。

図1

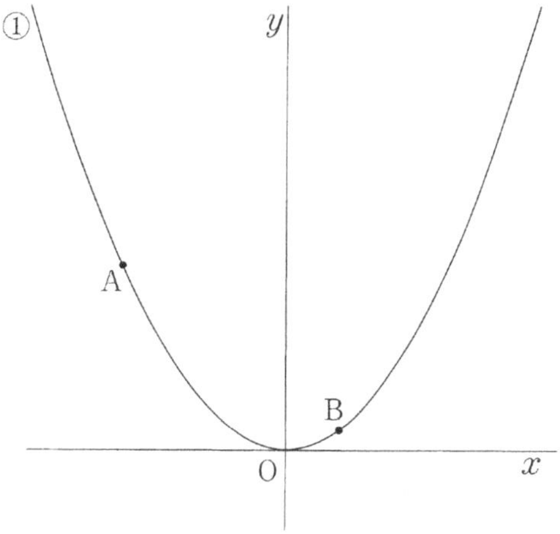

3　図2において，直線ABと y 軸との交点を点Cとする。

このとき，次の(1)，(2)に答えなさい。

(1)　点Aを通り直線OBに平行な直線と，y 軸との交点を点Pとするとき，△COBと△CPAの面積比を最も簡単な整数の比で表しなさい。

(2)　x 軸上にある点Qの x 座標を t とするとき，△AQBの面積が△AOBの面積の2倍となるような t の値をすべて求めなさい。

図2

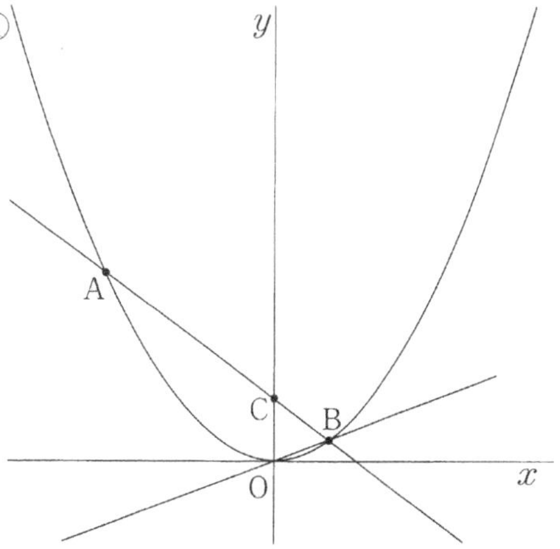

6 次の１，２に答えなさい。ただし，円周率はπとする。

１ **図１**において，点Oは線分ＡＢを直径とする円の中心であり，３点C，D，Eは円Oの周上にある点である。５点A，B，C，D，Eは，**図１**のようにA，D，B，E，Cの順で並んでいる。また，点D，O，Eは一直線上にあり，$\overset{\frown}{\mathrm{AC}}=\overset{\frown}{\mathrm{CE}}$である。

このとき，次の⑴，⑵に答えなさい。

図１

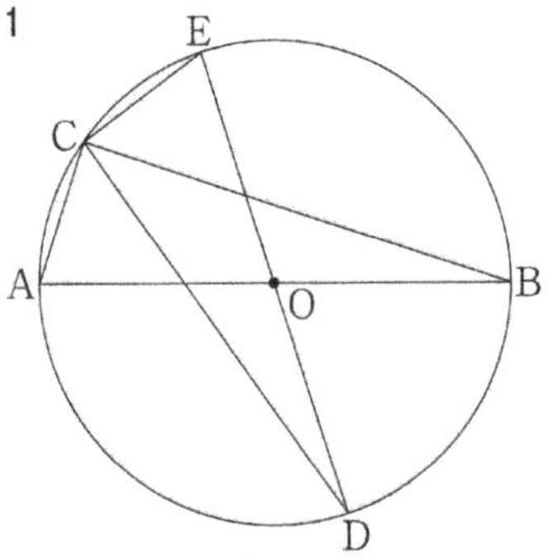

⑴ △ABC≡△EDCとなることを証明しなさい。

⑵ AB＝８㎝，∠ABC＝18°のとき，点Aを含まない$\overset{\frown}{\mathrm{EB}}$の長さを求めなさい。

２ **図２**のような底面が正方形である正四角錐《すい》ＯＡＢＣＤがある。底面の対角線の交点をＨ，辺ＯＡの中点をＰ，線分ＡＨの中点をＱとする。また，底面の対角線の長さは$4\sqrt{2}$㎝，線分OHの長さは$2\sqrt{2}$㎝である。

このとき，次の⑴～⑶に答えなさい。

図２

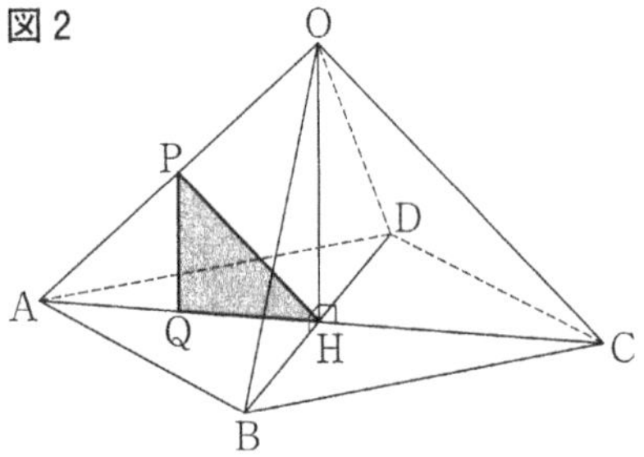

⑴ 辺OAの長さを求めなさい。

⑵ △PQHを，直線OHを軸として回転させてできる立体の体積を求めなさい。

⑶ **図３**のように，**図２**の正四角錐において，辺OBの中点をRとする。
このとき，６点P，R，A，B，C，Dを頂点とする立体の体積を求めなさい。

図３

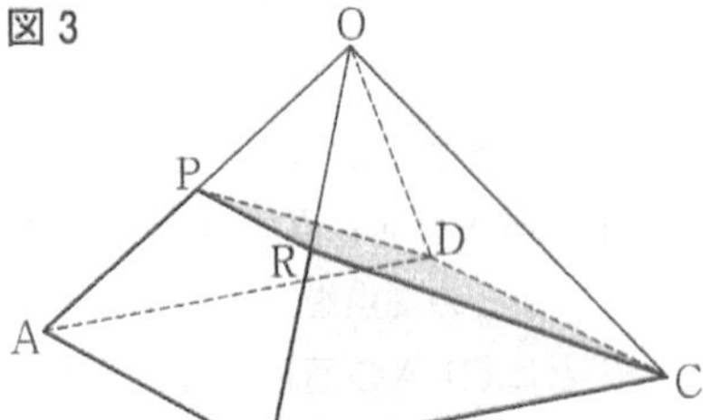

<英語>

時間　45分　　満点　100点

1　これから1から4まで，いろいろな場面での James と Luna の会話を放送し，それぞれの会話に続けて質問をします。質問の答えとして，最も適当なものを**ア**，**イ**，**ウ**，**エ**の中から**一つずつ**選び，その記号を書きなさい。英語は**2回ずつ**放送します。

1
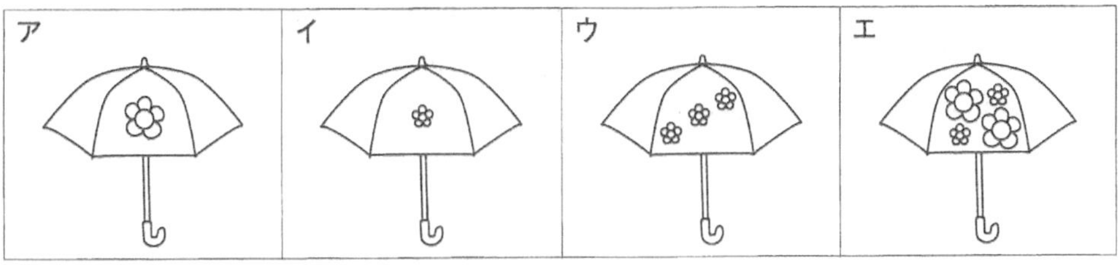

2

3
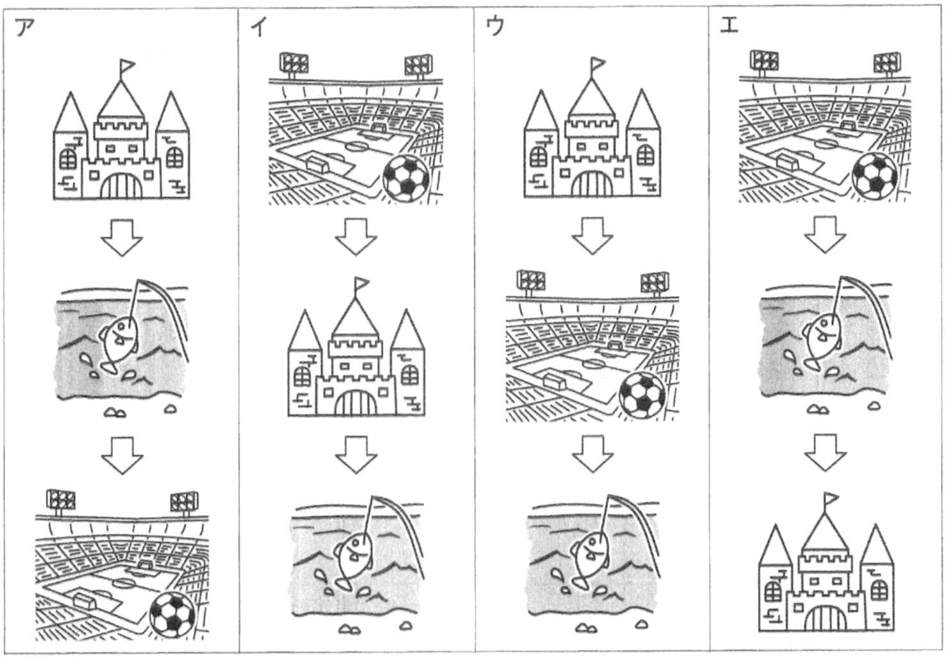

4　**ア**　At 10:45.　　**イ**　At 10:50.
　ウ　At 11:10.　　**エ**　At 11:15.

2　あなたは授業でALT（外国語指導助手）のMs. Kellyの話を聞いています。あなたは5班のリーダーです。欠席をした同じ班の班員に，話の内容を伝えることになりました。話の内容に合うように，【メモの一部】のア，イ，ウにそれぞれ適当な**1語の英語**を書きなさい。また，【Ms. Kellyが最も伝えたいこと】を①～④の中から**一つ**選び，その記号を書きなさい。英文は**2回**放送します。

【メモの一部】

- Ms. Kelly is going to send a birthday present to her（　ア　）.
- Ms. Kelly hasn't decided（　イ　）to send as a present.
- Our group will take the speaking test next（　ウ　）.

【Ms. Kellyが最も伝えたいこと】

① Ms. Kelly is interested in Japanese culture.
② Students will make a speech about a present they recommend.
③ Pictures can be used in the speech.
④ After the speech, students may be asked some questions.

3　あなたはカナダでの留学の初日に，留学先の先生から放課後の過ごし方についての説明を聞いています。英文は**1度だけ**放送し，それに続けて英文の内容に関して**二つの質問**をそれぞれ**2回**放送します。質問の答えとして，最も適当なものを**ア**，**イ**，**ウ**の中から**一つずつ**選び，その記号を書きなさい。

Question 1　ア　Because students must go home early.
　　　　　　イ　Because students can make new friends.
　　　　　　ウ　Because students should join a famous club.

Question 2　ア　Watching many kinds of movies.
　　　　　　イ　Reading books and magazines.
　　　　　　ウ　Talking about books with others.

4　次の英文は，中学生のまなと（Manato）とオーストラリア出身で日本に来たばかりのクラスメイトのWilsonとの会話です。これを読んで，1から7の問いに答えなさい。
（＊は注の語を示す。）

注　competition：大会　up to ～：～まで　specific：特定の　separate：仕分ける
was held：開催された　including ～：～を含んだ

Wilson: Hi, Manato.
Manato: Hi, Wilson. [A] is school life in Japan?
Wilson: It's great! My classmates always try to speak to me in English like

you.　You are all so kind.

Manato: [ⓐ]　We want to talk with you in English.　Wilson, what were you surprised by most ①(ア though　イ if　ウ because　エ when) you came to school in Japan?

Wilson: I was especially surprised that students at this school clean after classes.　In Australia, we don't clean the school because cleaning staff do it for us.

Manato: Oh, that's interesting!　We usually have club activities after cleaning. ②(ア For example　イ Some day　ウ Since then　エ Like this), we enjoy sports, art, and music.　Wilson, you like sports, right?

Wilson: Yes.　It's one of my hobbies.

Manato: (1)(sports)?

Wilson: I play soccer and tennis.　They're popular in Australia.

Manato: I often read about sports in the newspaper.　A few days [B], I learned about a sport.

Wilson: What was it?

Manato: Well, have you heard of "SPOGOMI"?

Wilson: No, I haven't.　[ⓑ]

Manato: That's a good question.　"SPO" means "sports", and "GOMI" is the Japanese word for "trash".　"SPOGOMI" is a sports *competition for picking up trash.　It was invented by a Japanese man in 2008, and it's a kind of sport that anyone can do.

Wilson: I didn't know that.　Can you tell me about (2)the rules of "SPOGOMI" that you read about in the newspaper?

Manato: Of course!　Every team has three people.　Each member can be *up to ten meters from each other and must pick up trash in a *specific area for one hour.　Then, they have twenty minutes to *separate it. Finally, the team's points are decided by the variety and amount of collected trash.

Wilson: I understand.　It sounds very exciting.　I ③(ア hope　イ want　ウ wish　エ need)　we had such competitions in Australia, too.

Manato: Actually, they are in Australia.

Wilson: What?　Really?

Manato: The first "SPOGOMI World Cup" *was held in Japan in November 2023.　Before that, there were smaller tournaments in twenty-one countries *including Australia and Japan.

Wilson: Is that so?　[ⓒ]

Manato: I also couldn't at first, but people around the world like it.　I'm surprised that a new, environment-friendly sport was created from different things, such as sports and picking up trash!

Wilson: That's right. I [C] with you. "SPOGOMI" is a new sport that helps the environment.

Manato: I have a good idea. (3) Why ＿＿＿＿＿ the next tournament?

Wilson: That's a great idea. I can't wait! Let's do our best!

1 [A] ～ [C] に当てはまる最も適当な英語を，本文の内容に合うように **1語ずつ**書きなさい。

2 [ⓐ] ～ [ⓒ] に入る最も適当な英文を，**ア～オ**から**一つずつ**選び，その記号を書きなさい。

ア Is it a Japanese word?
イ It's good for all of us, too.
ウ I knew it's a sport which was born in Japan.
エ Why is "SPOGOMI" good for Japanese people?
オ I can't believe "SPOGOMI" is known in many places.

3 ①～③の（ ）に当てはまる最も適当な英語を，本文の内容に合うように，**ア～エ**から**一つずつ**選び，その記号を書きなさい。

4 本文の会話が成り立つように，下線部(1)について，（ ）内の語に，いくつか不足している語を補って，適当な英文を**一つ**書きなさい。

5 下線部(2)が表している内容について，Wilson は情報を以下のようにまとめました。本文の内容に合うように，（あ）と（い）に入る最も適当な**数字**をそれぞれ書きなさい。

・ 1 team : （ あ ） players
・ Time to pick up trash : 60 minutes
・ Time to separate trash : （ い ） minutes

6 本文の会話が成り立つように，下線部(3)に Why から始まり the next tournament? で終わる適当な英文を**一つ**書きなさい。ただし，Why と the next tournament? も書くこと。

7 本文とほぼ同じ内容になるように，次の①～③の英文の（ ）に当てはまる最も適当な英語を **1語ずつ**書きなさい。

① Wilson told Manato that students in Australia don't have to （ ） the school.
② Wilson likes sports, but he hasn't （ ） of "SPOGOMI" before.
③ Manato thinks sports and picking up trash are （ ）, and is surprised that "SPOGOMI" was created from them.

[5] 次の英文は，高校１年生のあおい（Aoi）が，英語の授業で発明（invention(s)）について発表したときの原稿です。これを読んで，１から６の問いに答えなさい。なお，本文中の【１】～【５】は発表した原稿の段落番号を表します。（* は注の語を示す。）

注	
	Afghanistan：アフガニスタン　landmine(s)：地雷　explode：爆発する　radar：レーダー
	remove：除去する　safely：安全に　reduce：減らす　global warming：地球温暖化

【1】 What is a great invention? There are a lot of inventions in our lives. Let me show you one example. Many people today use smartphones. We can't imagine life without them. We often use smartphones to communicate with others. We can take photos and videos, listen to music, and buy many things with them. Smartphones are a great invention because they make our lives very convenient.

【2】 On the other hand, there is another kind of invention which is used to hurt people. One day I was watching the news, and learned about wars which happened some time ago in *Afghanistan. I heard that a lot of *landmines were used then, and that many of them are still left there. I was surprised by that, so I tried to get more information on the internet the next day. I found that it is not difficult to make landmines, and that they hurt people even now. They are put in the ground. When they are touched by something, they suddenly *explode. Who could invent such a terrible thing?

【3】 When I talked about the topic with my sister, she told me about a book. The book was about a Japanese scientist who works for her university. He invented a special *radar which can find a lot of landmines in a short time. This is a great invention. I found that it's very hard for people living in Afghanistan to find landmines, and that it takes a lot of time to *remove them. Also, while those people are looking for landmines, they sometimes are hurt. However, by using the special radar, they can find and remove landmines fast, easily and *safely. That means the radar can save many people's lives in Afghanistan.

【4】 After I read the book, I wanted to meet the scientist. My sister said she could introduce me to him, so I visited him during summer vacation. The scientist was very kind to show me his radar. I asked him why and how he invented it. He said landmines are a really dangerous invention. There are a lot of landmines which are still not removed, not only in Afghanistan but also in many countries. Actually they have hurt more than 130 thousand people in about 20 years. He felt this is a very serious problem, and decided to do something to *reduce the number of landmines all over the world. He tried many ideas, finally invented a radar, and improved it again and again. He believes his invention will be helpful [　　　] and make the world safer.

【5】 From his story, I understood the power of inventions. After meeting the scientist, I started to think about what I want to do in the future. Now I have a dream. I want to be a creative person like the scientist and invent something good for people. I often remember his words, "If you want to be creative, it's important to find out what is happening in the world and what people really need." There are many problems in this world, like *global warming. As he said, I think inventions can solve some of them and make the world better. I will try to learn more about great inventions.

1　次の①，②の問いに答えるとき，本文の内容に合う最も適当なものを，**ア**～**エ**から**一つずつ**選び，その記号を書きなさい。

①　Why did Aoi talk about smartphones?

ア　Because she thinks people should not use them very often.
イ　Because she thinks people can invent many things with them.
ウ　Because she thinks they are an invention to hurt people.
エ　Because she thinks they are a convenient invention.

②　What did Aoi do after she watched the news?

ア　She communicated with people living in Afghanistan.
イ　She learned more about landmines on the internet.
ウ　She read a book to make a special radar.
エ　She visited her sister during summer vacation.

2　次の**ア**～**オ**のうち，本文の内容と合っているものを**二つ**選び，その記号を書きなさい。

ア　Landmines continue to hurt people in Afghanistan.
イ　Aoi learned about who invented landmines by watching the news.
ウ　It was easy to find landmines in the ground before the radar was invented.
エ　A lot of landmines are still left only in Afghanistan.
オ　Aoi found out what she wants to be after she met the scientist.

3　本文の内容から考えて，本文中の □ に入る最も適当なものを，次の**ア**～**エ**から**一つ**選び，その記号を書きなさい。

ア　to get many ideas in a short time
イ　to reduce the number of radars
ウ　to solve the landmine problem
エ　to know what people really need

4　次の**ア**～**オ**は，本文の【1】～【5】のいずれかの段落の内容を表した見出しです。各段落に最もふさわしい見出しを，**ア**～**オ**から**一つずつ**選び，その記号を書きなさい。

ア　The way to be creative
イ　An invention which saves many people's lives
ウ　An invention which hurts people
エ　An invention which makes people's lives convenient
オ　Talking with the scientist about his invention

5　次の英文は，あおい（Aoi）の発表をもとに，あるクラスメイトがまとめたものです。（A）～（D）に当てはまる最も適当な英語を**1語ずつ**書きなさい。

Aoi learned many things about inventions. There are not only convenient inventions like smartphones (A) also dangerous ones like landmines. A lot of landmines are still left all over the world. To solve this problem, a special radar was invented by a scientist. It can help people (B) and remove landmines fast, easily and safely. Aoi understood the (C) of inventions from the scientist's story. She wants to make the world better (D) inventing something good for people.

6　下線部 I will try to learn more about great inventions. に関連して，あなたなら将来のためにどのようなことを努力したいと思うか，次の条件に従って書きなさい。

条件　・一つのことについて，具体的に書くこと。
　　　・**35語以上50語以内の英語**で書くこと。 文の数はいくつでもよい。
　　　なお，短縮形（I've や isn't など）は１語と数え，符号（ , や ？ など）は語数に含めない。また，記入例のとおり，解答欄に記入すること。
　　　（記入例）　No,　it　isn't.　［３語］

＜理科＞　時間　45分　満点　100点

1　あきらさんとゆうさんは，５種類の植物を観察し，共通する特徴で分類した。図１は，５種類の植物を，種子をつくる植物と種子をつくらない植物に分類したものであり，Ａ～Ｃは，マツ，アブラナ，ツユクサのいずれかである。□は，５種類の植物をさらに分類するために二人が先生と交わした会話の一部である。１～５の問いに答えなさい。

図１

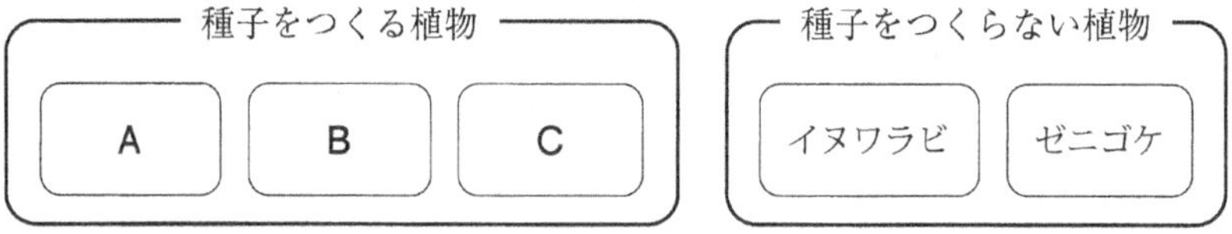

先　生：５種類の植物を，２つのグループに分類できましたね。種子をつくる植物には，どのような特徴がありますか。

あきら：種子をつくる植物は，子房があるかないかという特徴があります。

ゆ　う：Ｂには，子房がありませんでした。ＡとＣには，子房があり，子房の中に胚珠があるので，［①］植物といいます。

先　生：そうですね。種子をつくる植物は，特徴の違いによってさらに分類することができます。

ゆ　う：特徴の違いは，ＡとＣにもあるのでしょうか。

あきら：葉のつくりが違いました。葉を観察したとき，Ａの葉脈は平行で，Ｃの葉脈は網目状だったので，葉のつくりで分類することができます。

先　生：そのとおりです。葉のつくりの他に，子葉や根のつくりにも違いがありましたね。では，もう１つのグループの種子をつくらない植物にはどのような共通する特徴がありますか。

ゆ　う：イヌワラビとゼニゴケを観察したとき，共通の特徴は，［②］でした。

先　生：そのとおりです。イヌワラビとゼニゴケも，特徴の違いによってさらに分類することができますか。

あきら：イヌワラビには根，茎，葉の区別があり，ゼニゴケには根，茎，葉の区別がありませんでした。ゼニゴケには仮根があり，仮根も含めたからだの表面全体で水の吸収をおこなっています。

先　生：そうですね。特徴に注目すると植物を分類できますね。

１　図２はマツの雌花と雄花のりん片を模式的に表したものである。胚珠は，図２のどの部分か，胚珠にあたる部分をすべて塗りつぶしてかきなさい。

図２

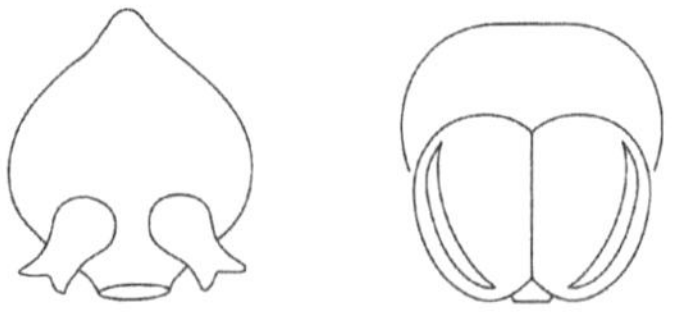

2　①　に当てはまる**語句**を書きなさい。

3　A，B，Cはそれぞれ何か，次の**ア**～**ウ**から**一つずつ**選び，その**記号**をそれぞれ書きなさい。

ア　マツ　　**イ**　アブラナ　　**ウ**　ツユクサ

4　②　に当てはまるものを，次の**ア**～**エ**から**一つ**選び，その**記号**を書きなさい。

ア　雄株と雌株があること　　**イ**　子葉が2枚あること

ウ　維管束があること　　**エ**　胞子で増えること

5　下線部について，仮根は水の吸収の他にどのようなはたらきをするか，簡潔に書きなさい。

2　次の1，2の問いに答えなさい。

1　雲のでき方を調べるために，次の実験を行った。(1)，(2)の問いに答えなさい。

〔**実験**〕①　**図1**のように，簡易真空容器の中に，空気を少し入れて口を閉じたゴム風船とデジタル温度計，気圧計を入れてふたをした。次に，容器の中の空気をぬいていくと，気圧計の表示とゴム風船に変化が見られ，容器の中の温度が下がった。

図1

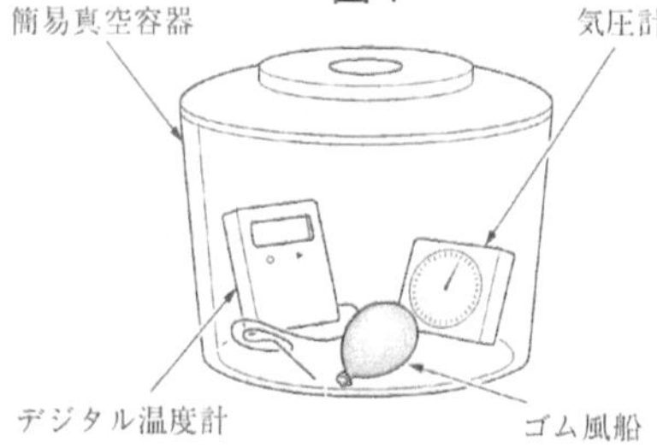

②　何も入っていない簡易真空容器の中に，少量の水と線香のけむりを入れてふたをし，しばらく放置した。容器の中が透明になった後，空気をぬいていくと，容器の中がくもった。

(1)　〔**実験**〕の①で，容器の中の気圧とゴム風船はどのように変化したか，次の**ア**～**エ**から**一つ**選び，その**記号**を書きなさい。

ア　気圧は上がり，ゴム風船はふくらんだ。

イ　気圧は上がり，ゴム風船はしぼんだ。

ウ　気圧は下がり，ゴム風船はふくらんだ。

エ　気圧は下がり，ゴム風船はしぼんだ。

(2)　次の［　　］は，〔**実験**〕の結果から，雲ができるしくみをまとめた文章である。ⓐに当てはまるものを**ア**，**イ**から**一つ**選び，その**記号**を書きなさい。また，ⓑ　に当てはまる**名称**を書きなさい。

> 水蒸気をふくむ空気が上昇すると，空気がⓐ［**ア**　膨張　　**イ**　収縮］し，温度が下がり，　ⓑ　に達する。そのため，水蒸気が水滴になり，雲ができる。

2　日本の天気の変化について，インターネットで調べた。次のページの**図2**は，日本のある場所における，ある年の3月の連続した3日間の気温と湿度と風向を表したものである。(1)～(3)の問いに答えなさい。

図2

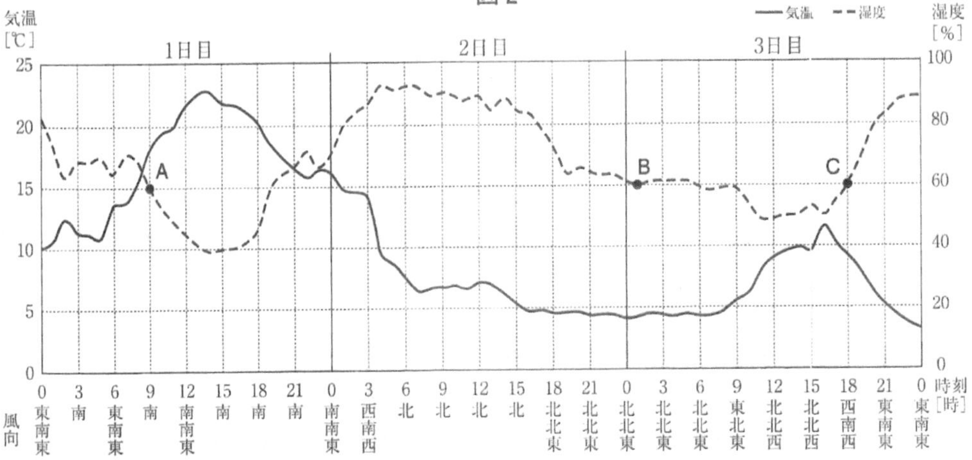

(1) 3日目の6時の天気はくもり，風向は北北東，風力は3であった。このときの**天気**，**風向**，**風力**を図3の補助線を利用して，**天気図記号**でかきなさい。

図3

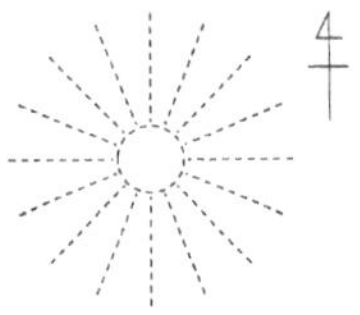

(2) **図2**から，この3日間で寒冷前線が通過したと考えられるのは，何日目の何時ごろか。最も適当なものを，次の**ア**～**エ**から**一つ**選び，その**記号**を書きなさい。また，そのように考えられる**理由**を簡潔に書きなさい。

ア 1日目の18時から21時の間　**イ** 2日目の3時から6時の間

ウ 2日目の15時から18時の間　**エ** 3日目の9時から12時の間

(3) **図2**のA，B，Cは，湿度の値が同じである。気温と湿度の関係から，空気1 m^3中に含まれる水蒸気量を考えたとき，最も水蒸気量が多いと考えられるのはどれかA，B，Cから**一つ**選び，その**記号**を書きなさい。

3 物質が水に溶けるようすについて調べるため，次の実験を行った。**図1**は塩化ナトリウムとミョウバンの溶解度を表したものである。ただし，溶解度は100gの水に溶ける物質の質量を表す。1～5の問いに答えなさい。

〔実験〕 ① ビーカーAに20℃の水を25g，塩化ナトリウム5gを加えてガラス棒でよくかき混ぜるとすべて溶けた。

② ビーカーBに20℃の水を50g，塩化ナトリウム10gを加えてガラス棒でよくかき混ぜるとすべて溶けた。

③ ビーカーCに20℃の水を100g，塩化ナトリウム45gを加えてガラス棒でよくかき混ぜると溶け残りがあった。

④ ビーカーDに20℃の水を100g，ミョウバン45gを加えてガラス棒でよくかき混ぜると溶け残りがあった。

⑤ ビーカーEに20℃の水を100g，硝酸カリウム45gを加えてガラス棒でよくかき混ぜると溶け残りがあった。

⑥ ビーカーA～Eをガスバーナーでゆっくり加熱して，40℃，60℃のとき，ガラス棒でよくかき混ぜて，ビーカーの中のようすをそれぞれ調べた。結果は，**表**のようになった。

図1

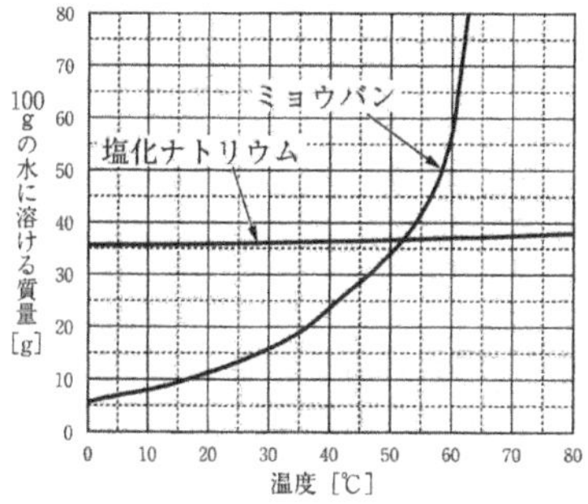

表

	20℃	40℃	60℃
ビーカーA	すべて溶けた	すべて溶けた	すべて溶けた
ビーカーB	すべて溶けた	すべて溶けた	すべて溶けた
ビーカーC	溶け残りがある	溶け残りがある	溶け残りがある
ビーカーD	溶け残りがある	溶け残りがある	すべて溶けた
ビーカーE	溶け残りがある	すべて溶けた	すべて溶けた

1　ろ過の操作方法として最も適当なものを，次の**ア**～**エ**から**一つ**選び，その**記号**を書きなさい。

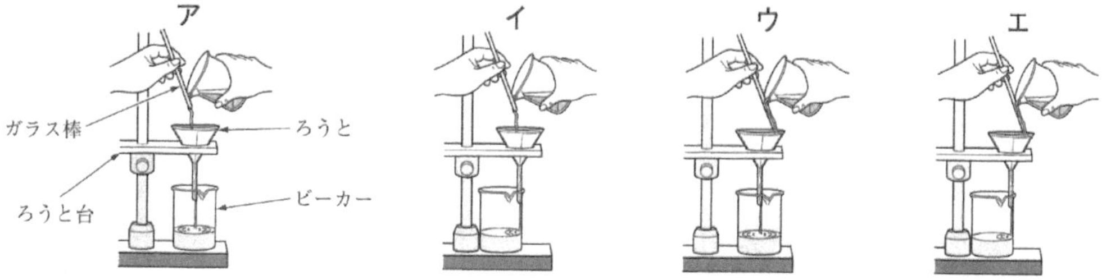

2　**〔実験〕**の①で，ビーカーAの水溶液の質量パーセント濃度は何％か，求めなさい。ただし，答えは小数第2位を四捨五入して，**小数第1位**まで書きなさい。

3　**〔実験〕**の結果から，ビーカーEに用いた硝酸カリウムの溶解度曲線はどのように表されると考えるか，最も適当なものを，**図2**の**ア**～**エ**から**一つ**選び，その**記号**を書きなさい。

図2

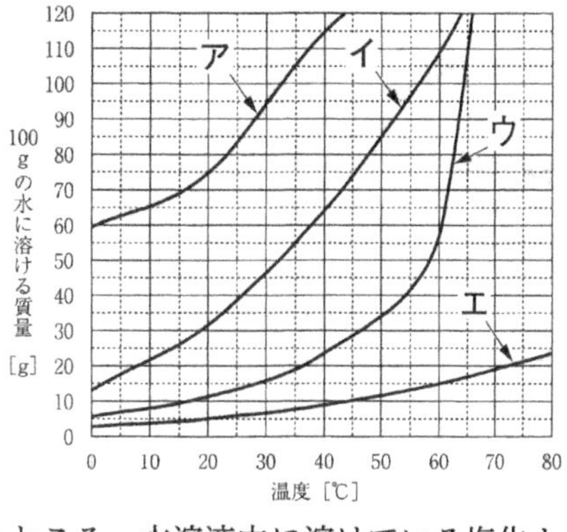

4　**〔実験〕**の⑥のあと，ビーカーBの水溶液を冷やしたところ，水溶液中に溶けている塩化ナトリウムを結晶としてとり出すことがほとんどできなかった。その**理由**を「**溶解度**」という**語句**を使って，簡潔に書きなさい。

5　**〔実験〕**で使用した水溶液が20℃のとき，ビーカーCに溶け残った塩化ナトリウムが，すべて溶ける操作はどれか。次の**ア**～**ウ**から**一つ**選び，その**記号**を書きなさい。ただし，20℃のときの塩化ナトリウムの溶解度は35.8gとする。

ア　ビーカーCに　ビーカーAの水溶液をすべて加えてよくかき混ぜる。

イ　ビーカーCに　ビーカーBの水溶液をすべて加えてよくかき混ぜる。

ウ　ビーカーCに　ビーカーAとビーカーBの水溶液をすべて加えてよくかき混ぜる。

4　次の１，２の問いに答えなさい。

１　音の性質を調べるために，振動数がそれぞれ異なる３つのおんさＡ～Ｃを用いて，次の実験を行った。(1)~(3)の問いに答えなさい。

〔**実験**〕①　**図１**のように　コンピュータとマイクロホンをつないで，おんさの音を記録する準備をした。おんさＡをたたいて音を鳴らしたところ，コンピュータに表示された波形は，**図２**のようになった。**図２**の縦軸は振幅を，横軸は時間を表している。

②　おんさＢとおんさＣについても，たたいて音を鳴らして波形を調べた。

図１

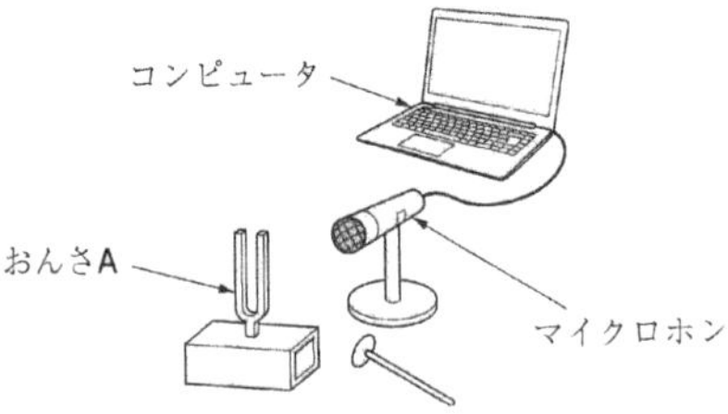

図２

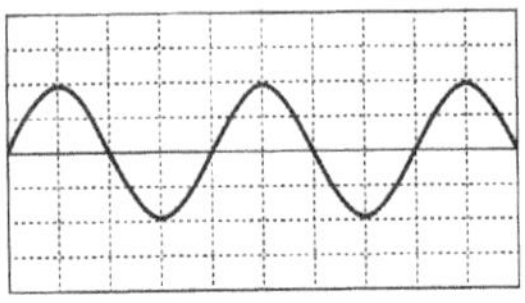

(1)　おんさのように，振動して音を発している物体を何というか，その**名称**を書きなさい。

(2)　〔**実験**〕の②で，おんさＢの音は，〔**実験**〕の①のおんさＡの音よりも，音の大きさは大きく，音の高さは低く聞こえた。このとき，コンピュータに表示された波形として最も適当なものはどれか，次の**ア**～**エ**から**一つ**選び，その**記号**を書きなさい。ただし，縦軸は振幅を，横軸は時間を表しており，目盛りのとり方は**図２**と同じである。

ア

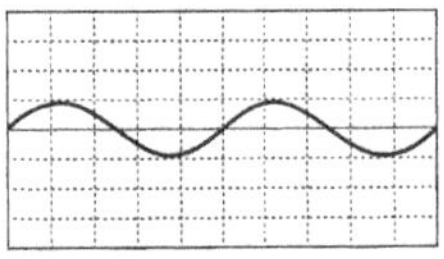

イ

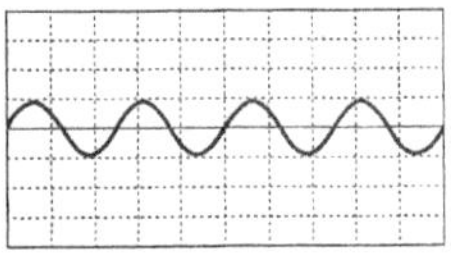

ウ

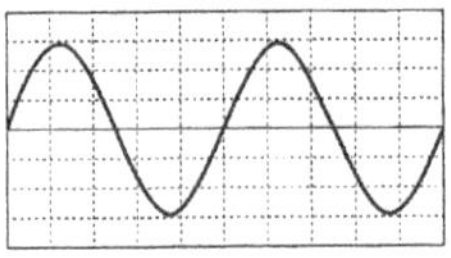

エ

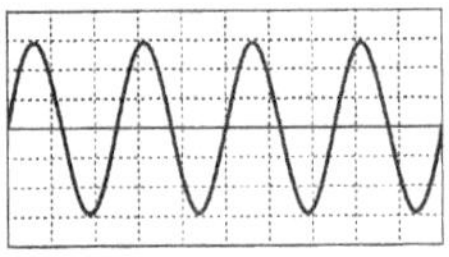

(3)　おんさＡの振動数は，440Hzであることがわかった。**図３**は，〔**実験**〕の②で，おんさＣをたたいたときにコンピュータに表示された波形である。おんさＣの振動数は何Hzか，求めなさい。ただし，縦軸は振幅を，横軸は時間を表しており，目盛りのとり方は**図２**と同じである。

図３

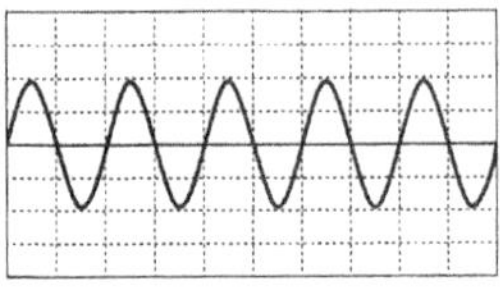

２　ゆうまさんは，花火大会の花火を利用して，光と音の性質を調べた。花火が開くとき，光が見えてから音が聞こえるまでの時間を計測したところ3.5秒であった。(1)，(2)の問いに答えなさい。

(1)　花火が開くとき，光が見えてから音が聞こえるまでの時間に差があるのはなぜか，その**理由**を，「**光**」，「**音**」という**二つの語句**を使って，簡潔に書きなさい。

(2)　花火が開いた場所とゆうまさんとの距離は何ｍと考えられるか，求めなさい。ただし，音が空気中を伝わる速さは340ｍ／秒とする。

5　涼太さんは，ヒトの刺激と反応について興味をもち，ヒトが刺激を受けとってから反応するまでにかかる時間を調べる実験を行った。1～4の問いに答えなさい。

〔実験〕 ①　図1のように，10人で手をつないで輪をつくり，涼太さんと優奈さんがストップウォッチを持った。
②　涼太さんは，左手でストップウォッチをスタートさせると同時に右手で美咲さんの左手をにぎった。
③　美咲さんは左手をにぎられたら，すぐに右手でとなりの人の左手をにぎった。
④　美咲さんに左手をにぎられた人は，すぐに右手でとなりの人の左手をにぎった。
⑤　この動作を順々に続け，最後の優奈さんは左手をにぎられたら，すぐに右手でストップウォッチを止めた。
⑥　美咲さんが涼太さんに左手をにぎられてから，優奈さんが右手でストップウォッチを止めるまでにかかった時間を調べる実験を3回繰り返し行い，その結果を表にまとめた。

図1

表

回数	1回目	2回目	3回目	平均
かかった時間［秒］	2.65	2.38	2.53	2.52

1　〔実験〕で，手をにぎられるという刺激を受けとった感覚器官を何というか，その名称を書きなさい。

2　〔実験〕で，ヒトが刺激を受けとってから反応するまでにかかった時間は1人あたり何秒になるか，表をもとに求めなさい。

3　図2は，実験を行った生徒が刺激を受けとってから反応するまでの信号が伝わる経路を模式的に表そうとしたものである。感覚器官で受け取った刺激の信号は，感覚器官からせきずいに伝わる。せきずいに伝わった信号はどのような経路で伝わり反応するか。図2の点線を利用し，矢印（――→）にならってかきなさい。

図2

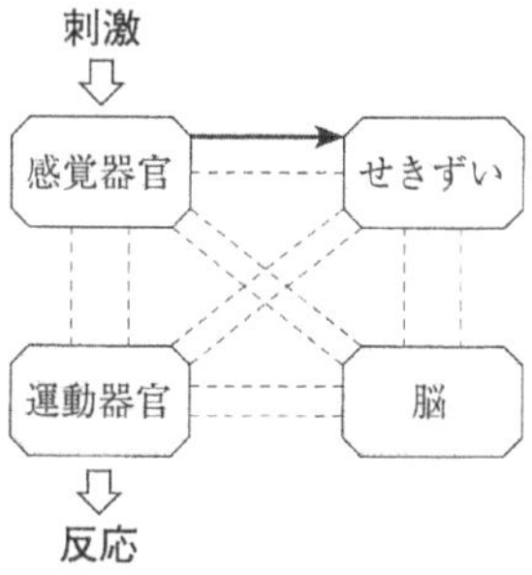

4　涼太さんは実験の後に　ヒトの反応について調べたことをまとめた。次の［　］はその一部である。(1)，(2)の問いに答えなさい。

> 刺激に対する反応には，意識して起こる反応と，意識とは無関係に起こる反応があることがわかった。〔実験〕の反応は，<u>意識して起こる反応</u>である。一方，意識とは無関係に起こる反応は，［　　］と呼ばれる。

(1) [　　] に当てはまる**名称**を書きなさい。

(2) 下線部に関連してヒトのうでの動きを考えた。**図3**は，ヒトのうでの骨と筋肉の様子を模式的に表したものである。**図3**の状態からうでを矢印 ⇨ の向きに曲げるとき，**ちぢむ筋肉**はどれか。次の**ア**～**ウ**から**一つ**選び，その**記号**を書きなさい。

ア　筋肉A
イ　筋肉B
ウ　筋肉Aと筋肉B

図3

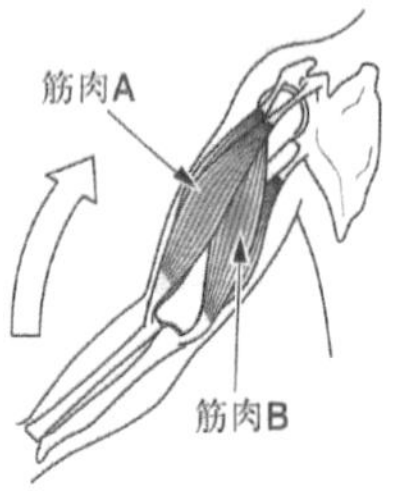

6 次の1，2の問いに答えなさい。

1　みくさんは，7月1日，8月1日，9月1日の午後9時に，さそり座を同じ場所で観察し，さそり座の位置と形を記録した。**図1**～**図3**は，その観察記録の一部である。(1)，(2)の問いに答えなさい。

図1

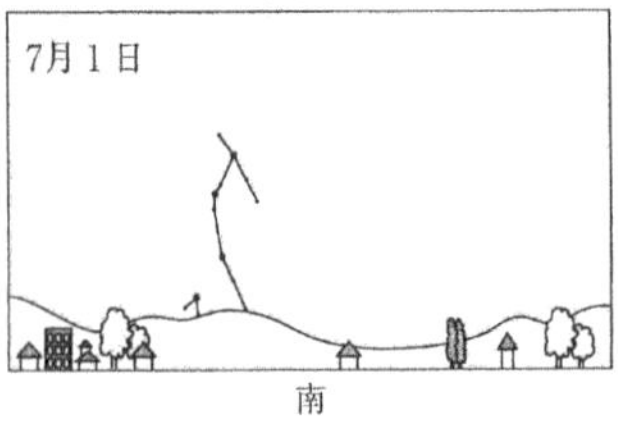

図2

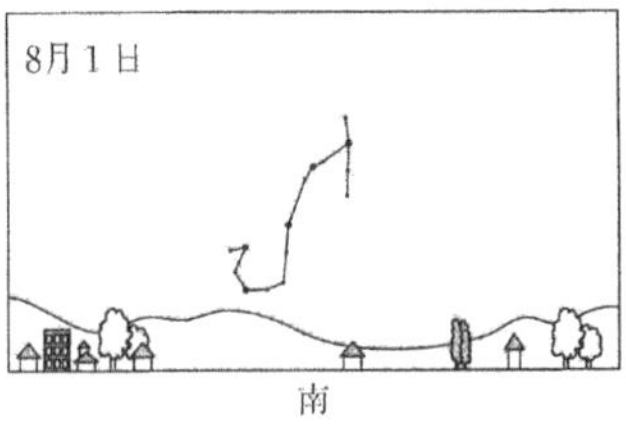

図3

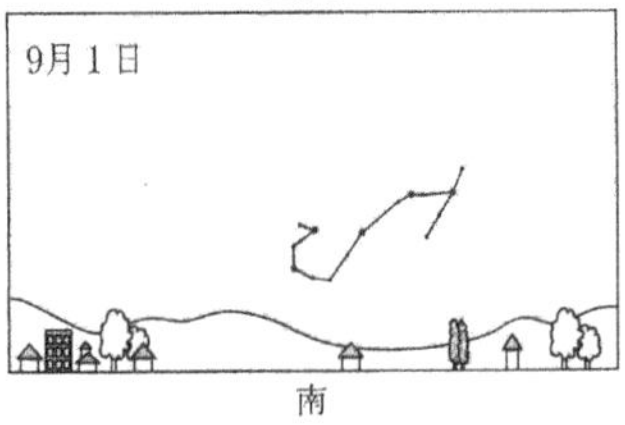

(1) 自ら光を出して輝いている天体を何というか，その**名称**を書きなさい。

(2) **図1**～**図3**で，さそり座の見える位置はどちらの向きに動いているか，最も適当なものを次の**ア**～**エ**の中から**一つ**選び，その**記号**を書きなさい。

ア　北から南　　**イ**　南から北　　**ウ**　東から西　　**エ**　西から東

2　みくさんは，甲府と那覇《なは》（沖縄県）の，季節による昼の長さの変化と太陽の南中高度の変化をそれぞれ調べた。**図4**は甲府と那覇における昼の長さの変化を，**図5**は甲府と那覇における南中高度の変化を，それぞれグラフにまとめたものである。(1)～(3)の問いに答えなさい。

図4

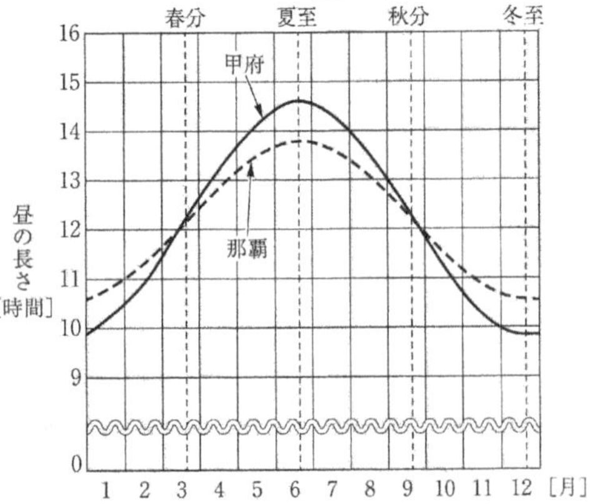

図5

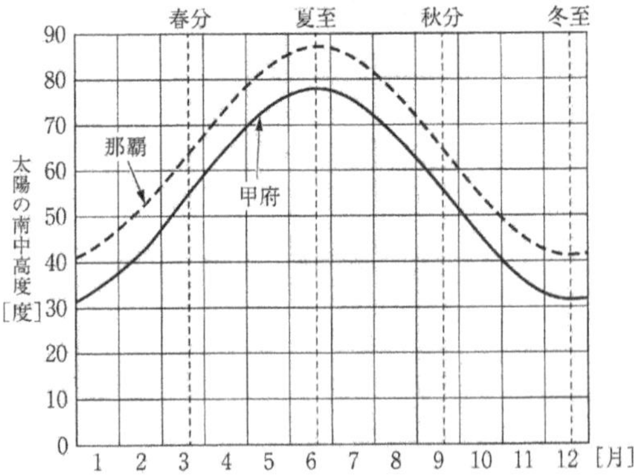

(1) **図4**のグラフから読み取れることとして正しいものはどれか，次の**ア**～**エ**から**すべて**選び，その**記号**を書きなさい。

ア　春分の日と秋分の日のどちらも，甲府の昼の長さと那覇の昼の長さはほぼ等しい。

イ　夏至の日と冬至の日のどちらも，甲府の昼の長さは那覇の昼の長さより短い。

ウ　夏至の日の昼の長さと冬至の日の昼の長さの差を比べると，甲府のほうが那覇より大きい。

エ　冬至の日では，甲府の夜の長さは，那覇の夜の長さより短い。

(2) **図5**のグラフから，季節によって太陽の南中高度が変化することがわかった。季節によって太陽の南中高度が変化する**理由**を，「**地軸**」という**語句**を使って，簡潔に書きなさい。

(3) 同じ日の午前9時と正午に，甲府のある場所と那覇のある場所で，水平な地面に同じ長さの棒を垂直に立て，棒の影の長さをそれぞれ測定した。影の長さが最短となる測定場所と時刻として，最も適当なものを，次の**ア**～**エ**から**一つ**選び，その**記号**を書きなさい。

ア　甲府のある場所で午前9時に測定したとき

イ　那覇のある場所で午前9時に測定したとき

ウ　甲府のある場所で正午に測定したとき

エ　那覇のある場所で正午に測定したとき

7　ゆみさんとけんさんは，化学電池のしくみを調べるために，次の実験を行った。1～4の問いに答えなさい。

〔**実験**〕
① セロハンを用いた仕切りで分けた水槽の両側に，硫酸亜鉛水溶液と硫酸銅水溶液をそれぞれ入れた。
② 硫酸亜鉛水溶液中に亜鉛板を，硫酸銅水溶液中に銅板を入れた。
③ **図**のように，それぞれの金属板と光電池用モーターを導線でつなぐと，光電池用モーターが回転した。
④ しばらく光電池用モーターを回転させて，水溶液と金属板の変化を観察した。

図

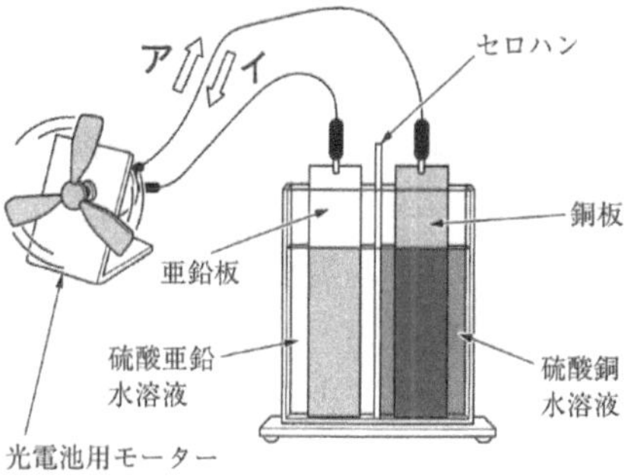

1 〔**実験**〕で，電流の向きはどちらになるか，**図**の**ア**，**イ**から選び，その**記号**を書きなさい。

2 〔**実験**〕の装置の電池で，＋極の金属板の表面で起こっている化学変化を**化学反応式**で書きなさい。ただし，電子は e^- で書きなさい。

3 次の □ は，〔**実験**〕の結果から疑問に感じたことについて，二人が先生と交わした会話である。(1)，(2)の問いに答えなさい。

ゆみ：〔**実験**〕の装置のセロハンは，どのようなはたらきをしているのでしょうか。
けん：セロハンがあることで，２種類の水溶液が分かれたままでした。
先生：そうですね。セロハンは，２種類の水溶液がすぐに混ざらないようにしています。
ゆみ：混ざらないようにするだけなら，セロハンのかわりにガラスを使ってもよいのでしょうか。

先生：ガラスを使うとモーターが回りません。セロハンを使うとモーターが回るのは，なぜでしょうか。

けん：セロハンには，電流を流すために必要な［　　　　］はたらきがあるからだと思います。

先生：そのとおりです。次に，金属板は他の組み合わせでもよいか考えてみましょう。

けん：２種類の異なる金属を電極に使えば電池になるはずなので，他の組み合わせでも電池としてはたらくと思います。

先生：そうですね。では，〔実験〕の装置の亜鉛板をマグネシウム板に，硫酸亜鉛水溶液を硫酸マグネシウム水溶液に変えた装置では，どのような結果になるか，やってみましょう。

(1)「**イオン**」という**語句**を使って，［　　］に入る適当な**言葉**を書きなさい。

(2) 下線部の実験をしたとき，光電池用モーターが**回る向き**と**回る速さ**は，〔実験〕と比べてそれぞれどのようになるか。［A］に当てはまるものを下の**ア**，**イ**から，［B］に当てはまるものを下の**ア**～**ウ**から**一つ**ずつ選び，その**記号**をそれぞれ書きなさい。

回る向き：［A］　A〔 **ア**　同じ向き　　**イ**　逆向き 〕

回る速さ：［B］　B〔 **ア**　速くなる　　**イ**　遅くなる　　**ウ**　変わらない 〕

4　身のまわりで使われている電池について述べた文として正しいものを，次の**ア**～**エ**から**一つ**選び，その**記号**を書きなさい。

ア　アルカリ乾電池は，くり返し充電できる電池で，懐中電灯などに利用される。

イ　リチウムイオン電池は，何度も充電できる電池で，携帯電話などに利用される。

ウ　ニッケル水素電池は，充電できない電池だが，コンパクトで安定した電圧が得られるため，ゲーム機などに利用される。

エ　リチウム電池は，何度も充電できる電池で，電卓などに利用される。

［8］　電磁誘導について調べるために，次の実験を行った。１～５の問いに答えなさい。ただし，台車はなめらかに移動するものとする。

〔実験１〕 ①　図１のように，水平面にレールを用意し，コイルをレールの水平面に垂直に立て，検流計につないだ。次に，Ｎ極が進行方向を向くように棒磁石を固定した台車をレールの上に置いた。

②　検流計の針が０を示していることを確認した。

③　台車に乗せた棒磁石のＮ極を図１のａ側からコイルに近づけていき，コイルの手前で静止させると，検流計の針は，台車が動いているときは＋側に振れ，台車を静止させると０に戻った。

〔実験２〕 ①　図２のように〔実験１〕の装置のレールとなめらかにつながった斜面を用意し，検流計をコンピュータにつなぎ変えた。水平面からの高さが５㎝のＡ点にＮ極が進行方向を向くように〔実験１〕の台車を置いた。

②　台車を押さえていた手を静かに離したところ，台車は斜面を下り，コイルの中を

ａ側からｂ側に通過した。時間と生じた電流の関係をコンピュータに表示させたところ，図３のようになった。

③　次に水平面からの高さ10㎝のＢ点にＮ極が進行方向を向くように台車を置いた。台車を押さえていた手を静かに離したところ，台車は斜面を下り，コイルの中をａ側からｂ側に通過した。このとき，コンピュータに表示された波形を観察した。

図１

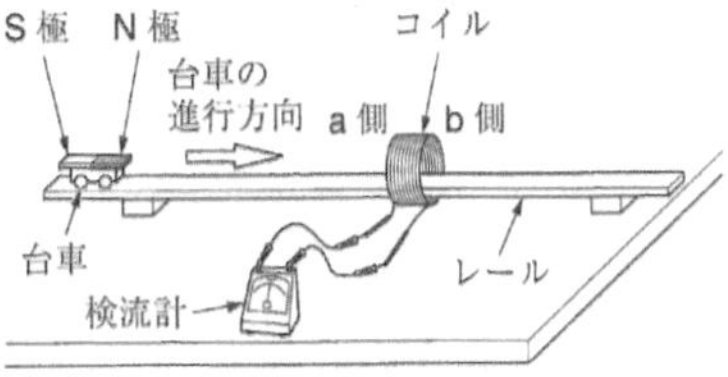

図２

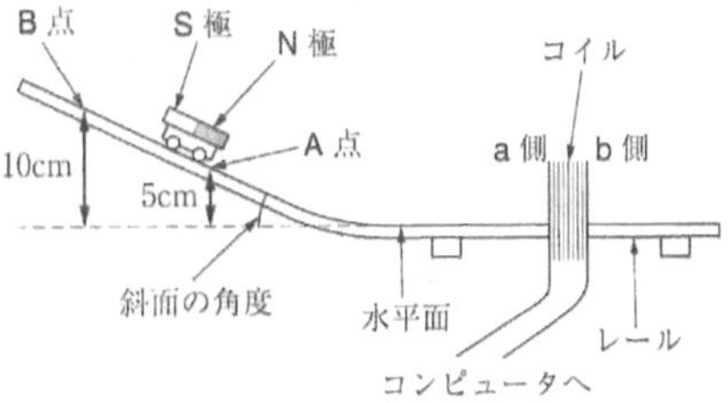

図３

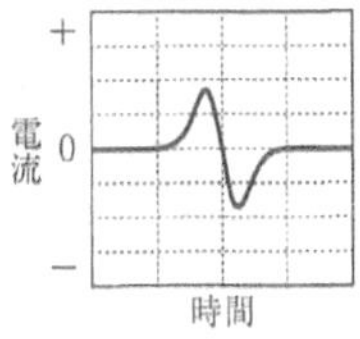

1　〔**実験１**〕の③で，検流計の針が０に戻った理由を，「**磁界**」という**語句**を使って，簡潔に書きなさい。

2　〔**実験１**〕の③で，Ｓ極が進行方向を向くように台車の向きを変え，同じ操作をすると，検流計の針の振れはどのようになるか。次の**ア**～**ウ**から**一つ**選び，その**記号**を書きなさい。

ア　＋側に振れたあと０に戻る　　**イ**　－側に振れたあと０に戻る　　**ウ**　振れない

3　〔**実験２**〕の③で，コンピュータに表示された波形はどれか，最も適当なものを次の**ア**～**エ**から**一つ**選び，その**記号**を書きなさい。ただし，縦軸と横軸の目盛りの大きさは**図３**と同じである。

ア

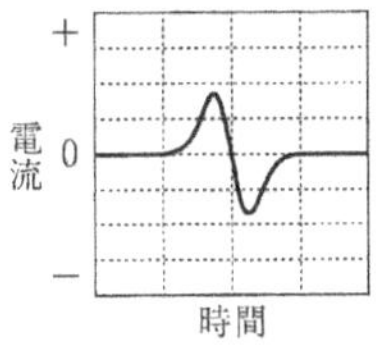

イ

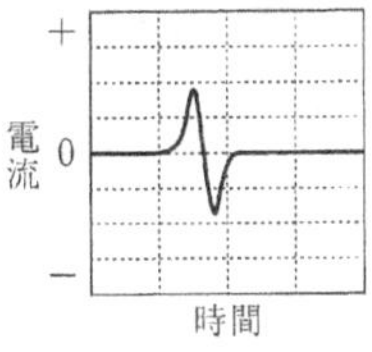

ウ

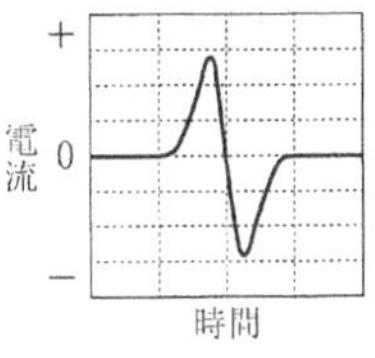

エ

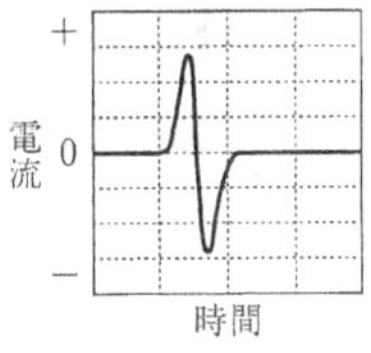

4　〔**実験２**〕の装置で，斜面の角度を２倍にし，斜面上のある点にＮ極が進行方向を向くように台車を置き，台車を押さえていた手を静かに離したところ，台車は斜面を下り，コイルの中をａ側からｂ側に通過した。コンピュータに表示された波形を観察したところ，結果は**図３**と同じになった。このとき，台車から手を離した点の**水平面からの高さ**は何㎝か，求めなさい。

5　発電所などで使用される発電機は，電磁誘導を利用して発電した電気を家庭に供給している。家庭で使用される消費電力が11WのLED電球を45分間点灯したときに消費する電力量は何Whか，求めなさい。

＜社会＞　時間　45分　　満点　100点

[1]　1～3の問いに答えなさい。

1　世界の諸地域に関する(1)～(3)の問いに答えなさい。

(1)　次の地図は世界全体を示したものであり，資料は年間降水量を3か月ごとに示したものである。これに関する下の①，②の問いに答えなさい。

地図

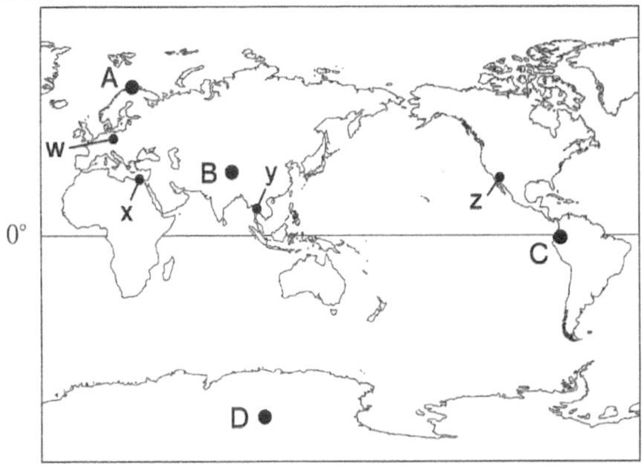

資料

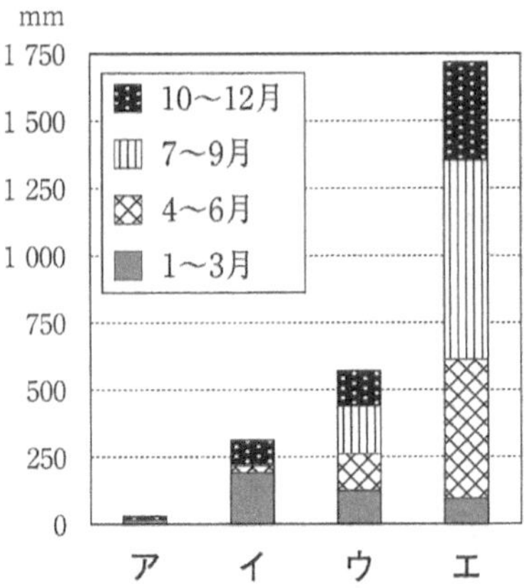

（気象庁ウェブサイトより作成）

①　6月に白夜がみられる地点を，地図中の地点A～Dから**一つ**選び，記号で書きなさい。

②　資料中のア～エは，地図中の地点w～zの年間降水量を3か月ごとに示したものである。地点wの年間降水量に当てはまるものを，ア～エから**一つ**選び，記号で書きなさい。

(2)　次のメモは，ある国の文化についてまとめたものである。このメモが示す**国名**を書きなさい。

<メモ>

この国は移民が多く，多様な文化が特徴です。かつてイギリスの植民地であったため，英語が公用語でした。しかし，フランス人が開拓した地域では，フランス語を話す人が多いため，フランス語も公用語となり，二つの言語は対等になりました。そのため国内では，右の看板のように英語とフランス語の両言語で注意事項を示した看板もみられます。

(3)　次のページの資料はインド，オーストラリア，韓国，メキシコについてまとめたものであり，資料中のア～エは，この4か国のいずれかである。韓国を示したものを，ア～エから**一つ**選び，記号で書きなさい。

国名	貿易額１位の国（2022年）		輸出額上位の商品（2021年）		インターネット利用者率（%）	
	輸出	輸入	１位	２位	2010年	2021年
ア	アメリカ	アメリカ	機械類	自動車	31.1	75.6
イ	アメリカ	中国	石油製品	機械類	7.5	46.3
ウ	中国	中国	鉄鉱石	石炭	76.0	96.2
エ	中国	中国	機械類	自動車	83.7	97.6

（「世界国勢図会」2023/24より作成）

2　日本の諸地域に関する(1)～(3)の問いに答えなさい。

(1)　次の地図は地形を示したものであり，下の**ア**～**エ**は甲府市と東京，長野市，静岡市，名古屋市間のいずれかの地形の断面を模式的に示している。甲府市と東京間の地形の断面として正しいものを，**ア**～**エ**から一つ選び，記号で書きなさい。なお，**ア**～**エ**中の●と○間の実際の距離はすべて異なる。

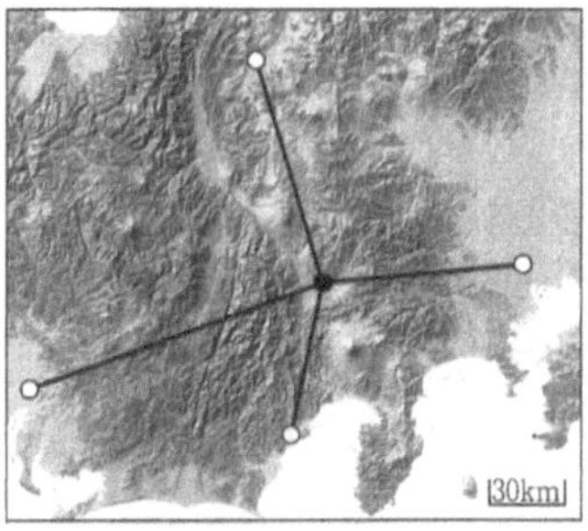

（地理院地図より作成）

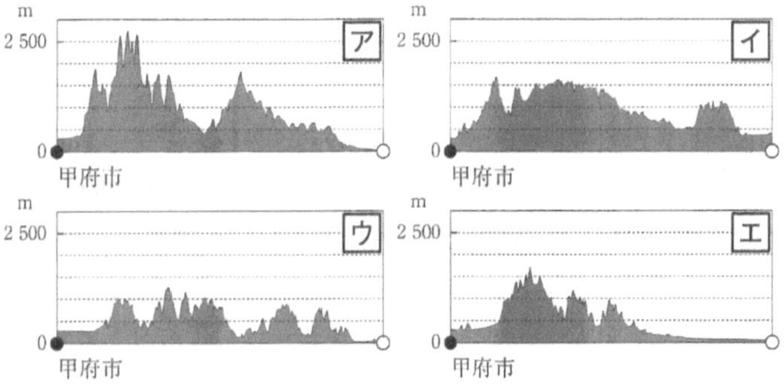

(2)　次の**ア**～**ウ**は，工業品出荷額（2020年），米の収穫量（2021年），中学校数（2021年）のいずれかを示した地図である。各項目を示したものを，**ア**～**ウ**から**一つずつ**選び，それぞれ記号で書きなさい。

ア

イ

ウ

（「データでみる県勢」2023年版より作成）

(3) 次の資料Ⅰは，東京都中央卸売市場の産地別ピーマン取扱量と１kg当たりの平均価格（2022年）を示したものである。また，資料Ⅱは，資料Ⅰ中の各県の主産地である岩手県江《え》刺《さし》市と茨城県鹿《か》嶋《しま》市，主産地の周辺に位置する宮崎県宮崎市の平均気温を示したものである。宮崎県のピーマン農家が，どのような工夫を行っているかについて，資料Ⅰ，Ⅱから読み取れることを関連付けて「**平均価格**」，「**気候**」という語句を使って，簡潔に書きなさい。

資料Ⅰ

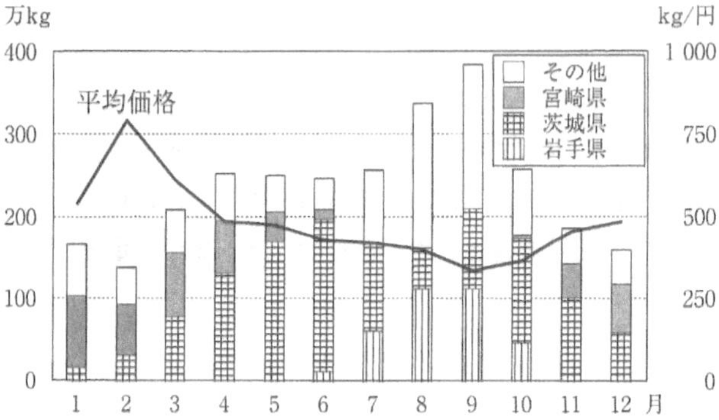

（東京都中央卸売市場ウェブサイトより作成）

資料Ⅱ

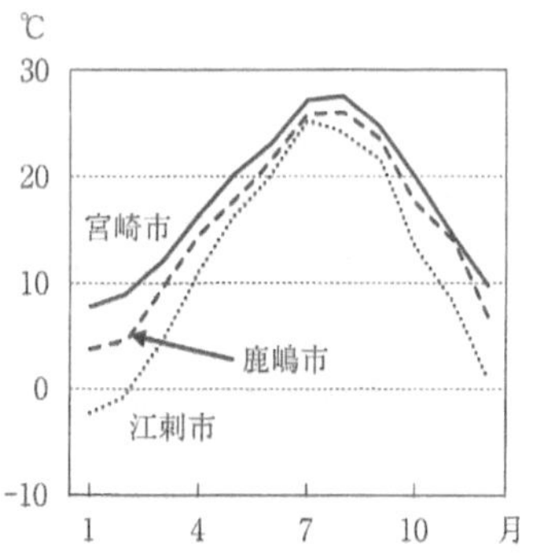

（気象庁ウェブサイトより作成）

3　地域調査の手法と地域の在り方に関する(1)～(3)の問いに答えなさい。

(1) まなさんは，次の地図中のｚ町と周辺市町の人口密度の地図を作成することにした。まず各市町の人口密度（2022年１月１日）を調べて，資料を作成した。解答用紙にある地図中のｚ町を参考にし，Ａ～Ｄの市町へ凡例《はんれい》に示されている**ア**～**エ**を記入し，地図を完成させなさい。

地図

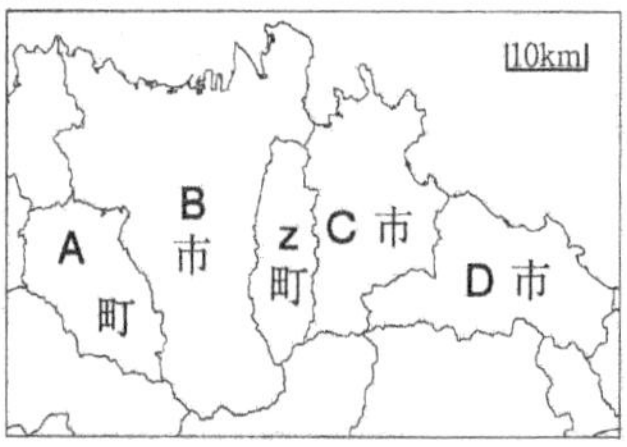

資料

市町名	人口密度（人/km²）
Ａ町	215
Ｂ市	1 130
Ｃ市	294
Ｄ市	190
ｚ町	362

（「データでみる県勢」2023年版より作成）

凡例

	（人/km²）
ア	750以上
イ	500 ～ 750
ウ	250 ～ 500
エ	250未満

(2) けんさんは，次の地図から読み取ったり考えたりしたことを次のページのメモにまとめた。メモの内容として適当なものを，後の**ア**～**エ**から**二つ**選び，記号で書きなさい。

（地理院地図より作成）

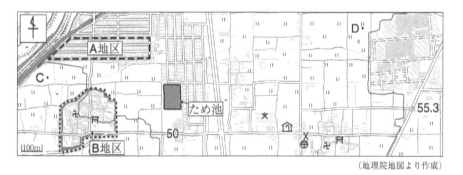

＜メモ＞
ア　A地区は，B地区より古い年代に成立した。
イ　地点Cは，地点Dより標高が低い。
ウ　ため池は，目的の一つとして米作りに利用されてきた。
エ　老人ホームは，郵便局の北東側に立地している。

(3)　たけしさんは，埼玉県川越《かわごえ》市で観光をテーマに現地調査を行った。たけしさんは，まず資料Ⅰを撮影し，次に資料Ⅱ（2022年）を作成し，調べた結果を下のメモにまとめた。メモ中のa，bの〔　〕に当てはまる最も適当な語句を**一つずつ**選び，それぞれ記号で書きなさい。

資料Ⅰ　コーヒーチェーン店と町並み

資料Ⅱ　観光客が川越市を訪問する交通手段

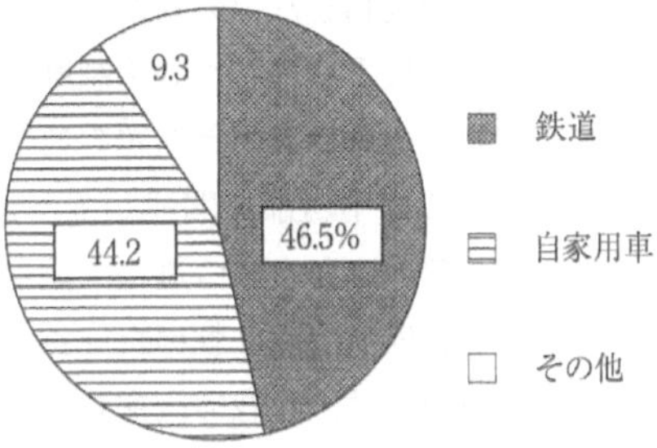

(「川越市アンケート調査報告書令和4年」より作成)

＜メモ＞
・蔵造りの町並みなどが重要伝統的建造物群保存地区に指定され，観光客でにぎわっている。この地区では，資料Ⅰのような a〔ア　周囲の景観に配慮した　　イ　冬の大雪に備えた〕建物が複数みられた。
・川越市を訪れる観光客は，平均で市内約4か所の観光施設を巡っており，そのため資料Ⅱと関連付けると，b〔ア　騒音やゴミ問題への対策　　イ　駐車場整備や巡回バスの充実〕が大切になると考えられる。

2　1，2の問いに答えなさい。

1　次のA～Eのカードは，日本や世界の政治の歴史に着目し，調べたことをまとめたものの一部である。これに関する(1)～(5)の問いに答えなさい。

A　紀元前5世紀，ギリシャの代表的な都市国家（ポリス）だったアテネでは，民会を中心とした民主政が行われた。

B　日本では，701年に大宝律令がつくられ，律令に基づく政治が行われた。

C　中世の日本では，鎌倉幕府や室町幕府が成立し，武士による政治が行われた。

D　1787年から1793年にかけて，江戸幕府では，老中の松平定信が寛政の改革を行った。

E　フランスでは，国王と貴族中心の政治に不満をもつ都市の民衆や農民らが，フランス革命を引き起こした。

(1) カードAの下線部について，次のメモは民会に参加する権利があった人々について述べたものである。メモ中のXの〔 〕に当てはまる語句を**一つ**選び，記号で書きなさい。また，［Y］に当てはまる語句を書きなさい。

＜メモ＞
民会には市民の X〔ア 全員　イ 代表者〕が参加することができ，議事を決定していた。民会に参加することができる市民とは成人の［Y］に限られていた。

(2) カードBの下線部に関連して，律令に基づいて国を治める律令国家の確立に至るまでの日本のできごとについて述べた次の**ア**～**エ**の文を，年代の古い順に並べ，記号で書きなさい。

ア 大化の改新とよばれる政治改革を始めた。

イ 政治の実務を八つの省が分担した。

ウ 遣隋使により進んだ政治制度が伝わった。

エ 白村江《はくすきのえ》《はくそんこう》の戦いで唐と新羅《しらぎ》《シルラ》の連合軍に敗れた。

(3) カードCの下線部に関連して，鎌倉幕府や室町幕府に関して述べた文として正しいものを，次の**ア**～**エ**から**一つ**選び，記号で書きなさい。

ア 鎌倉幕府で要職に就いた守護大名が，幕府と対立を繰り返した。

イ 鎌倉幕府は，元寇で困窮した御家人を救うため，建武の新政を行った。

ウ 室町幕府には，管領とよばれる将軍の補佐役がおかれた。

エ 室町幕府は，律令とは別に，武士独自の法を初めて定めた。

(4) カードDの下線部に関連して，次の資料Ⅰは寛政の改革が行われる数年前のできごとを示したものであり，資料Ⅱ，Ⅲは寛政の改革と関わりのあるものを示したものである。この改革で江戸幕府が資料Ⅰへの対策として，どのような政策を実施したのかを，下の資料Ⅰ～Ⅲを関連付けて簡潔に書きなさい。

資料Ⅰ 凶作の影響を受けた1783年頃の農村の様子

資料Ⅱ 1789年に出した命令についてのメモ

＜メモ＞
今回の改革において幕府は全国の各藩に対し，1万石につき50石を，5年間領内に備蓄するよう命じた。

資料Ⅲ 1790年に村の住民に設置させた穀物倉

(5) カードEの下線部に関連して，このできごとの前に起きた世界のできごとについて述べた文として正しいものを，次の**ア**～**エ**から**二つ**選び，記号で書きなさい。

ア ロシアでは農奴解放令を出して農民の身分を自由にするなど，旧来の制度の改革に取り組んだ。

イ 北アメリカ東部では独立戦争の結果，13植民地の代表が独立宣言を発表した。

ウ ドイツではプロイセン王国の首相ビスマルクの下，諸国を統一し，ドイツ帝国が誕生した。

エ イギリスではロックが，国家の権力は人民と国家の契約によって認められると説いた。

2　次の表は，山梨県出身で実業家の小林一三《いちぞう》が経営や設立に携わった企業・団体に関連した主なできごと及び小林が生きた時代に起きた世界の主なできごとを示したものである。これに関する(1)～(5)の問いに答えなさい。

年	主なできごと	世界の主なできごと（年）
①1873	巨摩郡河原部《かわらべ》村（現在の韮崎市）に生まれる。	江華島《こうかとう》《カンファド》事件が起きる。(1875)
1907	箕面有馬《みのおありま》電気軌道株式会社の専務取締役に就任する。	日露戦争が始まる。(1904)
1924	③プロ野球チーム宝塚野球協会を結成する。　②（1907～1929）	第一次世界大戦が始まる。(1914)
1929	世界初の駅ビル，阪急百貨店を大阪市に開業する。	国際連盟が設立。(1920)
1940	東京電燈《でんとう》会長として，④イタリアへの経済使節団に参加する。	世界恐慌が起きる。(1929)
1954	社長をつとめる東宝が⑤特撮怪獣映画「ゴジラ」を製作する。	ナチ党が政権を握る。(1933)
1957	84歳で死去する。	ワルシャワ条約機構が結成。(1955)

(1)　下線部①の年に関連して，この年に政府は地租改正条例を公布し，この後，地租の変更を行った。変更の背景となったできごととして最も適当なものを資料Ⅰの**ア**，**イ**から，資料Ⅰで選んだできごとから考えられることとして最も適当なものを**ウ**～**カ**から**一つ**ずつ選び，それぞれ記号で書きなさい。また，地租が何％から何％に変更されたのかを，資料Ⅱを参考に書きなさい。

＜資料Ⅰ＞

ア

岩倉使節団（代表者）

使節団参加者の記録（一部要約）

イギリスが富強である理由を知るには十分である。・・・(後略)・・・

(アメリカのホテルの様子)
カーペットは花のようで，天井からはシャンデリアのカットグラスが七色の反射をきらめかせ，・・・(後略)・・・

（「特命全権大使米欧回覧実記」などより作成）

イ

農民の一揆の発生件数

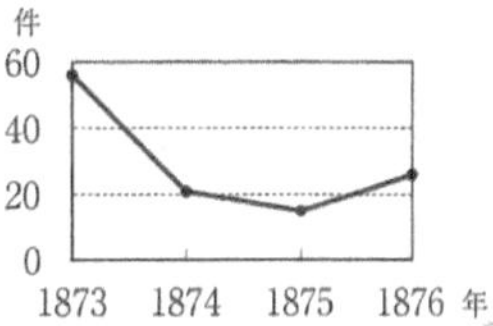

士族の反乱の発生地

（「明治農民騒擾(そうじょう)の年次的研究」などより作成）

＜選んだできごとから考えられること＞

ウ　政府が地租を変更したのは，欧米諸国を視察し，富国強兵を進める必要を感じたから。

エ　政府が地租を変更したのは，欧米諸国のような民主的な国家になることをおそれたから。

オ　政府が地租を変更したのは，農民の一揆と士族の反乱をおさえるための費用が必要になったから。

カ　政府が地租を変更したのは，農民の一揆と士族の反乱が結びつくことをおそれたから。

＜資料Ⅱ＞　当時の新聞に掲載された記事の一部

「竹やりの先キがあたつた二分五厘」

(2)　②の期間に起きた世界のできごととして正しいものを，表中の世界の主なできごとと関連付けて，次の**ア**～**エ**から**一つ**選び，記号で書きなさい。

ア　北朝鮮が，朝鮮の統一を目ざして韓国に侵攻したことにより，戦争が始まった。

イ　清で外国勢力を追い払おうとする動きがあったが，列強8か国によってしずめられた。

ウ　パリで不戦条約が結ばれ，国際紛争の解決手段として戦争の放棄を約束した。

エ　大西洋憲章が発表され，民主主義を守り，領土の拡張や変更を否定する考えが示された。

(3) 下線部③に関連して，この時期の日本でみられた文化の大衆化について述べた文として**誤っているもの**を，次の**ア**～**エ**から**一つ**選び，記号で書きなさい。

ア　テレビ放送が始まったことで，国内外のできごとが大衆に伝えられるようになった。

イ　娯楽雑誌「キング」をはじめとする大衆向け雑誌が次々と発行されるようになった。

ウ　代表的な大衆娯楽街の一つである東京の浅草には，劇場や映画館が建ち並んでいた。

エ　アメリカの大衆文化が流入したことで，「モダン（近代)」という言葉が流行した。

(4) 下線部④に関連して，国際的に孤立していた日本が，イタリアとともに同盟を結んだ国として正しいものを，次の**ア**～**エ**から**一つ**選び，記号で書きなさい。

ア　イギリス　　**イ**　ソビエト連邦　　**ウ**　アメリカ　　**エ**　ドイツ

(5) 下線部⑤に関連して，次の文はこの映画ができるきっかけとなったできごと及びその後の動きについて述べたものである。文中のａ，ｂの〔　〕に当てはまる語句を**一つずつ**選び，それぞれ記号で書きなさい。

1954年に太平洋で行われたアメリカの実験で，第五福竜丸などの漁船が被ばくした事件を受け，国内で**a**〔ア　第二次護憲運動　　イ　五･四運動　　ウ　原水爆禁止運動〕が広がり，翌年，この運動に関する世界大会が，8月6日から3日間，日本の**b**〔ア　東京　　イ　広島　　ウ　長崎〕で開催された。

3　１～３の問いに答えなさい。

1　私たちと現代社会に関する(1)，(2)の問いに答えなさい。

(1) 日本の伝統文化には能や歌舞伎《かぶき》など，専門家が受けついできた文化だけではなく，一般の人々によって受けつがれてきた生活文化としての年中行事もふくまれている。このような年中行事に当たるものを，次の**ア**～**エ**から**一つ**選び，記号で書きなさい。

ア　お盆《ぼん》（盂蘭盆会《うらぼんえ》）　　**イ**　お宮参り　　**ウ**　還暦《かんれき》　　**エ**　結納《ゆいのう》

(2) 社会で起こる対立を解決し合意を目指すには，効率と公正の考え方が必要になる場合がある。災害時に様々な役割をになう防災公園の建設場所を検討する自治会の会議で，住民から述べられた意見のうち，効率の考え方に基づいたものとして，最も適当なものを，次の**ア**～**エ**から**一つ**選び，記号で書きなさい。

ア　地域の高齢者や障害のある人々が利用しやすい場所に建設したほうがよい。

イ　建設場所について住民投票を行い，その結果を踏まえて建設したほうがよい。

ウ　建設費が安く，より多くの住民が避難できる場所に建設したほうがよい。

エ　個人や各家庭で災害の備えがあれば十分なので，建設しないほうがよい。

2　私たちと政治に関する(1)～(4)の問いに答えなさい。

(1) 次の資料は，大日本帝国憲法の条文の一部を示したものである。資料から読み取れる大日本帝国憲法の特徴を述べた文として正しいものを，次のページの**ア**～**エ**から**一つ**選び，記号で書きなさい。

<資料>

第１条　大日本帝国ハ万世《ばんせい》一系ノ天皇之《これ》ヲ統治ス

第４条　天皇ハ国ノ元首ニシテ統治権ヲ総攬《そうらん》シ此《こ》ノ憲法ノ条規ニ依《よ》リ之ヲ行フ

第11条　天皇ハ陸海軍ヲ統帥《とうすい》ス

第22条　日本臣民《しんみん》ハ法律ノ範囲《はんい》内ニ於《おい》テ居住及移転ノ自由ヲ有ス

ア　地方自治の政治体制となった。
イ　天皇は条約を締結する外交権をもった。
ウ　天皇は戦争を永久に放棄した。
エ　徹底した立憲主義の体制となった。

(2)　次の資料Ⅰは，常会（通常国会），臨時会（臨時国会），特別会（特別国会）のいずれかの召集日と会期を表している。また，資料Ⅱは，衆議院議員総選挙と参議院議員通常選挙の投票日を表している。臨時会に当たるものを，資料Ⅰ，Ⅱを関連付けて，下の**ア**～**エ**から**二つ**選び，記号で書きなさい。

資料Ⅰ

国会	召集日	会期
第206回	令和３年11月10日	３日
第207回	令和３年12月６日	16日
第208回	令和４年１月17日	150日
第209回	令和４年８月３日	３日

資料Ⅱ

衆議院議員総選挙投票日		参議院議員通常選挙投票日	
第49回	令和３年10月31日	第26回	令和４年７月10日

ア　第206回国会　　**イ**　第207回国会　　**ウ**　第208回国会　　**エ**　第209回国会

(3)　次の資料は，ロシアによるウクライナへの侵攻を非難するなどの決議案が国際連合の安全保障理事会で2022年２月に採決され，拒否権の行使により否決された時のものである。資料中の　A　～　C　に当てはまる**国名**を，それぞれ書きなさい。

賛成	アルバニア，ブラジル，フランス，ガボン，ガーナ，アイルランド，ケニア，メキシコ，ノルウェー，イギリス，　A
反対	B
棄権	C　，インド，アラブ首長国連邦

(4)　次のメモは，ある飛行機の到着地が福岡空港から北九州空港に変更されたことを表したものであり，下の地図は，福岡空港周辺と北九州空港周辺のものである。メモと地図を用いて，福岡空港に運用時間が設けられている理由を，日本国憲法の考え方を踏まえて，福岡空港周辺の住民の生活と関連付けて，「**人権**」，「**環境**」という語句を使って，簡潔に書きなさい。

<メモ>
福岡空港は原則午後10時までに離着陸を行う運用となっている。2023年に，エンジンのトラブルで出発が遅れた福岡空港行きの飛行機が，空港の運用時間に間に合わず，到着地を60km以上離れた北九州空港に変更し着陸した。

<福岡空港周辺の地図>

<北九州空港周辺の地図>

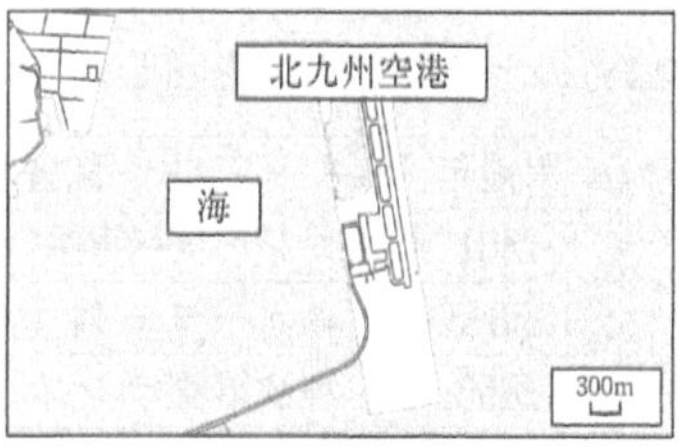

（地理院地図より作成）

3 私たちと経済に関する(1)~(4)の問いに答えなさい。

(1) 日本銀行には３つの役割がある。この３つの役割のうち，一般の銀行に対するお金の貸し出しや預金の受け入れを行う役割を何というか，書きなさい。

(2) 次の文章は，夏の登山経験から価格変化について疑問をもった生徒の発言である。発言から考えられる価格変化の要因を，「**供給**」，「**費用**」，「**競争**」という語句から**一つ**選び，選んだ語句を使って，「**麓と比べて山頂では,**」という書き出しに続けて，簡潔に書きなさい。

> 500 mLの飲み物が麓のお店では，１本120円でした。しかし，山の中腹のお店では200円となり，山頂の山小屋では500円でした。同じ飲み物１本の価格が，なぜ，こんなにも変わるのでしょうか。

(3) 次の資料は，国民の税金や社会保険料の負担と社会保障費の給付額の関係を示したものである。現在の状況を２本の両矢印（←→）の交点としたとき，下の政策案Ⅰ，Ⅱを政府が行うと，国民の税金や社会保険料の負担と社会保障費の給付額の関係は資料中のどこに位置付くか，最も適当なものを，資料中の**ア**～**エ**から**一つずつ**選び，それぞれ記号で書きなさい。

<資料>

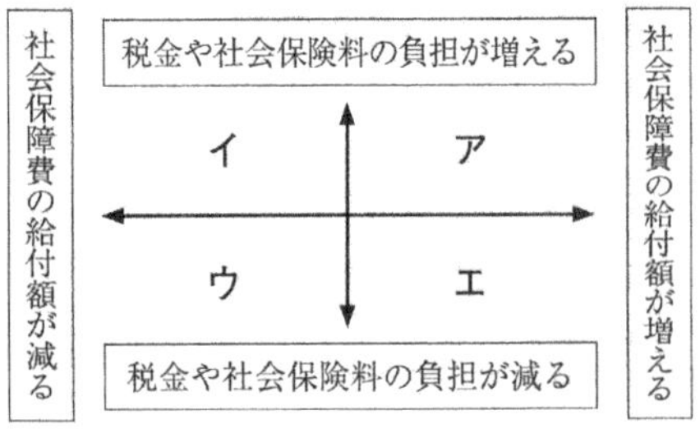

<政策案Ⅰ>

税率を上げ，その増収分で児童手当の所得制限をなくし，高校卒業まで延長する。

<政策案Ⅱ>

公助から自助に政策を転換し，市場の働きをより一層強化する。

(4) 為替相場（為替レート）は，一般的に日本と外国との銀行間の外国通貨の売買によって決まり，例えば，日本の円を売ってアメリカのドルを買うことで，円安ドル高になる。この一般的な原則を用いて，今後，為替相場が円安ドル高に進む原因になると考えられるものとして，最も適当なものを，次の**ア**～**エ**から**一つ**選び，記号で書きなさい。

ア 日本にアメリカの企業が進出する。　**イ** 日本がアメリカからの輸入を増やす。

ウ 日本の景気がアメリカと比べて良い。　**エ** 日本の金利がアメリカと比べて上がる。

4 ある学級では，班ごとに「万国博覧会（以下，万博）」をテーマに設定し，学習することにした。これに関する１～３の問いに答えなさい。

1 １班はテーマを「世界の万博」に設定した。次の資料は万博の開催年と開催地について，古いものと新しいものを示したものである。これに関する(1)~(3)の問いに答えなさい。

開催年	開催地	開催年	開催地
1851	ロンドン（イギリス）	2010	上海（中国）
1853-54	ニューヨーク（アメリカ）	2012	麗水《ヨス》（韓国）
1855	パリ（フランス）	2015	ミラノ（イタリア）
1862	ロンドン	2017	アスタナ（カザフスタン）
1867	パリ	2021-22	ドバイ（アラブ首長国連邦）

（外務省ウェブサイトなどより作成）

(1)　ニューヨーク万博が開催された1853年に，捕鯨船の寄港地とすることなどを目的として，日本を開国させるため来航した，アメリカ東インド艦隊司令長官の**名前**を書きなさい。

(2)　1867年開催のパリ万博に，薩摩藩は幕府とは別に独自の立場で薩摩焼などを出品した。この時期，薩摩藩がヨーロッパ諸国と新たな外交関係を築こうとしていた理由を，「**幕府**」という語句を使って，簡潔に書きなさい。

(3)　1班は前のページの資料中のアスタナで開催された万博に関心をもち，班で会話をした。会話文中の A ～ C に当てはまる**語句**をそれぞれ書き，また，会話文中のXの〔　〕に当てはまる語句を**一つ**選び，記号で書きなさい。

佐藤：調べてみたらアスタナを首都とするカザフスタンは，資料中のアラブ首長国連邦と同じく A 教を信仰する人が最も多いようです。

鈴木：そういえば，この前行ったお店では右のマークがメニューに貼ってありました。調べてみると，このマークにはアラビア語で「ハラール（ハラル）」と書かれていて， A 教を信仰する人が安心して食べられる料理であることを示しています。

田中：山梨県内でも A 教を信仰する観光客が増えていてサウジアラビアにある聖地 B に向かって C ができるように，右のX〔ア　写真a　　イ　写真b〕のような場所の整備が進んでいます。

加藤：これらのことを踏まえると，持続可能な社会を実現する上で，多様な文化を知り，違いを認め，尊重することが大切だと思いました。

〔マーク〕

〔写真a〕

〔写真b〕

2　2班は，近年開催の「万博のテーマ」が地球環境問題に関わるものが多いことに関心をもち，調査をすすめる中で次の資料を見つけた。これに関する(1)，(2)の問いに答えなさい。

(1)　資料の風力発電のように再生可能エネルギーによる発電に分類されるものを，次の**ア**～**エ**から**二つ**選び，記号で書きなさい。

ア　地熱発電　　　**イ**　火力発電

ウ　原子力発電　　**エ**　バイオマス発電

資料　地方ごとの風力発電量（2021年度）

地方	風力発電量（億kWh）
北海道・東北	42.0
関東・中部	8.7
近畿	7.7
中国・四国	8.8
九州	7.4

（「データでみる県勢」2023年版より作成）

(2)　2班は，資料から風力発電量の地域差に気がつき，その理由を風力発電所の設置場所に関する二つのデータから説明することにした。設置場所の風の強さを示すデータの他に，もう一つ用いるデータとして最も適当なものを，次の**ア**～**エ**から**一つ**選び，記号で書きなさい。

ア　設置場所の平均降水量の多さ　　**イ**　設置場所の日照時間の長さ

ウ　設置場所の下水道設置率の低さ　**エ**　設置場所の土地の平均価格の低さ

3　3班はテーマを「日本の万博」に設定し，日本で開催された万博及び開催予定の万博の開催年と開催地を次の資料にまとめた。これに関する(1)～(3)の問いに答えなさい。

開催年	開催地	開催年	開催地
1970	大阪	1990	大阪
1975-76	沖縄	2005	愛知
1985	茨城	2025（予定）	大阪

（外務省ウェブサイトなどより作成）

(1) 前のページの資料中の開催地に関連して，３班は調査を進める中で資料Ⅰを見つけ，資料Ⅰをもとに次のメモを作成した。これに関する①，②の問いに答えなさい。

資料Ⅰ 万国津梁《しんりょう》の鐘に書かれた文章（一部）

> 琉球国は南海の勝地《しょうち》にして，三韓の秀（優れた文化）をあつめ，大明をもって輔車《ほしゃ》（重要な関係）となし，日域をもって唇歯《しんし》（重要な関係）となす。この二つの中間にありて，湧出《ゆうしゅつ》する蓬莱《ほうらい》島なり。…（後略）…

<メモ>

> 15世紀に琉球国は，他国から輸入したものを，別の国に輸出して利益を得ていた。この貿易の形態を［　　　］という。

① 資料Ⅰの下線部は，二つの国を示している。それらはどこの国か，**現在の国名**を書きなさい。

② メモ中の［　　］に当てはまる語句を，次の**ア～エ**から一つ選び，記号で書きなさい。

ア 三角貿易　**イ** 南蛮貿易　**ウ** 朱印船貿易　**エ** 中継貿易

(2) 次の資料は，日本の万博の開催地である茨城県，愛知県，大阪府，沖縄県についてまとめたものであり，資料中の**ア～エ**は，４つの府県のいずれかである。茨城県，大阪府に当てはまるものを，**ア～エ**から**一つずつ**選び，それぞれ記号で書きなさい。

府県名	100世帯あたりの乗用車の保有台数（2020年）	合計特殊出生率（2020年）	夜間人口を100とした時の昼間人口の割合（2020年）
ア	131.1	1.83	100.0
イ	157.5	1.34	97.6
ウ	63.9	1.31	104.4
エ	125.4	1.44	101.3

（「データでみる県勢」2023年版などより作成）

(3) ３班は，2025年開催予定の大阪・関西万博について調べる中で，食と暮らしの未来に関心をもった。近年の山梨県における農業の取り組みについて調査をすすめ，資料Ⅱ，Ⅲを手に入れた。資料Ⅱから読み取れる山梨県の農業が抱える課題に触れるとともに，資料Ⅲの取り組みが，その課題解決にどのようにつながるかを，「**作業**」という語句を使って簡潔に書きなさい。

資料Ⅱ 山梨県の農業従事者数と農業従事者数における65歳以上の割合

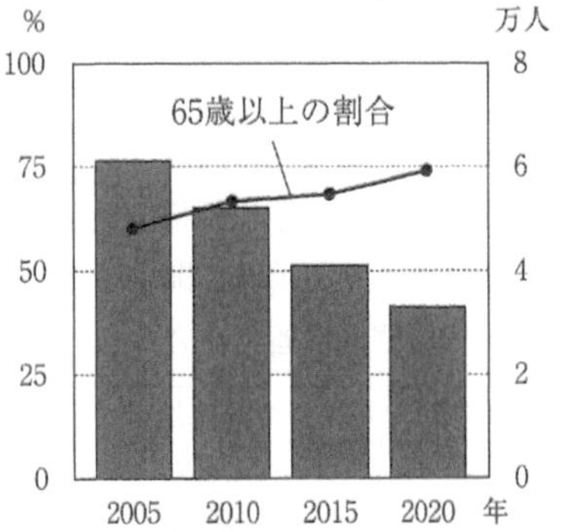

（農林水産省ウェブサイトなどより作成）

資料Ⅲ 近年の山梨県における農業の取り組み

自動運転技術を活用してぶどうを運ぶ様子

ドローンを活用して農薬を散布する様子

（日本経済新聞2023年9月14日付け記事などより作成）

六　本文には、駅伝のタスキをつなぐという役目を果たす選手の様子が描かれている。**あなたが自分の役目や役割を意識して取り組んだことは何か**。また、**そのことからどのようなことを考えたか**。あなたの考えを、次の1、2の条件に従って書きなさい。（解答用紙Ⅱに書きなさい。）

条件
1　あなたが取り組んだことを具体的に書くこと。
2　二百四十字以内で書くこと。

（注）＊咲桜莉……駅伝部の一年生。　＊フォーム……姿勢。
＊モーション……動き。　＊サカトゥー……坂東の呼び名。
＊都大路……京都の大通り。ここでは全国高校駅伝大会のコース。
＊菱先生……駅伝部の顧問の先生。

一　一目散に　とあるが、ここではどのような意味で用いられているか。次の**ア**から**エ**までの中から最も適当なものを**一つ**選び、その記号を書きなさい。

ア　一斉に　**イ**　軽やかに
ウ　注目されずに　**エ**　わき目もふらずに

二　[1]本当に私、走るんだ　とあるが、この場にいる実感がわかない私の様子を比喩を用いて表している部分はどこか。本文中から**二十二字**でさがし、**はじめの五字**を書きなさい。

三　[2]気づくと、あれほど我が物顔でのさばっていた緊張の気配が身体から消え去っている　とあるが、それはなぜか。次の**ア**から**エ**までの中から最も適当なものを**一つ**選び、その記号を書きなさい。

ア　第二集団のトップでスタートした留学生選手の軽快で楽しそうに走る姿を目の前で見た後に、友人も私の走り方に魅力を感じていてくれたことを思い出し、恐れず大会に臨もうという思いになったから。

イ　自分より小柄な留学生選手が周囲の選手を圧倒しながら走り去っていった時に、朝食が喉を通らない私のことを心配した友人が助言してくれたことを思い出し、友人のために頑張ろうという気持ちになれたから。

ウ　留学生選手のはじめて見る走りのフォームに驚くと同時に、留学生選手と同じように手足を素早く動かしながら跳ねるようにテンポよく走っていた友人のフォームを思い出し、自分も同じようにできると思ったから。

エ　直前まで談笑していた留学生選手がマシーンのように走る様子を見て自分との実力差がはっきりわかり、気持ちが吹っ切れたのと同時に、大会に出場できなかった友人の言葉を思い出し、前向きになれたから。

四　[3]彼女の目Aと、私の目Bを結ぶ、直線ABの中間点Cにて、何かが「パチンッ」と音を立てて弾けるのを聞いた気がした　とあるが、次の□は、この描写について説明したものである。［A］、［B］にはそれぞれどのような言葉が入るか。本文の中の言葉を使って、［A］は**五字以上、十字以内**で、［B］は**十五字以上、二十字以内**でそれぞれ書きなさい。

> 赤いユニフォームの選手と私の［　A　］様子と、私に［　B　］が芽生えていることを表している。

五　本文の表現の仕方について述べたものとして、最も適当なものはどれか。次の**ア**から**エ**までの中から**一つ**選び、その記号を書きなさい。

ア　この都大路を楽しもうとする参加選手の様子を、情景描写に色彩に関する言葉を用いることで写実的に表現している。

イ　時間の経過とともに駅伝に魅了されていく主人公の様子を、一文を短くしてリズムよく描くことで効果的に表現している。

ウ　自分の感情と向き合っている主人公の様子を、主人公の心の中の言葉に「――」を使うことで印象的に表現している。

エ　大会の緊迫した状況に対して一喜一憂しているチームの様子を、主人公の視点に沿って語ることで主観的に表現している。

留学生の彼女と私じゃレベルがまったく違うけれど、不思議なくらい勇気が太ももに、ふくらはぎに、足裏に宿ったように感じた。2気づくと、あれほど我が物顔でのさばっていた緊張の気配が身体から消え去っている。

　そうだ、私も楽しまないと――。

　こんな大舞台、二度と経験できないかもしれない。もちろん、来年だってここに戻ってきたいけれど、私が走れる保証はどこにもないのだ。

　ならば、この瞬間をじっくりと楽しまないと。最初で最後のつもりで、＊都大路《みやこおおじ》を味わわないともったいないぞ、サカトゥー。

　図々しい気持ちがじわりじわりと盛り上ってくると同時に、走る前の心構えが整ってきた。さらには、周囲の様子もよく見えてきた。もっともそれは、半分の選手がすでにゼッケン番号を呼ばれ、待機組の人数が減ったせいかもしれないけれど。

　早く、走りたい――。

　身体がうずいて、その場で二度、三度とジャンプして、ステップを踏んだ。

　すでに先頭が通過してから、五分以上が経過しただろう。

　ついに、私の番号が呼ばれた。

　順位に関しては、良いとは言えない。

　でも、それは＊菱《ひし》先生も事前に予想済みのことだった。というのも、各都道府県で行われた予選大会にて、五人のランナーは本番と同じ距離を走る。コースのつくりや、当日の天候の違いによる影響は多少あるだろうが、都大路に駒を進めた各校のタイムはすべて公開されるので、その記録をチェックしたら、おのずと全体における自校のだいたいの位置がわかる。私たちの学校の記録は四十七校中三十六位だった。

「全員がはじめての都大路で、いきなりいい成績なんて出ないから。今回はまずは二十位台を目指そう」

と菱先生はハッパをかけたが、この場に残っているのは十五人くらい。すでに三十位台にいることは間違いなさそうだ。

　中継線に並んでいた選手が四人、目の前で次々とタスキを受け取り、一目散に駆け出していく。

　ベンチコートを脱ぎ、青いキャップをかぶった係員に手渡し、中継線まで進んだ。

　私とほぼ同じタイミングで、すぐ隣に赤いユニフォームの選手が立つ。

　私よりも五センチくらい背が高い。寒さのせいか、緊張のせいか、血の気のない真っ白な肌に、唇だけが鮮やかな赤色を残していた。ぱっつんと一直線に揃《そろ》えられた前髪と重なるように、きりりと引かれた眉の下から、切れ長な目が私を見下ろしている。

　互いの口から吐き出される白い息を貫き、視線が交わった瞬間――、3彼女の目Aと、私の目Bを結ぶ、直線ABの中間点Cにて、何かが「バチンッ」と音を立てて弾けるのを聞いた気がした。

　相手は目をそらさなかった。

　私も目をそらさなかった。

　拡声器を手に係員のおじさんが隣を通ったのを合図にしたように、二人して同じタイミングでコースに向き直った。

　体格を見ても、面構《つらがま》えを見ても、相手は一年生ではなさそうだった。

　でも、何年生であっても、この人には負けたくない――。

　むらむらと闘争心が湧き上がってくるのを感じた。

（万城目学《まきめまなぶ》『八月の御所グラウンド』による。一部表記を改めた。）

色とりどりの鉢巻きをつけた選手たちの頭が並ぶ向こうに、先頭を切って4番が勢いよく出発するのが見えた。

次の選手がまだ呼ばれないので、独走状態でタスキを受け取ったということだ。一方、役目を果たした選手は腰に手を当て、走り終えた人特有の肘を左右に張り、肩で大きく息をする、くたびれきった後ろ姿とともに歩道側へと消えていった。

先頭が通過してから一分近くが経って、

「26番、28番、46番――」

とようやく三人の番号が呼ばれた。

それからは続々と、ゼッケン番号がダミ声でもって拡声器経由で告げられていく。周囲から急に、パチンパチンという肉を叩《たた》く音が聞こえ始めた。寒さで固くなった太ももを叩き、少しでも筋肉をほぐそうとしているのだ。

1本当に私、走るんだ――。

スタジアムからこの中継所までの連絡バスに乗っている間も、雪とともに流れていく京都の街並みを眺めながら、いっそこのまま家の前まで走って帰ってくれないかな、と内心、真面目に願っていた私である。

バスから下りたのち、待機所になっている病院のロビーでは、はじめて留学生のランナーを見た。彼女のことは陸上競技雑誌で見かけたことがあった。私や＊咲桜莉《さおり》が得意とする中距離走の高校記録を持つ超有名選手だった。驚いたのは、彼女が自分よりもずっと身長が低かったことだ。

緊張のしすぎで、身体をどこかに置き去りにしてしまったような私に対し、留学生の彼女は同じデザインのベンチコートを着た女の子二人と談笑していた。サポート要員として、中継所まで部員が駆けつけているのだ。呼び出しの寸前まで、留学生は足のマッサージを受けていた。ひとりでやることもなく、キャラメルを舐《な》めていた私とはエラい違いだった。

第二集団のトップを切って、その留学生選手がタスキを受けて出発する。

「すごい」

思わず声が漏れてしまうほど、今まで見たことがない走りの＊フォームだった。

まわりの選手たちもハッとした表情で彼女の後ろ姿を目で追っていた。走る際の、足の＊モーションがまるで違った。走るためのマシーンと化した下半身に、まったくぶれない上半身がくっついているようだ。跳ねるように地面を蹴る、その歩幅の広さといい、それを支える筋肉のしなやかさといい、何て楽しそうに走るんだろう、とほれぼれしてしまうフォームで、彼女はあっという間に走り去っていった。

彼女の残像を思い浮かべながら、視線を中継所に戻したとき、

「私は好きだよ＊サカトゥーの走り方。大きくて、楽しそうな感じがして」

緊張のしすぎで、まったくごはんを食べる気が起きない朝食会場で、正面に座る咲桜莉に突然告げられた言葉が耳の奥で蘇《よみがえ》った。

そんなことを彼女から言われたのははじめてだった。私は咲桜莉の機敏で跳ねるような足の運び方や、テンポのよい腕の振り方が、自分にはできない動きでうらやましく、自分の走り方は大雑把《おおざっぱ》で無駄が多いと思っていたから、驚くとともに純粋にうれしかった。おかげで用意された朝食を全部平らげることができた。

私が留学生の彼女を見て楽しそうと感じたように、咲桜莉が私の走りを見て楽しそうと感じてくれている――。

めて晴れ《た雪がやんでようやく晴れ》、月の光きよくすさまじき夜、一人起き居て慰め難《がた》くや覚えけん《心が抑えがたく思ったのであろうか》、*高瀬船に棹《さを》さしつつ、心に任せて*戴安道《たいあんだう》を尋ね行くに、道の程遥《はる》かにて、夜も明け月も傾《かたぶ》きぬるを、本意《ほい》ならずや思ひけん《不本意に思ったのであろうか》、かく《ここまで》とも言はで《来たとも言わないで》、門《かど》のもとより立ち帰りけるを、いかに《なぜ》と言ふ人ありければ、

諸共《もろとも》に月見ん《眺めよう》とこそ思ひつれかならず人に逢《あ》はんものかは《何としても人に逢うという必要はありません》

とばかり《だけ》言ひて、2つひに帰りぬ。心のすきたる程は《どれほど風流の心が深かったかは》、これにて思ひ知るべし。戴安道は*剡県《えんけん》と言ふ所に住みけり。この人の年頃《数年来》の友なり。同じさまに心をすましたる人にてなん侍《はべ》りける《同じように風流に心を寄せていた人であったといいます》。

（『唐物語新釈《からものがたりしんしゃく》』による。表記は問題用に改めた。）

（注）　*王子猷……中国の晋《しん》の時代の人。　*山陰……中国の地名。
*高瀬船……河川で用いられた箱型の輸送船。
*戴安道……王子猷の友人。　*剡県……中国の地名。山陰の南方。

一　1わたらひ　を、**音読**するとおりに**すべてひらがな**で書きなさい。（現代かなづかいで書くこと。）

二　本文は『晋書《しんじょ》』という中国の歴史書をもとに日本で作られた文章である。本文の中の　かならず人に逢はんものかは　は、『晋書』では次の［　］のように記述されている。この訓読文を書き下し文に直して書きなさい。なお、訓読文の中の「安道」とは本文の中の戴安道のことである。

［何ゾ必ズシモ見《まみ》エンヤ㆓安道ニ㆒］

三　2つひに帰りぬ　とあるが、次の［　］は、王子猷のこのような行動の理由を述べたものである。［A］、［B］にはそれぞれどのような言葉が入るか。**十字以上、十五字以内**の現代語でそれぞれ書きなさい。

［　A　］と思ってやって来たが、［　B　］ため、戴安道に逢う必要がなくなったから。

四　本文の内容の説明として最も適当なものはどれか。次の**ア**から**エ**までの中から**一つ**選び、その記号を書きなさい。

ア　折々の風物に風雅な心の動く王子猷は、人の心を暗くする冬の雪よりも、春に咲く花や秋に出る月の方を好んだ。

イ　月の光が恐ろしいほど清らかな夜、居ても立ってもいられなくなった王子猷は、心の赴くままに戴安道の元に向かった。

ウ　戴安道の家の門前から引き返そうとする王子猷に対して、どうしてこれまで逢いに来なかったのかと問う人がいた。

エ　王子猷と数年来の友人である戴安道は、自分に逢わずに帰った王子猷のことを風流の心が深い人だと称賛している。

五　次の文章を読んで、後の**一**から**六**までの問いに答えなさい。（*は注を示す。）

全国高校駅伝大会で、先輩の欠場によりアンカーを任された高校一年生の坂東《さかとう》は、中継所で自分の番を待っている。

います。想定外の質問に対して、人工知能は「わかりません」とさえ答えておけばいいのです。そうすればユーザーは質問を変えるか、「このＡＩは使えないなぁ」とあきらめてくれます。想定外や未知の状況に遭遇したときに、何とかするのは人間なのです。

　最近、顧客対応（カスタマーサポート）業務では、「チャットボット」と呼ばれる人工知能が活躍していることをご存知でしょうか。チャット（chat）とは対話、ボットとはロボットです。チャットボットは、文字による質問に対し、自動的に回答してくれます。当然ながら、チャットボットを利用するためには、適切な（想定内の）質問をユーザーが考えて入力しなければなりません。不適切な（想定外の）質問には、チャットボットは「わかりません」と回答します。

　このような＊現在の人工知能では、電話対応は無理でしょう。電話では臨機応変な対応が求められます。会話の文脈の中で、何を質問されているかを理解しなければなりません。しかも日常会話では、主語や述語が省略されることもありますし、「あれ」とか「これ」とか、さまざまな指示語が出てきます。そのような不完全な言語情報でも、それまでの会話の文脈の中で、私たちは想像力で「あれ」や「これ」を補っているのです。これも人間だから為せる高度な技なのです。

（高橋宏和《たかはしひろかず》『生命知能と人工知能　Ａ１時代の脳の使い方・育て方』による。一部表記を改めた。）

（注）＊現在……ここでは二〇二二年のこと。

【メモ】

［これまでの人工知能］

○【資料】では、二〇二二年現在の人工知能ができないこととして、自分の知識を増やすために適切に質問すること、［　B　］すること、電話での臨機応変な対応が挙げられているが、本文では【資料】で述べられているような人工知能のことを、［　C　］と称している。

○本文では【資料】で述べられているような人工知能では、きちんとした人との相互作用に耐えられないと述べられている。

［これからの人工知能］

○本文では、人と対等の知能を持つ人工知能の研究開発について、俳句を扱うことで、［　D　］ことや俳句に対する私たち人間のメカニズムを明らかにすることができるかもしれないと、研究開発に際して俳句を扱う意義とともに今後の展望が述べられている。

四　次の文章を読んで、後の一から四までの問いに答えなさい。（＊は注を、点線部は現代語訳を表す。）

昔、＊王子猷《わうしいう》、＊山陰《さんいん》といふ所に住みけり。世の中の1わたらひにほだされずして（暮らし向きのことに縛られないで）、ただ春の花、秋の月にのみ心をすましつつ（心を寄せながら）、多くの年《とし》月《つき》を送りけり。事に触れて情深き人（何かにつけて情趣を深く解する人）なりければ、かき曇り降る雪はじ（空一面を覆うようにして降り続いてい）

二　本文の「※」の部分について、この部分は筆者の考えを読み手に伝える上でどのような効果をもたらしているか。次の**ア**から**エ**までの中から最も適当なものを一つ選び、その記号を書きなさい。

ア　句会の進め方について述べることで、筆者がこれから行う人工知能開発の手順を読み手に想像させる効果。

イ　兼題と席題について述べることで、筆者が取り組もうとしている人工知能研究の限界を読み手に想像させる効果。

ウ　日本語の仕組みについて述べることで、筆者が開発を進める人工知能の言語構造を読み手に想像させる効果。

エ　俳句の真髄について述べることで、筆者が目指す人工知能開発の到達点を読み手に想像させる効果。

三　1そのような人工知能　とあるが、どのような人工知能だと筆者は述べているか。次の**ア**から**エ**までの中から最も適当なものを**一つ**選び、その記号を書きなさい。

ア　実生活における経験を踏まえてわき起こった感情を基に俳句を生成することに加え、自身の感情を多角的に分析してコントロールできる人工知能。

イ　人を感動させられるような俳句を生成することができ、さらに自らが生成した俳句によって人を感動させられるということをわかっている人工知能。

ウ　人は俳句の優劣について主観的に評価せざるをえないが、人の主観的な評価に対して作者の人生観を踏まえた客観的な評価ができる人工知能。

エ　あらかじめ定義された記号を用いて一日に膨大な数の俳句を生成するために、人が定めた規則や方式を理解して忠実に従うことが可能な人工知能。

四　2人と相互に俳句を批評する　とあるが、そのために人工知能はどのようなことができる必要があると筆者は述べているか。**相手**、**違い**という二つの言葉を使って、**四十字以上、四十五字以内**で書きなさい。

五　本文を読んだXさんは、人工知能研究に興味をもち、関連する資料を図書館で探したところ、次の【資料】を見つけた。また、【メモ】の□は、本文と【資料】とを比較し、「これまでの人工知能」と「これからの人工知能」についてXさんが整理したものである。B、C、Dにはそれぞれどのような言葉が入るか。Bは【資料】の中から**六字**でさがし、抜き出して書きなさい。Cは本文の中から**五字以上、十字以内**でさがし、抜き出して書きなさい。Dは本文の中の言葉を使って、**十五字以上、二十字以内**で書きなさい。

【資料】

写真を送ると花の名前を教えてくれる人工知能があったとしましょう。ところが、この人工知能は、梅の花と桃の花をうまく識別できません。人間ならば、「いまいち、梅の花と桃の花の違いがわからないのですが、見分けるコツを教えてください」と質問するでしょう。また、自分の答えに自信がないときは、「これは梅ですか?」と質問して、自ら学習していくわけです。このように自分の知識を増やすために、適切に質問することは、今のところ、人工知能にはできません。これは、人間だからこそ為《な》せる極めて難度の高い技術なのです。

人工知能は、最初から想定外を想定していません。あらかじめ想定されている質問や状況にだけ対処できるように作られて

それが実現できるのなら、俳句に限らず本質的な知能をもって互いに働きかけ、影響を及ぼすことができるということになります。1そのような人工知能が開発できれば、人工知能が生活のさまざまな場面で人と一緒に考え、人を助け、ともに調和しあえる社会をつくることができるかもしれないのです。

少し細かく見ていくと、人工知能を用いて人と対等な俳句を生成するということは、現実世界の情報や人の情動を言葉に変換するということだけはなく、その逆である、言葉から現実世界の情報や人の情動を想像することも必要となります。「強い人工知能」を実現するにあたっては、実際に俳句を通して人の心を動かすことに加え、人工知能自身が俳句によって人の心を動かせることを理解する必要もあります。

さらに、人が詠んだ俳句を解釈することによって、人が現実世界のどのような物事に注目しているのか、そこでどのようなことを感じ取っているのか。また、それをどのような言葉で表現するのかが見えてくるなど、*ブラックボックスである人の知能や心を理解するきっかけとなります。つまり、2人と相互に俳句を批評することが、人の価値観、人生観にアクセスすることができる一つの方法論になると考えています。

俳句の良し悪《あ》しや評価はあくまで主観的なもので、だれにでも通用する普遍的な評価はありえません。同じ俳句でも人生経験が少ない若いときにはなんとも思わなかったものが、長い人生、苦楽を経て老年期には味わい深いものに思えることもあります。そのような立場の違いを踏まえて俳句の良し悪しを人に説明できるということは、相手の立場、状況、理解力、知識を踏まえて相手が理解できる働きかけを適切に行えるということになります。人の人生とは何か、その人生の中で俳句はどう解釈できるのかという視点を踏まえる必要があります。

このように、他人の俳句に対する解釈を理解することで、俳句そのものが持つ情報と外部世界との情報の接点を理解し、解釈の幅を広げることができるようになっていきます。従来の人工知能の研究では、事前に定義された記号で表された抽象的な世界での論理的な推論や、数学的に定義された*目的関数の最小化を通して世界を学習するような方法が主流でした。人との相互作用を前提として知能の本質に迫るものはあまりなされてこなかったように思います。私たちは俳句という切り口を通して、相互作用を通した知能の本質に迫る研究ができるのではないかと考えています。

また、人工知能による俳句研究を通して、人はどのように俳句を詠み、選句し、鑑賞しているのか、そのメカニズムも明らかにすることができるかもしれません。それは、人の俳句に対する理解を広げ、新たな楽しみを発見する助けになるかもしれません。私たちは、人工知能と俳句界双方の発展に役立つような成果を出したいと思いながら研究に取り組んでいます。

（川村秀憲《かわむらひでのり》・山下倫央《やましたともひさ》・横山想一郎《よこやまそういちろう》『人工知能が俳句を詠む　―AI一茶くんの挑戦―』による。一部表記を改めた。）

（注）　*句会……俳句を作って互いに批評し合う会。
*ブラックボックス……機能はわかっているが構造がわからない装置やシステム。
*目的関数……コンピュータがデータを使って学習する際に用いられる関数。

一　[A] に入る言葉は何か。次の**ア**から**エ**までの中から最も適当なものを**一つ**選び、その記号を書きなさい。

ア　では　**イ**　むしろ　**ウ**　たとえば　**エ**　したがって

言葉を付け加えたり、言い換えたりして紹介している。

エ　【ノートの一部】にまとめた特徴の根拠を明確にして伝えるために、参考資料のウェブサイトの名称を示して紹介している。

二　【録画した紹介の内容】の特徴を説明したものとして、最も適当なものはどれか。次の**ア**から**エ**までの中から**一つ**選び、その記号を書きなさい。

ア　[1]のまとまりでBさんの考えを示し、聞き手が自分の考えとBさんの考えとを比較して話を聞くことができるようにしている。

イ　紹介の全体を通して呼びかけや問いかけを用い、聞き手がBさんの紹介の内容について納得することができるようにしている。

ウ　Bさんとは異なる立場の考えを紹介し、聞き手がBさんの紹介の内容について多角的に捉えることができるようにしている。

エ　聞き手の反応を想定して話を展開し、聞き手がBさんの紹介の内容について興味や関心をもつことができるようにしている。

三　[2]生産の安定化が必要です。とあるが、Bさんは、その方法を聞き手に具体的に紹介した方がよいと考え、【ノートの一部】の情報を用いて、この後に付け加えようとしている。あなたがBさんなら、どのように話すか。「そのために、」に続けて**三十五字以上、四十字以内**で**話すように**書きなさい。

三

次の文章を読んで、後の**一**から**五**までの問いに答えなさい。（*は注を示す。）

俳句の世界は俳句を詠《よ》むことだけがすべてではなく、他人の俳句を鑑賞し、批評し、またその良さを他人に説明することもとても大事です。その大切な取り組みの一つが*句会であり、参加者が互いに他人の作品を選ぶ互選形式の句会が広く行われています。句会では、兼題と呼ばれるあらかじめ決められたお題に沿ってそれぞれ参加者が事前に俳句を詠み、決められた日時場所にその俳句をもって集まります。また、事前にじっくりと考えられる兼題とは違い、句会当日まで伏せられていて、句会の席上ではじめて発表される席題というお題もあります。席題では限られた時間内に即興で俳句を詠むことが求められるため、兼題とは異なった詠み手の力量が問われます。

※

多くの俳人は句会を通して俳句を披露し、他人の俳句を評価し、説明することを通して技術を磨いていきます。他人が詠んだ俳句を鑑賞し、どこが良かった点なのか、またどこが悪かった点なのかをそれぞれが考え、互いに評価説明をすることによって俳人同士の価値観を発展させていきます。そこで培《つちか》われた価値観がまた次の俳句づくりの土台となっていくのです。私たちが普段意識せずに何気なく使っている日本語ですが、俳人は句会を通して一つひとつの単語が意味することの範囲、切れ字や助詞の効果を確認し、十七音の世界観を丹念に確かめていきます。俳句を通じた人と人との相互作用こそが俳句の真髄であると言えます。

[A]、人工知能の研究にとって俳句を扱う意義はどこにあるのでしょうか。私たちは、単に俳句を生成する人工知能をつくることを目的としているのではなく、最終的には人に交じって人と対等に句会に参加できる人工知能を開発することがゴールと考えています。人と対等に句会に参加するには表面的にうまく振る舞っているように見える「弱い人工知能」ではだめで、本質的に人と対等の知能、つまり「強い人工知能」が必要になると考えています。

人と対等に句会に参加できる人工知能は、俳句という土台の上で人との相互作用にきちんと耐えられるものでなければなりません。もし

てみたいのですが、私たちの手に届くにはもう少し時間が必要です。

3　なぜ時間が必要なのかと疑問に思うでしょう。私もインターネットで調べて驚いたのですが、品種開発や生産の安定化は簡単ではありません。シャインマスカットとサニードルチェを初めてかけ合わせたのは二〇〇七年です。つまり、品種登録までに十五年もの年月がかかっています。開発過程を説明すると、ぶどうをかけ合わせ、できた果実から種を取り畑に植えます。苗木から果実ができる木に成長するまでに五、六年かかります。その後も五年以上の調査を続け、ぶどうの特性を確認します。また、多くの方が食べられるよう、ぶどうを流通させるためには2生産の安定化が必要です。

4　私たちの手に届くまでに、たくさんの時間や労力がかかっていることを知り、さらに興味がわきました。私は、開発者や生産者にインタビューをして苦労したことやうれしかったことなどの開発秘話を発信したいと思います。そうすれば、多くの方がサンシャインレッドに興味をもち、山梨県を代表するぶどうとして親しんでくれると思います。

【ノートの一部】

サンシャインレッド

○特徴

・美しい、鮮やかな赤色の果実　サニードルチェを継承
・シャインマスカットより香りが強い
・種なしで皮ごと食べられる　シャインマスカットやサニードルチェ同様
・糖度は十九度程度　シャインマスカットと同程度

○現状

・流通には時間がかかる　開発で終わりではない　生産の安定化が必要
・品種登録まで十五年
　苗木から果実ができる木に成長するまでに五、六年
　五年以上の調査　ぶどうの特性の確認
・研究を継続し、生産者向けの手引きの更新　栽培管理のポイントを記載

○伝えたいこと

・開発秘話の発信
　例　苦労したことやうれしかったことなど
・多くの人が興味をもち、山梨県を代表するぶどうになってほしい

○参考資料

・ウェブサイト「ハイクオリティやまなし」「やまなし in《イン》 depth《デプス》」

一　「録画した紹介の内容」の1――の部分の表現の工夫を説明したものとして、最も適当なものはどれか。次のアからエまでの中から一つ選び、その記号を書きなさい。

ア　【ノートの一部】にまとめた特徴を印象深く伝えるために、特に知ってほしい情報を繰り返して紹介している。

イ　【ノートの一部】にまとめた特徴の相違点を正確に伝えるために、具体的な数値を引用して紹介している。

ウ　【ノートの一部】にまとめた特徴をわかりやすく伝えるために、

＜国語＞

時間　五五分　満点　一〇〇点

一　次の一から三までの問いに答えなさい。

一　次のアからオまでの――線の漢字の読みをひらがなで書きなさい。（現代かなづかいで書くこと。）

ア　読書活動を奨励する。

イ　日本の民謡について調べる。

ウ　子どもが屈託のない笑顔で喜ぶ。

エ　膝を抱えて座る。

オ　高校の制服に袖を通す。

二　次のアからオまでの――線のひらがなを漢字で書きなさい。（丁寧に漢字だけを書くこと。）

ア　友達とのやくそくを守る。

イ　妹がてつぼうで逆上がりの練習をする。

ウ　事典は知識のほうこだ。

エ　荷物をあずける。

オ　しかの角が生え変わる。

三　次の□は、Aさんが職場体験をする会社の担当者に宛てて書いた手紙の一部である。行きます　の部分を謙譲語を用いて適切な表現に書き直しなさい。

> 事前の質問にお答えいただき、ありがとうございました。当日は、午前九時二十分に行きます。よろしくお願いいたします。

二　Bさんは、国語のスピーチの学習で、山梨県が開発したぶどうであるサンシャインレッドについて紹介しようとしている。Bさんは、紹介の練習の様子をタブレット端末に録画し、紹介の改善点を考えている。次の【録画した紹介の内容】、Bさんが調べたことをまとめた【ノートの一部】を読んで、後の一から三までの問いに答えなさい。

【録画した紹介の内容】

（1～4の番号は、紹介の中のそれぞれのまとまりを示す。）

1　新聞などで話題になるシャインマスカットですが、そのシャインマスカットに続くと期待される、山梨県オリジナルのぶどう、甲斐ベリー7《なな》を知っていますか。このぶどうは、二〇二二年に品種登録されましたが、二〇二三年に新たな名称、サンシャインレッドとして登録されました。

2　初めて聞いた人が多いと思います。どのようなぶどうなのか、気になりますね。サンシャインレッドは、シャインマスカットと山梨県で生まれたサニードルチェをかけ合わせた品種です。特徴ですが、1見た目はサニードルチェの美しい、鮮やかな赤色を引き継ぎ、香りはシャインマスカットより強いです。シャインマスカットやサニードルチェと同じで、種がなく、皮ごと食べられます。また、甘さの目安となる糖度は十九度ほどで、シャインマスカットと同じぐらいです。実際に食べ

MEMO

大切なことはメモしておこうネ!

2024年度

解 答 と 解 説

《2024年度の配点は解答用紙集に掲載してあります。》

＜数学解答＞

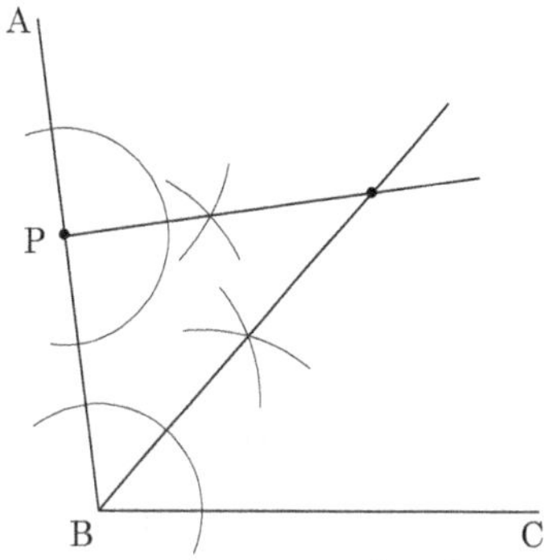

1　1　-4　2　$-\frac{5}{9}$　3　56　4　$4\sqrt{5}$　5　$2xy$
6　$\frac{x+3y}{8}$

2　1　$x=-2\pm\sqrt{6}$　2　125度　3　右図　4　6個
5　$\frac{2}{5}$

3　1　(1)　ウ　(2)　$y=3x+8$　2　(1)　$\frac{1}{8}n$
(2)　(記号)　イ　(説明)　解説参照　(3)　48g

4　1　(1)　30文字以上40文字未満　(2)　20%
2　(1)　エ　(2)　解説参照

5　1　$x=1$　2　$0\leqq y\leqq 3$　3　(1)　(△COB：△CPA)1：9　(2)　(tの値)$-\frac{3}{2}$, $\frac{9}{2}$

6　1　(1)　解説参照　(2)　$\frac{12}{5}\pi$ cm　2　(1)　4cm　(2)　$\frac{4\sqrt{2}}{3}\pi$ cm^3
(3)　$\frac{20\sqrt{2}}{3}$cm^3

＜数学解説＞

1　(数・式の計算，平方根)

1　異符号の2数の和の符号は絶対値の大きい方の符号で，絶対値は2数の絶対値の大きい方から小さい方をひいた差だから，$7+(-11)=(+7)+(-11)=-(11-7)=-4$

2　$\frac{8}{3}\div(-6)-\frac{1}{9}=\frac{8}{3}\times\left(-\frac{1}{6}\right)-\frac{1}{9}=-\left(\frac{8}{3}\times\frac{1}{6}\right)-\frac{1}{9}=-\frac{4}{9}-\frac{1}{9}=-\frac{5}{9}$

3　$(-9)^2-5^2=(-9)\times(-9)-(5\times5)=81-25=56$

4　$3\sqrt{5}+\sqrt{10}\div\sqrt{2}=3\sqrt{5}+\sqrt{10\div2}=3\sqrt{5}+\sqrt{5}=(3+1)\sqrt{5}=4\sqrt{5}$

5　$-3x^2y\times4y^2\div(-6xy^2)=-3x^2y\times4y^2\times\left(-\frac{1}{6xy^2}\right)=\frac{3x^2y\times4y^2}{6xy^2}=2xy$

6　分母を4と8の最小公倍数の8に通分して，$\frac{x+y}{4}-\frac{x-y}{8}=\frac{2(x+y)}{8}-\frac{x-y}{8}=\frac{2(x+y)-(x-y)}{8}=\frac{2x+2y-x+y}{8}=\frac{2x-x+2y+y}{8}=\frac{x+3y}{8}$

2　(二次方程式，角度，作図，比例関数，確率)

1　**2次方程式$ax^2+bx+c=0$の解は，$x=\frac{-b\pm\sqrt{b^2-4ac}}{2a}$**で求められる。問題の2次方程式は，$a=1$，$b=4$，$c=-2$の場合だから，$x=\frac{-4\pm\sqrt{4^2-4\times1\times(-2)}}{2\times1}=\frac{-4\pm\sqrt{16+8}}{2}=\frac{-4\pm\sqrt{24}}{2}=\frac{-4\pm2\sqrt{6}}{2}=-2\pm\sqrt{6}$

2　ℓ//mより，平行線の錯角は等しいから，∠ACB＝∠EAC＝70°　よって，∠DCB＝∠ACB－∠DCA＝70°－50°＝20°　△BCDの内角と外角の関係から，$\angle x$＝∠CDB＋∠DCB＝105°＋20°＝125°

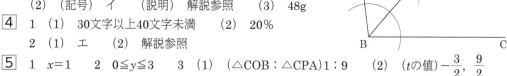

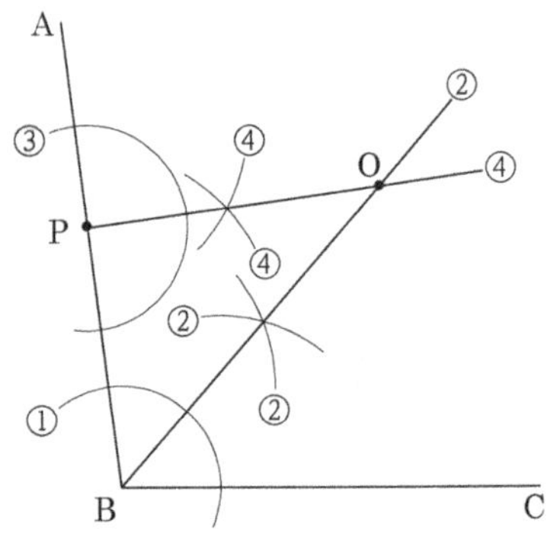

3 （着眼点） 問題の条件を満たす円の中心をOとする。**角をつくる2辺から距離が等しい点は，角の二等分線上にある**から，円Oが2つの半直線BA，BCの両方に接するということは，点Oは∠ABCの二等分線上にある。また，**接線と接点を通る半径は垂直に交わる**から，半直線BAと円Oとの接点がPであるということは，点Oは点Pを通る半直線BAの垂線上にある。（作図手順）次の①～④の手順で作図する。① 点Bを中心とした円を描き，半直線BA，BC上に交点をつくる。 ② ①でつくったそれぞれの交点を中心として，交わるように半径の等しい円を描き，その交点と点Bを通る直線(∠ABCの二等分線)を引く。 ③ 点Pを中心とした円を描き，半直線BA上に交点をつくる。 ④ ③でつくったそれぞれの交点を中心として，交わるように半径の等しい円を描き，その交点と点Pを通る直線(点Pを通る半直線BAの垂線)を引き，∠ABCの二等分線との交点をOとする。(ただし，解答用紙には点Oの表記は不要である。)

4 **yはxに反比例する**から，xとyの関係は$y=\frac{a}{x}$と表せる。$x=-1$のとき$y=-4$だから，$-4=\frac{a}{-1}$ $a=(-4)\times(-1)=4$ このときのxとyの関係は$y=\frac{4}{x}$…① と表せる。①より，$xy=4$だから，①のグラフ上にあるx座標とy座標がともに整数となる点は，xとyの値の積が4になるような整数x，yの値の組を考えればよい。このような$(x,\ y)$の組は，$(-1,\ -4)$，$(-2,\ -2)$，$(-4,\ -1)$，$(1,\ 4)$，$(2,\ 2)$，$(4,\ 1)$の6個ある。

5 2個の赤球を赤1，赤2，2個の白球を白1，白2と区別すると，この箱の中から球を同時に2個取り出すときの取り出し方は全部で，(赤1，赤2)，(赤1，青)，(赤1，白1)，(赤1，白2)，(赤2，青)，(赤2，白1)，(赤2，白2)，(青，白1)，(青，白2)，(白1，白2)の10通り。このうち，取り出した球の中に青球が含まれるのは～～を付けた4通り。よって，求める確率は$\frac{4}{10}=\frac{2}{5}$である。

3 （関数とグラフ，図形の移動，文字を使った式，方程式の応用）

1 (1) 問題図2に関して，多角形の前半分$(0\leqq x\leqq 4)$では，$20\div 4=5$より，多角形の厚紙を1cm引き出すごとに，封筒から出ている部分の面積は$5cm^2$ずつ増えている。また，多角形の後半分$(4\leqq x\leqq 8)$では，$(32-20)\div(8-4)=12\div 4=3$より，多角形の厚紙を1cm引き出すごとに，封筒から出ている部分の面積は$3cm^2$ずつ増えている。これより，多角形の厚紙を1cm引き出したときの，封筒から出ている部分の面積の増え方は，前半分のときの方が大きい。これに着目し，問題図1のア～エの多角形を見ると，多角形の前半分の方が後半分より，封筒から出ている部分の面積の増え方が大きいのは，ウの多角形である。

(2) **xの変域**が$4\leqq x\leqq 8$のときのグラフは，2点$(4,\ 20)$，$(8,\ 32)$を通る直線であり，直線の傾きは$\frac{32-20}{8-4}=3$。よって，直線の式を$y=3x+b$とおくと，点$(4,\ 20)$を通るから，$20=3\times 4+b$ $b=8$。直線の式は$y=3x+8$である。

2 (1) にんじんと白菜の分量の比が1：7のとき，野菜の分量は，にんじんの分量＋白菜の分量＝1＋7＝8に等しい。これより，野菜の分量をngとしたときのにんじんの分量は，$n\times\frac{1}{8}=\frac{1}{8}n$と表される。

(2) 【説明】 (例1)$\frac{3}{25}n$に$n=240$を代入すると，28.8になるから，これは，27より大きいので，240gの野菜をすべて使うとき，「塩こうじ」は27gでは足りない。 (例2)$\frac{3}{25}n=27$とすると，$n=$

225になるから，これは，240より小さいので，240gの野菜をすべて使うとき，「塩こうじ」は27gでは足りない。

(3)　15g増やす前のにんじんの分量をxgとすると，白菜の分量は$10x$gと表される。にんじんを15g増やしたら，にんじんと白菜の分量の比が1：7になったから，$(x+15):10x=1:7$　これを解いて，$x=35$　よって，にんじんを15g増やした後の野菜の分量は$(x+15)+10x=(35+15)+10\times35=400$(g)であり，このとき，必要な「塩こうじ」の分量は，$\frac{3}{25}n$に$n=400$を代入して，$\frac{3}{25}\times400=48$(g)である。

4 （資料の散らばり・代表値）

1 (1)　**中央値**は資料の値を大きさの順に並べたときの中央の値。生徒の人数は95人で**奇数**だから，文字入力数の少ない方から48番目の生徒が含まれる**階級**が，中央値の含まれる階級。20文字以上30文字未満の階級の**累積度数**は$9+38=47$(人)で，30文字以上40文字未満の階級の累積度数は$47+29=76$(人)だから，文字入力数の少ない方から48番目の生徒が含まれる階級，すなわち，中央値の含まれる階級は，30文字以上40文字未満の階級。

(2)　前問(1)より，30文字以上40文字未満の階級の累積度数は76人だから，1分間あたりの文字入力数が40文字以上の生徒の人数の割合は，全体の$\frac{95-76}{95}\times100=20$(％)である。

2 (1)　**度数**の合計が異なる度数分布表同士の分布のようすを比べる場合，度数の代わりに，各階級の**相対度数**を求めて，その相対度数で比べることができる。

(2)　【説明】 (例1)2つの**度数分布多角形**は同じような形で，60分未満(①)の度数分布多角形よりも60分以上(②)の度数分布多角形の方が右側にあるから。　(例2)2つの度数分布多角形は同じような形で，60分以上(②)の度数分布多角形よりも60分未満(①)の度数分布多角形の方が左側にあるから。

5 （図形と関数・グラフ）

1　点Bは関数$y=\frac{1}{3}x^2$のグラフ上にあり，そのy座標は$\frac{1}{3}$だから，x座標は，$\frac{1}{3}=\frac{1}{3}x^2$より，$x^2=1$　ここで，点Bのx座標は正だから$x=\sqrt{1}=1$　よって，$B\left(1,\ \frac{1}{3}\right)$である。

2　xの変域に0が含まれているから，yの**最小値**は0。また，xの変域の両端の値のうち**絶対値**の大きい方の$x=-3$でyは最大の$y=\frac{1}{3}\times(-3)^2=3$になり，$y$の変域は$0\leqq y\leqq3$である。

3 (1)　2点A，Bからそれぞれy軸へ，垂線AH，BIを引く。OB//APより，△COB∽△CPAであり，**相似比**はBI：AH＝(点Bとy軸との距離)：(点Aとy軸との距離)＝1：3だから，**面積比**は$1^2:3^2=1:9$である。

(2)　2点A，Bを通る直線の傾きは$\frac{\frac{1}{3}-3}{1-(-3)}=-\frac{2}{3}$だから，直線ABの式を$y=-\frac{2}{3}x+b$とおくと，点Aを通るから，$3=-\frac{2}{3}\times(-3)+b$　$b=1$　よって，直線ABの式は$y=-\frac{2}{3}x+1$であり，OC＝1である。y軸上の点Cよりも上に点Dを，点Cよりも下に点Eを，CD＝CE＝2OC＝$2\times1=2$となるようにとると，2点D，Eのy座標はそれぞれ$1+2=3$，$1-2=-1$であり，△ADB＝△AEB＝2△AOBが成り立つ。点Dを通り直線ABに平行な直線の式は$y=-\frac{2}{3}x+3$…①　であり，①の直線とx軸との交点をQとすると，**平行線と面積の関係**より，△AQB＝△ADB＝2△AOBが成り立つ。このとき，点Qのx座標tは，①に$y=0$を代入して，$0=-\frac{2}{3}t+3$　$t=\frac{9}{2}$である。また，点Eを通り直線ABに平行な直線の式は$y=-\frac{2}{3}x-1$…②　であり，②の直線とx軸との交点をQ

とすると，平行線と面積の関係より，△AQB＝△ADB＝2△AOBが成り立つ。このとき，点Qのx座標tは，②にy＝0を代入して，$0=-\frac{2}{3}t-1$　$t=-\frac{3}{2}$である。

6　(平面図形，合同の証明，弧の長さ，空間図形，線分の長さ，体積)

1　(1)　【証明】（例）△ABCと△EDCにおいて　ABとEDは直径であるから，AB＝ED…①　仮定から，$\overset{\frown}{\mathrm{AC}}=\overset{\frown}{\mathrm{CE}}$より，**1つの円において等しい弧に対する円周角が等しい**ので，∠ABC＝∠EDC…②　∠ACBと∠ECDは**直径に対する円周角**のため，∠ACB＝∠ECD＝90°…③
①，②，③より，2つの直角三角形において，斜辺と1つの鋭角がそれぞれ等しいから，△ABC≡△EDC

(2)　前問(1)より，∠ABE＝∠ABC＋∠EBC＝∠ABC＋∠EDC＝18°＋18°＝36°だから，$\overset{\frown}{\mathrm{AE}}$に対する**中心角と円周角の関係**から，∠AOE＝2∠ABE＝2×36°＝72°　これより，$\overset{\frown}{\mathrm{AE}}$の長さ＝$\pi\times\mathrm{AB}\times\frac{\angle\mathrm{AOE}}{360^\circ}=\pi\times8\times\frac{72^\circ}{360^\circ}=\frac{8}{5}\pi$(cm)であり，点Aを含まない$\overset{\frown}{\mathrm{EB}}$の長さは，半円の弧の長さから$\overset{\frown}{\mathrm{AE}}$の長さを引いたものであり，$\pi\times8\times\frac{1}{2}-\frac{8}{5}\pi=\frac{12}{5}\pi$(cm)である。

2　(1)　OH⊥底面ABCDである。△OAHに**三平方の定理**を用いると，$\mathrm{OA}=\sqrt{\mathrm{AH}^2+\mathrm{OH}^2}=\sqrt{\left(\frac{\mathrm{AC}}{2}\right)^2+\mathrm{OH}^2}=\sqrt{\left(\frac{4\sqrt{2}}{2}\right)^2+(2\sqrt{2})^2}=\sqrt{(2\sqrt{2})^2+(2\sqrt{2})^2}=\sqrt{16}=4$(cm)である。

(2)　△OAHで，点P，Qはそれぞれ辺OA，AHの中点だから，**中点連結定理**より，$\mathrm{PQ}=\frac{1}{2}\mathrm{OH}=\frac{1}{2}\times2\sqrt{2}=\sqrt{2}$(cm)　また，点Pから線分OHへ垂線PEを引く。これより，できる立体の体積は，底面の半径がQH，高さがPQの円柱の体積から，底面の半径がPE，高さがPQの円錐の体積を引いたものだから，$\pi\times\mathrm{QH}^2\times\mathrm{PQ}-\frac{1}{3}\times\pi\times\mathrm{PE}^2\times\mathrm{PQ}=\pi\times\mathrm{QH}^2\times\mathrm{PQ}-\frac{1}{3}\times\pi\times\mathrm{QH}^2\times\mathrm{PQ}=2\sqrt{2}\pi-\frac{2}{3}\sqrt{2}\pi=\frac{4\sqrt{2}}{3}\pi$(cm^3)である。

(3)　3点O，B，Dを通る平面で2つに分けて考える。三角錐D－OPRと三角錐D－OABについて，△OABで，点P，Rはそれぞれ辺OA，OBの中点だから，中点連結定理より，PR//AB，$\mathrm{PR}=\frac{1}{2}\mathrm{AB}$　これより，△OPR∽△OABであり，相似比はPR：AB＝1：2だから，面積比は△OPR：△OAB＝1^2：2^2＝1：4　三角錐D－OPR，三角錐D－OABの底面をそれぞれ△OPR，△OABと考えると高さの等しい三角錐だから，**体積比**は底面積の比に等しい。よって，(三角錐D－OPRの体積)＝(三角錐D－OABの体積)×$\frac{\triangle\mathrm{OPR}}{\triangle\mathrm{OAB}}$＝(三角錐D－OABの体積)×$\frac{1}{4}$　これより，(四角錐D－PABRの体積)＝(三角錐D－OABの体積)－(三角錐D－OPRの体積)＝(三角錐D－OABの体積)－$\frac{1}{4}$(三角錐D－OABの体積)＝$\frac{3}{4}$(三角錐D－OABの体積)　また，三角錐D－ORCと三角錐D－OBCについて，△ORCと△OBCで，**高さが等しい三角形の面積比は，底辺の長さの比に等しい**から，△ORC：△OBC＝OR：OB＝1：2　これより，同様に考えて，(三角錐D－ORCの体積)＝(三角錐D－OBCの体積)×$\frac{\triangle\mathrm{ORC}}{\triangle\mathrm{OBC}}$＝(三角錐D－OBCの体積)×$\frac{1}{2}$であり，(三角錐D－RBCの体積)＝(三角錐D－OBCの体積)－(三角錐D－ORCの体積)＝(三角錐D－OBCの体積)－$\frac{1}{2}$(三角錐D－OBCの体積)＝$\frac{1}{2}$(三角錐D－OBCの体積)である。ここで，(三角錐D－OABの体積)＝(三角錐D－OBCの体積)＝$\frac{1}{2}$(正四角錐O－ABCDの体積)＝$\left(\frac{1}{3}\times\mathrm{AB}^2\times\mathrm{OH}\right)\times\frac{1}{2}=\left(\frac{1}{3}\times4^2\times2\sqrt{2}\right)\times\frac{1}{2}=\frac{16\sqrt{2}}{3}$(cm^3)だから，6点P，R，A，B，C，Dを頂点とする立体の体積は，(四角錐D－PABRの体積)＋(三角錐D－RBCの体積)＝$\frac{3}{4}$(三角錐D－OABの体積)＋$\frac{1}{2}$(三角錐D－OBCの体積)＝$\frac{3}{4}\times\frac{16\sqrt{2}}{3}+\frac{1}{2}\times\frac{16\sqrt{2}}{3}=\frac{20\sqrt{2}}{3}$(cm^3)である。

＜英語解答＞

1　1 エ　2 ウ　3 ア　4 エ

2　ア father　イ what　ウ Friday　Ms. Kelly が最も伝えたいこと ②

3　Question 1 イ　Question 2 ウ

4　1 A (例)How　B (例)ago　C (例)agree　2 ⓐ イ　ⓑ ア　ⓒ オ
3 ① エ　② ア　③ ウ　4 (例)What sports do you play?
5 (あ) 3　(い) 20　6 (例)Why don't we join the next tournament?
7 ① (例)clean　② (例)heard　③ (例)different

5　1 ① エ　② イ　2 ア，オ　3 ウ　4【1】エ　【2】ウ　【3】イ
【4】オ　【5】ア　5 A (例)but　B (例)find　C (例)power　D (例)by
6 (例)I want to teach English at a junior high school. To do that, I will try to improve my English in many ways. For example, I will watch English news on the internet. Also, I want to talk with my ALT about various topics.

＜英語解説＞

1・2・3 (リスニング)

放送台本の和訳は，54ページに掲載。

4 (会話文問題：文挿入，語句補充，条件英作文)

(全訳)　ウィルソン：やあ，まなと。

まなと　　：やあ，ウィルソン。日本での学校生活は$_{A}$どう？

ウィルソン：いいよ！　クラスメイトはきみのように僕に英語で話そうとしてくれる。みんなとても親切だよ。

まなと　　：ⓐ僕たちみんなにとってもいいことだよ。僕たちはきみと英語で話したいんだ。ウィルソン，日本の学校に来た$_{①}$(とき)何に一番驚いた？

ウィルソン：この学校の生徒が授業のあとに掃除するのが特に驚いたよ。オーストラリアでは清掃業者が僕たちのために掃除するから僕らは学校を掃除しないんだ。

まなと　　：ああ，それは面白いね！　僕たちはふつう掃除の後に部活があるよ。$_{②}$(例えば)スポーツ，芸術，それに音楽を楽しむんだ。ウィルソン，きみはスポーツが好きなんだよね？

ウィルソン：うん，僕の趣味の一つだよ。

まなと　　：$_{(1)}$どんなスポーツをするの？

ウィルソン：サッカーとテニスをするよ。オーストラリアで人気なんだ。

まなと　　：僕はよく新聞でスポーツについて読むよ。数日$_{B}$前，あるスポーツについて知ったんだ。

ウィルソン：それは何？

まなと　　：ええとね，「スポGOMI」って聞いたことある？

ウィルソン：いや，ないよ。ⓑそれは日本の言葉？

まなと　　：いい質問だね。「スポ」は「スポーツ」の意味で，「GOMI」は日本語の「ゴミ」とい

う意味だよ。「スポGOMI」はごみを拾うスポーツ大会なんだよ。2008年にある日本人男性によって考えられて，誰にでもできるタイプのスポーツなんだ。

ウィルソン：知らなかったよ。(2)新聞で読んだ「スポGOMI」のルールについて教えてくれる？

まなと　　：もちろん！　全てのチームに3人いる。それぞれのメンバーがお互いに10メートルまで離れられて1時間で特定のエリアでごみを拾わないといけない。そして20分で仕分けをする。最後に集められたごみの種類や量でチームのポイントが決められるんだ。

ウィルソン：わかった。とてもワクワクするね。オーストラリアにもそういう大会があれば③(いいのになぁ)。

まなと　　：実は，オーストラリアにあるよ。

ウィルソン：何？　本当に？

まなと　　：最初の「スポGOMIワールドカップ」が2023年11月に日本で開催されたんだ。その前はオーストラリアと日本を含む21カ国で規模の小さめの大会があったんだよ。

ウィルソン：そうなの？　ⓒ「スポGOMI」が多くの場所で知られているなんて信じられないよ。

まなと　　：僕も最初は信じられなかったけど世界中の人たちがそれを好きなんだね。スポーツとゴミみたいに違うものから新しくて環境にやさしいスポーツが作られるなんて驚いたよ。

ウィルソン：その通りだね。僕もきみとC同意見だよ。「スポGOMI」は環境を助ける新しいスポーツだね。

まなと　　：僕に考えがある。(3)次の大会に参加するのはどうかな？

ウィルソン：いい考えだね。待ちきれないよ！　ベストを尽くそうね！

1　A　学校生活について聞かれたウィルソンがgreat「すばらしい」と感想を述べているので「どう？」と聞かれていると考える。　B　ago「～前」　C　agree「意見が一致する，賛成する」直前のまなとの発話に同意している内容。

2　ⓐ　ウィルソンもまなともお互い英語で話せることがいいと感じていることからイがふさわしい。　ⓑ　直後にまなとが言葉の意味を説明しているのでアがふさわしい。　ⓒ　世界中で大会が行われていることについてウィルソンは驚き，直後ではまなとがalso「～もまた」を使い同意を表しているので二人とも信じられなかったという文脈になるオがふさわしい。

3　①　though「～けれども」if「もし～」because「～なので」when「～とき」　②　for example「例えば」some day「いつか」since then「それ以来」like this「このように」　③　**<I wish ＋主語＋(助)動詞の過去形～>「～だったらいいのに」**という願望を表わす。

4　直後のウィルソンの返答から「何のスポーツをしますか」と聞いていると考える。What「何」に名詞を続けて「何の(名詞)」と表現できる。

5　直後のまなとの発話を参照する。　ⓐ「1チーム：3選手」第2文参照。　ⓘ「ゴミの仕分け時間：20分」第4文参照。

6　直後のウィルソンがやる気になっていることから参加を提案されたと考える。**Why don’t we ～は「～しませんか」**という提案の表現。

7　①「ウィルソンはまなとにオーストラリアの生徒たちは学校を掃除する必要がないと言った」3つ目のウィルソンの発話参照。　②「ウィルソンはスポーツが好きだが，『スポGOMI』について聞いたことがない」6つ目のまなと，7つ目のウィルソンの発話参照。現在完了形**「～したことがある」は<have[has]＋動詞の過去分詞形>**で表現する。　③「まなとはスポーツとゴミ拾いは違うものだと思うが，そこから『スポGOMI』が作られて驚いた」11個目のまなとの発話参照。

5 （長文読解問題・スピーチ：英問英答，内容真偽，文挿入，語句補充，条件英作文）

（全訳）【1】 偉大な発明は何でしょうか？　私たちの生活にはたくさんの発明があります。一つの例をお見せしましょう。今日たくさんの人がスマートフォンを使っています。それのない生活は想像できません。私たちはよく他の人たちとコミュニケーションを取るためにスマートフォンを使っています。それを使って写真や動画を撮ったり，音楽を聴いたり，たくさんのものを買ったりできます。スマートフォンは私たちの生活をとても便利にしてくれるので偉大な発明です。

【2】 一方，人を傷つけるために使われる他の種類の発明もあります。ある日ニュースを見て，少し前にアフガニスタンで起こった戦争について知りました。その時にたくさんの地雷が使われ，そのうちの多くがまだそこに残っていると聞きました。そのことに驚いたので次の日インターネットでもっと情報を得ようとしました。地雷を作るのは難しいことではなく，今でも人々を傷つけていることがわかりました。それは地中に置かれています。それが何かに触れると突然爆発します。そんなひどいものを誰が発明したのでしょうか？

【3】 そのトピックについて姉と話したとき，彼女が私にある本について話してくれました。その本は彼女の大学で働く日本人科学者についての本でした。彼は短時間でたくさんの地雷を見つけることができる特別なレーダーを発明しました。これは偉大な発明です。アフガニスタンに住んでいる人たちが地雷を見つけることはとても難しく，それを除去するのにたくさんの時間がかかることがわかりました。またこの人たちが地雷を探している間に時々けがをしてしまいます。しかし，この特別なレーダーを使うことによって速く簡単に，そして安全に地雷を見つけ，除去できます。つまりこのレーダーはアフガニスタンの多くの人たちの命を救うことができるということです。

【4】 この本を読んだあと，私はこの科学者に会いたいと思いました。姉は私に彼を紹介してくれると言ったので，夏休みの間に彼を訪れました。その科学者は親切にも私にレーダーを見せてくれました。私は彼になぜ，そしてどのようにこれを発明したのかを聞きました。彼は地雷は本当に危険な発明だと言いました。アフガニスタンだけでなく多くの国でもまだ除去されていない地雷がたくさんあります。実際約20年で13万人以上の人たちがけがをしています。彼はこれがとても深刻な問題だと思い，世界中の地雷の数を減らすために何かをしようと決意しました。彼はたくさんのアイディアを試し，ついにレーダーを発明し，何度も何度も改良しています。彼は自分の発明が地雷問題を解決するのに役に立ち，世界をより安全にすると信じています。

【5】 彼の話から私は発明の力を理解しました。この科学者に会ってから将来私は何をしたいのかを考え始めました。今私には夢があります。その科学者のようなクリエイティブな人になって，人々にとって良い何かを発明したいです。私は「クリエイティブになりたかったら世界で何が起こっているのか，そして人が何を本当に必要としているかを知ることが大切だ」という彼の言葉をよく思い出します。この世には地球温暖化のような多くの問題があります。彼が言ったように，発明はそのいくつかを解決し，世界をより良いものにすることができます。私は偉大な発明についてもっと学ぼうと思います。

1 ① 「あおいがスマートフォンについて話したのはなぜですか？」　エ「彼女はそれが便利な発明だと思っているから」第1段落最終文参照。　ア「あまり頻繁につかうべきではないと思っているから」，イ「それで多くのものを発明できると思っているから」，ウ「それは人を傷つけるための発明だと思っているから」は内容と合わない。　② 「あおいはニュースを見た後何をしましたか」，イ「インターネットで地雷についてもっと学んだ」第2段落第4文参照。　ア「アフガニスタンに住んでいる人たちとコミュニケーションを取った」，ウ「特別なレーダーを作るために本を読んだ」，エ「夏休みに姉を訪れた」は第2段落の内容に合わない。

2　ア「地雷はアフガニスタンで人びとを傷つけ続けている」(○)　第2段落第5文参照。　イ「あおいはニュースを見て誰が地雷を発明したかを知った」(×)　第2段落参照。　ウ「レーダーが発明される前は地中の地雷を見つけるのは簡単だった」(×)　第3段落参照。　エ「たくさんの地雷がアフガニスタンにだけまだ残っている」(×)　第4段落第6文参照。　オ「あおいは科学者に会ったあとに何になりたいかがわかった」(○)　第5段落第2～4文参照。

3　科学者の発明した地雷レーダーは人々の命を救うことができるのでウがふさわしい。　ア「短い間に多くのアイディアを得られる」，イ「レーダーの数を減らせる」，エ「人々が本当に必要としているものを知る」は発明が役に立っているという文脈に合わない。

4　【1】エ「人々の生活を便利にする発明」スマートフォンを例に挙げている。　【2】ウ「人を傷つける発明」地雷について述べている。　【3】イ「多くの人の命を救う発明」科学者の発明した地雷レーダーについて述べている。　【4】オ「科学者とその発明について話をする」実際に科学者に会って話を聞いている。　【5】ア「クリエイティブでいる方法」科学者の発話内容を参照。

5　A「スマートフォンのように便利な発明だけでなく，地雷のような危険なものもある」**not only A but also B「AだけでなくBもまた」**　B「それは人々が地雷を速く，簡単に，そして安全に見つけて除去するのを助けることができる」**<help ＋人＋動詞の原形>「(人)が～するのを助ける」**　C「あおいは科学者の話から発明の力を理解した」第5段落第1文参照。　D「彼女は人々にとって何か良いものを発明することで世の中をより良いものにしたいと思っている」第5段落第4文と最後から2文目を参照。by ~ ing で「～することによって」の意味。

6　**自分の身近なことについての意見をまとまった語数の英文で書けるように練習すること。**解答例の英文は「私は中学校で英語を教えたいです。そうするために多くの方法で私の英語を上達させるように努めます。例えばインターネットで英語のニュースを見ます。また，様々なトピックについてALTと話したいです」という意味。

2024年度英語　リスニングテスト

〔放送台本〕

1　これから1から4まで，いろいろな場面でのJamesとLunaの会話を放送し，それぞれの会話に続けて質問をします。質問の答えとして，最も適当なものをア，イ，ウ，エの中から一つずつ選び，その記号を書きなさい。英語は2回ずつ放送します。

1　Luna:　Oh James, I just remembered. I left my umbrella in the library.
James: Really? What does your umbrella look like, Luna?
Luna:　It has big and small flowers on it.
James: I see. Let's go back and look for it.
Luna:　Thank you.
Question: Which is Luna's umbrella?

2　Luna:　What did you do this morning, James?
James: I did my homework, Luna.
Luna:　Did you finish it?
James: Yes, but I really wanted to practice basketball and clean my room. How about you?

Luna: I walked my dog in the park.
James: That's nice.
Question: What did James do this morning?

3 James: Did you enjoy your trip to France, Luna?
Luna: Yes, it was great, James. My best memory is watching a soccer game at a stadium on the last day.
James: How wonderful! Did you do any other interesting things?
Luna: On the first day, I visited a beautiful castle and bought this T-shirt.
James: Sounds good, and your shirt looks cool too.
Luna: Thanks. After visiting the castle, I enjoyed fishing in a river.
James: Wow!
Question: Which picture shows Luna's trip?

4 James: Luna, I have wanted to see this movie for a long time.
Luna: Me too, James. But I'm hungry now, so I want to get a pizza.
James: OK. How long will it take to get it?
Luna: It will take about ten minutes.
James: I see. It's eleven o'clock, so we only have fifteen minutes before the movie begins.
Luna: Oh! I need to go quickly.
Question: What time does the movie begin?

〔英文の訳〕

1 ルナ：ああ，ジェイムズ，思い出した。図書館に傘を忘れちゃった。
ジェイムズ：本当？　どんな傘なの，ルナ？
ルナ：大きいのと小さい花がついているの。
ジェイムズ：そうか。戻って探そう。
ルナ：ありがとう。
質問：どれがルナの傘ですか？
答え：エ

2 ルナ：今朝は何をしたの，ジェイムズ？
ジェイムズ：宿題をしたよ，ルナ。
ルナ：終わったの？
ジェイムズ：うん，でも本当はバスケットボールの練習と部屋の掃除をしたかったんだ。きみはどう？
ルナ：公園で犬の散歩をしたよ。
ジェイムズ：それはいいね。
質問：今朝ジェイムズは何をしましたか？
答え：ウ

3 ジェイムズ：フランス旅行は楽しかった，ルナ？
ルナ：うん，素晴らしかったよ，ジェイムズ。最終日にスタジアムでサッカーの試合を見たのが一番の思い出。
ジェイムズ：なんてすばらしいんだ！　他に何か面白いことした？
ルナ：最初の日に美しいお城に行ってこのTシャツを買ったよ。

ジェイムズ：いいね，それにそのシャツもかっこいいね。
ルナ　　　：ありがとう。お城に行ったあと，川で釣りを楽しんだの。
ジェイムズ：わあ！
質問：どの絵がルナの旅行を表していますか。
答え：ア

4　ジェイムズ：ルナ，僕はずっとこの映画を見たかったんだよ。
ルナ　　　：私も，ジェイムズ。でも今お腹が空いているからピザが欲しいな。
ジェイムズ：オーケー。買うのにどれくらいかかる？
ルナ　　　：10分くらいかかる。
ジェイムズ：わかった。11時だから映画が始まるまで15分しかないよ。
ルナ　　　：あら！　急いで行かないと。
質問：映画は何時に始まりますか。
答え：エ　11時15分。

〔放送台本〕

2　あなたは授業で，ALT(外国語指導助手)のMs. Kellyの話を聞いています。あなたは5班のリーダーです。欠席をした同じ班の班員に，話の内容を伝えることになりました。話の内容に合うように，【メモの一部】のア，イ，ウにそれぞれ適当な1語の英語を書きなさい。また，【Ms. Kellyが最も伝えたいこと】を①～④の中から一つ選び，その記号を書きなさい。英文は2回放送します。

Let's talk about the speaking test.

I'm going to send a present to my father living in the U.K., because his birthday is coming soon. But I haven't decided what to send to him yet. He's interested in Japanese culture like me.

So, in the speaking test, I want you to make a speech about a present that you recommend. You can use a few pictures if you need. After your speech, I may ask you some questions.

The members of groups 1, 2 and 3 will have the speaking test next Wednesday. The students in groups 4, 5 and 6 will take the test next Friday.

〔英文の訳〕

スピーキングテストについて話しましょう。

私は父の誕生日がもうすぐ来るのでイギリスに住んでいる父にプレゼントを送るつもりです。でもまだ彼に何を送るか決めていません。彼は私のように日本文化に興味があります。

それなので，スピーキングテストではあなたがおすすめするプレゼントについてスピーチをしてもらいたいです。もし必要なら数枚写真を使ってもいいです。スピーチのあと，いくつか質問するかもしれません。

1，2，3班の人は次の水曜日にスピーキングテストがあります。4，5，6の班の生徒たちは次の金曜日にテストを受けます。

【メモの一部】

・ケリー先生は彼女のア(父親)に誕生日プレゼントを送るつもりです。
・ケリー先生はまだプレゼントとしてイ(何を)送るか決めていません。
・私たちのグループは次のウ(金曜日)にスピーキングテストを受けます。

【Ms. Kelly が最も伝えたいこと】

② 生徒たちはおすすめのプレゼントについてスピーチをする。

〔放送台本〕

3 あなたはカナダでの留学の初日に，留学先の先生から放課後の過ごし方についての説明を聞いています。英文は1度だけ放送し，それに続けて英文の内容に関して二つの質問をそれぞれ2回放送します。質問の答えとして，最も適当なものをア，イ，ウの中から一つずつ選び，その記号を書きなさい。

Did you enjoy your first day of school? If you don’t need to go home early, there are fun things you can do after classes.

You can join a club. It’s a great way to make new friends. We have many kinds of clubs such as our famous dance club. Please try visiting some of them if you’re interested.

Also, you can use the city library. Local people read magazines and watch movies there. The most popular event at the library is meeting others to talk about books every week. Bring your favorite book and enjoy sharing why you like it.

Question 1: Why did the teacher tell the students to join a club?

Question 2: What is the most popular event at the library?

〔英文の訳〕

学校での初日を楽しみましたか？　もし早く家に帰る必要がなければ，放課後にできる楽しいことがあります。

クラブに参加することができます。新しい友達を作るいい方法です。私たちの有名なダンスクラブのようなたくさんの種類のクラブがあります。もし興味があったらいくつかを訪れてみてください。

また，市民図書館を使うことができます。地元の人たちがそこで雑誌を読んだり映画を見たりしています。図書館で一番人気のイベントは毎週本について話すために他の人たちと会うことです。大好きな本を持っていて，なぜそれが好きかを共有して楽しんでください。

質問1：先生が生徒たちにクラブに参加するように言ったのはなぜですか？

答え　：イ　生徒たちが新しい友達を作れるから。

質問2：図書館で一番人気のイベントは何ですか？

答え　：ウ　他の人たちと本について話すこと。

<理科解答>

1 1 右図1　2 被子[植物]　3 (A) ウ　(B) ア　(C) イ　4 エ　5 (例)からだを固定するはたらき

図1

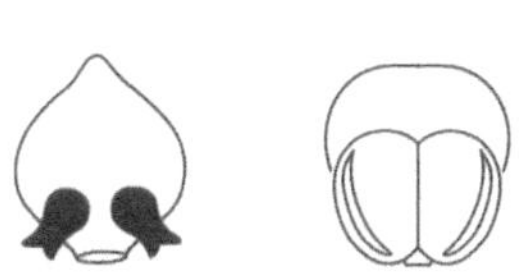

2 1 (1) ウ　(2) ⓐ ア　ⓑ 露点

2 (1) 右図2　(2) (記号) イ　(理由) (例)気温が下がり，風向が北寄りに変わったから　(3) A

図2

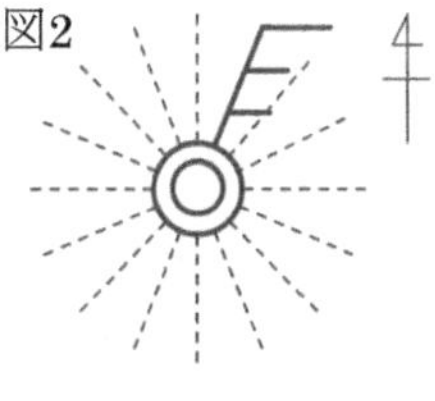

3 1 エ　2 16.7[%]　3 イ　4 (例)温度による溶解度の変化がほとんどないから　5 ウ

4 1 (1) 音源　(2) ウ　(3) 880[Hz]　2 (1) (例)音

の速さは光の速さより遅いから　(2)　1190[m]

5　1　皮ふ　2　0.28[秒]　3　右図3　4　(1)　反射　(2)　ア

6　1　(1)　恒星　(2)　ウ　2　(1)　ア，ウ　(2)　(例)公転面に対して地軸が傾いているから　(3)　エ

7　1　イ　2　$Cu^{2+}+2e^{-}\rightarrow Cu$　3　(1)　(例)イオンを通過させる　(2)　(A)　ア　(B)　ア　4　イ

8　1　(例)磁界の変化がなくなったから　2　イ　3　エ　4　5[cm]　5　8.25[Wh]

図3
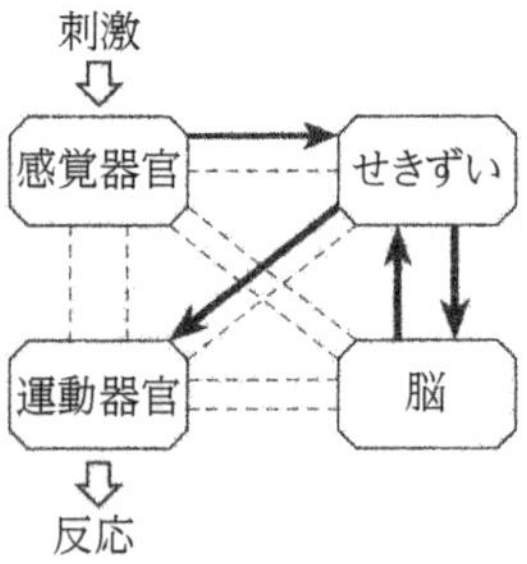

＜理科解説＞

1　(植物の分類)

1　雌花のりん片(左)には胚珠が見られる。雄花のりん片(右)には花粉のうが見られる。

2　子房の中に胚珠がある植物を，被子植物という。

3　Bには子房がないので裸子植物であることから，マツにあたる。Aは被子植物で葉脈が平行に通っているので単子葉類のツユクサである。Cは被子植物で葉脈が網目状なので，双子葉類のアブラナである。

4　シダ植物とコケ植物の共通点を選ぶ。これらの植物は胞子でふえる。

5　仮根には水を吸収し，からだ全体に運ぶはたらきはないため，仮根も含めたからだの表面全体で水の吸収をおこなう。

2　(雲のでき方，天気の変化)

1　(1)　容器内全体の気圧が低くなるため，気圧の高いゴム風船の中の空気は膨張し，風船はふくらむ。　(2)　空気は膨張すると温度が下がる。これによって空気が露点に達しやすくなり，雲が発生しやすくなる。

2　(1)　風向は，風がふいてくる方向を表す。天気記号に対し北北東に矢を立てて風向を表す。
(2)　気温が急激に下がると同時に，風向が南寄りから北寄りに変化している時間帯を選ぶ。
(3)　湿度は，飽和水蒸気量に対する，実際に含まれる水蒸気量の割合を表した値である。よって，湿度が等しいならば，**飽和水蒸気量が大きいほど，実際に含まれる水蒸気量は多い**。飽和水蒸気量は，気温が高いほど大きい。

3　(水溶液)

1　ガラス棒の先は，ろ紙につける。また，ろうとのあしの長いほうを，ビーカーのかべにつける。

2　**質量パーセント濃度〔%〕**$=\dfrac{\text{溶質の質量〔g〕}}{\text{溶液の質量〔g〕}}\times 100$より，$\dfrac{5\text{〔g〕}}{25+5\text{〔g〕}}\times 100=16.66\cdots\rightarrow 16.7$(%)

3　硝酸カリウムは，20℃の水100gには45gを溶かすことはできないが，40℃の水100gにはすべて溶かすことができる。よって，20～30℃の間に溶解度が45gとなっている部分があるグラフを選ぶ。

4　塩化ナトリウムは，水の温度が変化しても，溶ける質量にほとんど変化がない。そのため，水溶液を冷やしてもほとんど結晶を得ることができない。

5　20℃の水100gに溶ける塩化ナトリウムの質量は，35.8gであるため，20℃の塩化ナトリウムの

飽和水溶液の質量パーセント濃度は，$\frac{35.8[\mathrm{g}]}{100+35.8[\mathrm{g}]}\times 100=26.3\cdots$より，およそ26.3％となる。よって，混合した液体の濃度が26.3％よりも濃くなる場合は，溶質をすべて溶かすことはできない。アについて濃度を求めると，$\frac{45+5[\mathrm{g}]}{100+25+45+5[\mathrm{g}]}\times 100=28.5\cdots[\%]$より，この液体は26.3％よりも濃いため，すべての溶質を溶かすことができない。同様にイは，$\frac{45+10[\mathrm{g}]}{100+50+45+10[\mathrm{g}]}\times 100=26.8\cdots[\%]$より，すべての溶質を溶かすことはできない。同様にウは，$\frac{45+5+10[\mathrm{g}]}{100+25+50+45+5+10[\mathrm{g}]}\times 100=25.5\cdots[\%]$より，すべて溶かすことができる。

4 (音の性質)

1 (1) 音を出しているものを音源または発音体という。 (2) 音の振幅(波の高さ)が大きくなると，音は大きくなる。振動数(波の数)が小さくなると，音は低くなる。 (3) おんさAで1回振動するのにかかる時間は，4目盛り分である。また，おんさCが1回振動するのにかかる時間は2目盛りである。よって，おんさAが1回振動する間に，おんさCは2回振動している。おんさCの振動数は，おんさAの2倍とわかるので，$440[\mathrm{Hz}]\times 2=880[\mathrm{Hz}]$

2 (1) 光は1秒間に約30万km進むが，音は1秒間に約340mしか進まない。 (2) $340[\mathrm{m/秒}]\times 3.5=1190[\mathrm{m}]$

5 (神経)

1 皮ふは，圧力と温度を感じる感覚器官である。

2 「左手をにぎられたら右手をにぎる」という伝達を行った人数は9人である。よって，1人あたりにかかった時間は，$2.52[\mathrm{s}]\div 9[人]=0.28[\mathrm{s}]$

3 皮ふで受けた刺激は，せきずいから脳へ伝わり，脳で判断をした後，命令がせきずいから運動神経を通って運動器官へ伝わっている。

4 (1) 反応には，実験で起こったような，脳によって反応の命令が出される反応のほか，せきずいから命令が出される意識せずに反応が起こる反射がある。 (2) 筋肉Aがちぢみ，筋肉Bがゆるむことで，矢印の向きにうでが曲がる。

6 (天体)

1 (1) 自ら光を出して輝く天体を，恒星という。 (2) 同じ時刻に見える天体は，日がたつとともに，東から西へ動くように見える。これを星の年周運動という。

2 (1) 夏至の日は甲府のほうが昼が長い。また，冬至の日は那覇のほうが昼が長い。よって，冬至の日の夜の長さは那覇のほうが甲府よりも短い。 (2) 地球が公転面に対して地軸を23.4°傾けたまま公転しているので，季節によって昼の長さが変化する。 (3) 1日のうちで，影の長さが最も短くなるのは正午(南中時)で，**南中高度が高くなるほど，影の長さは短くなる。**図5から，1年通して甲府よりも那覇のほうが，南中高度は高い。よって，1年中那覇のほうが南中高度が高く影は短い。

7 (化学変化と電池)

1 銅板と亜鉛板では，銅板が＋極となる。電流は，電池の＋極から出て－極へ向かう向きに流れる。

2 硫酸銅水溶液中の銅イオン(Cu^{2+})が，2個の電子を受けとることで，銅原子(Cu)となる変化が起こっている。

3 (1) セロハンには極めて小さい穴が開いており，この穴を通してイオンが行き来している。

(2) 銅とマグネシウムでは，マグネシウムのほうがイオンになりやすいので，－極になるのはマグネシウムであり，＋極が銅板になるのは変わらない。よって，電流が流れる向きは変化しない。また，亜鉛とマグネシウムで比べるとマグネシウムのほうがイオンになりやすいので，亜鉛のときよりもマグネシウムを用いたときのほうが電圧は大きくなる。よって，回路を流れる電流も大きくなり，モーターは速く回転するようになる。

4 リチウムイオン電池は，携帯電話やパソコン，ゲーム機の電源などに幅広く利用されている。

8 (磁界，運動とエネルギー)

1 磁界の変化がなくなったため，誘導電流が生じなくなった。

2 磁石の極が逆になると，誘導電流の向きも逆になる。よって，棒磁石のS極がコイルに近づく間，検流計は－極側に振れるが，棒磁石の動きが止まると，誘導電流も流れなくなる。

3 コイルのまわりの磁界が変化する速さが速くなるので，誘導電流は大きくなる。また，台車を高い位置から運動させることで，水平面における台車の速さは速くなる。よって，誘導電流の波形の変化が短時間で起こるようになる。

4 斜面の角度を2倍にしたが，台車の水平面での速さは図3のときと等しくなっていたことから，運動を始めたときの台車の高さが図3を得た実験2の②のときと等しく，台車がもつ**位置エネルギーが等しかった**といえる。

5 **電力量[Wh]＝電力[W]×時間[h]**より，$11[W]\times\frac{3}{4}[h]=8.25[Wh]$

＜社会解答＞

1　1 (1) ① A　② ウ　(2) カナダ　(3) エ　2 (1) エ　(2) 工業品出荷額 ウ　米の収穫量 ア　中学校数 イ

(3) (例)取扱量が少なく，平均価格が高くなる冬季に，温暖な気候をいかしてピーマンを栽培している。

3 (1) 右図　(2) イ，ウ　(3) a ア　b イ

2　1 (1) X ア　Y (例)男性　(2) ウ→ア→エ→イ　(3) ウ　(4) (例)凶作でも人々が飢えないようにするため，各藩に米を備蓄するよう命じたり，村の住民に穀物倉を設置させたりした。　(5) イ，エ　2 (1) 資料Ⅰ イ　考えられること カ　資料Ⅱ (例)地租が3％から2.5％に変更された。　(2) ウ　(3) ア　(4) エ　(5) a ウ　b イ

3　1 (1) ア　(2) ウ　2 (1) イ　(2) イ，エ　(3) A アメリカ　B ロシア　C 中国　(4) (例)新しい人権の考え方に基づいて，福岡空港周辺の住民が生活している環境に配慮したため。　3 (1) 銀行の銀行　(2) (麓と比べて山頂では，)(例)飲み物の供給の量が少なく，貴重な商品となるため。　[(麓と比べて山頂では，)(例)飲み物を運搬するなど費用が，多くかかるため。／(麓と比べて山頂では，)(例)飲み物を販売するお店が少なく，競争が少ないため。]　(3) 政策案Ⅰ ア　政策案Ⅱ ウ　(4) イ

4　1 (1) ペリー　(2) (例)幕府を倒すことへの支援を得るため。　(3) A イスラム　B メッカ　C 礼拝　X ア　2 (1) ア，エ　(2) エ　3 (1) ① 中国・日本　② エ　(2) 茨城県 イ　大阪府 ウ　(3) (例)農業従事者の減少と65歳以上の割合の増加が課題となっているため，自動運転技術やドローンを活用し，作業の負担を減らそうとしている。

＜社会解説＞

1　**(地理的分野－世界の諸地域・日本の諸地域・地域調査の手法に関する問題)**

1 (1) ① 夏場に白夜が見られるのは**北緯66.6度以北の北極圏**である。　② wはベルリンでウ，xはカイロでア，yはバンコクでエ，zはロサンゼルスでイとなることから判断すればよい。　(2) **英語とフランス語が共に公用語**となっている点に注目すればよい。　(3) 近隣の中国との貿易額が多く，インターネットの普及率が高いところから判断すればよい。アはメキシコ，イはインド，ウはオーストラリアである。

2 (1) **東京は関東平野**に位置しており，**甲府市との間には関東山地**があることから判断すればよい。　(2) **工業品出荷額1位は愛知県**であることからウ，**米の収穫量1位は新潟県**であることからアであると判断できる。残るイが中学校数となる。　(3) 資料Ⅰから，宮崎県のピーマンの出荷量は平均価格が高い時期に増えていることが分かる。また，資料Ⅱから，その時期の宮崎県の気温が高く温暖な気候であることが分かる。これらを併せて説明すればよい。

3 (1) 凡例から，Aはエ，Bはア，Cはウ，Dはエ，zはウであると判断できる。　(2) **ため池の南側に50mの等高線**があり，**地図の東側に55.3mの水準点**があることから，イは正しい。**ため池の周辺に田が広がっている**ことから，ウは正しい。A地区は**区画整理がされているので新しい年代**であると判断できることから，アは誤りである。**老人ホームは郵便局の北西**に位置していることから，エは誤りである。　(3) a コーヒーチェーン店が周囲の町並みと同様な景観であることから判断すればよい。　b 川越市を訪れる観光客の44.2％が自家用車であることから判断すればよい。

2　**(歴史的分野－日本や世界の政治の歴史を切り口にした問題)**

1 (1) 古代アテネのポリスでは直接民主制が行われていたが，参加できるのは成人男子に限られていたことから判断すればよい。　(2) アは645年，イは7世紀後半から8世紀初めにかけて，ウは600～618年，エは663年のことである。　(3) **室町幕府に置かれた管領**は，**斯波・細川・畠山**の三家がその職に就いていた。**守護大名は室町幕府を支えていた**ことから，アは誤り，**鎌倉幕府が行った御家人救済は永仁の徳政令**であることから，イは誤り，**最初の武家法を定めたのは鎌倉幕府3代執権北条泰時**であることから，エは誤りである。　(4) 資料Ⅰから人々が飢えで苦しんでいることが分かる。資料Ⅱ・Ⅲから食料の備蓄を藩・村の住民に命じたことが分かる。これらを併せて説明すればよい。　(5) フランス革命は1789年，アは1861年，イは1776年，ウは1871年，エは1690年であることから判断すればよい。

2 (1) 資料Ⅰに関して，**地租改正が農民に対する政策**であったことから判断すればよい。資料Ⅱに関して，二分五厘とあることから判断すればよい。　(2) アは1950年，イは1900～1901年，ウは1928年，エは1941年のことである。　(3) **日本のテレビ放送は1953年**に始まったことから判断すればよい。　(4) **1940年**に，**日本・イタリア・ドイツの三国間で軍事同盟**を締結したことから判断すればよい。　(5) 第五福竜丸事件を契機に起こった運動は原水爆禁止運動であり，1955年に第1回世界大会が開かれた都市は広島である。

3 (公民的分野－政治・経済を切り口にした問題)

1 (1) **お盆は先祖を供養する年中行事**の一つである。イは赤ん坊の誕生を祝うもの，ウは60歳のお祝いのこと，エは結婚の前に行うものである。 (2) 効率とあることから，建設費用に言及する必要がある点に注目すればよい。

2 (1) 第4条の内容から，天皇は国家の統治に関してすべての権限を持つものと判断できることに注目すればよい。 (2) **1月に召集され会期150日間で開かれるものが常会，衆議院議員総選挙後10日以内に開かれるものが特別会**であることから，206回は特別会，207回は臨時会，208回は常会，209回は臨時会となることが分かる。 (3) **安全保障理事会の常任理事国の内，イギリス・フランス**は出ているので，残りの3か国である**アメリカ・ロシア・中国**を考えればよい。アメリカはロシアの侵攻を批判していたので賛成，ロシアは侵攻当事者なので反対，残るのは中国となる。 (4) **福岡空港は市街地に隣接**しているが，**北九州空港は海上**にある点に注目すればよい。すなわち，福岡空港では近隣住民の生活環境を守るという形で人権に配慮する必要があることを説明すればよい。

3 (1) 日本銀行は銀行に対して業務を行うことから，銀行の銀行と呼ばれている。 (2) 価格が高くなる理由には，供給が少ない・諸費用が掛かる・競争が少ないなどが挙げられることに注目すればよい。 (3) 政策案Ⅰでは負担・給付共に増えることからアとなる。政策案Ⅱでは負担・給付共に減ることからウとなる。 (4) 円を売ってドルを買うことは，輸入を増やすことと同じであることに注目すればよい。

4 (総合問題－万国博覧会を切り口にした問題)

1 (1) **1854年**に再び来日し，**日米和親条約**を締結した人物である。 (2) 大政奉還が行われた年であることに注目すればよい。 (3) アラブ首長国連邦はイスラム教の国であり，その聖地はサウジアラビアのメッカで，礼拝所はモスクと呼ばれる。また，**イスラム教では偶像崇拝は行われない**ので，メッカに向かって祈りを捧げるスペースには仏像などはないことに注目すればよい。

2 (1) イは原油・天然ガス，ウはウランを原料としていることから再生可能にはならない点に注目すればよい。 (2) 設置には費用が掛かることから判断すればよい。

3 (1) ① **琉球王国は現在の沖縄県**であることから，日本と中国の間に位置することになる点から判断すればよい。 ② 15世紀当時の琉球王国は，日本・中国・東南アジアの中継基地として貿易を行っていたことから判断すればよい。 (2) 昼間人口が少ないということは，ほかの地域に働きに行く人が多いということである。この点に注目すると，割合が小さいイが茨城県，大きいウが大阪府であると判断できる。 (3) 資料Ⅱから農業従事者が高齢化していることが分かる。資料Ⅲから機械化やドローンの活用が読み取れる。これらを併せて説明すればよい。

＜国語解答＞

一 一 ア しょうれい イ みんよう ウ くったく エ かか(えて) オ そで
二 ア 約束 イ 鉄棒 ウ 宝庫 エ 預(ける) オ 鹿 三 (例)うかがいます

二　一　ウ　二　エ　三　(例)ぶどうの研究を継続し，栽培管理のポイントを記載した手引きを更新しています。

三　一　ア　二　エ　三　イ　四　(例)相手の立場，状況，理解力，知識の違いに応じて，相手が理解できる働きかけを適切に行うこと。　五　B　想定外を想定　C 「弱い人工知能」　D　(例)人との相互作用を通して知能の本質に迫る

四　一　わたらい　二　何ぞ必ずしも安道に見えんや　三　A　(例)戴安道と一緒に月を眺めよう　B　(例)夜も明けて月も傾いてしまった　四　イ

五　一　エ　二　身体をどこ　三　ア　四　A　(例)視線が交わっている　B　この人には負けたくないという闘争心　五　ウ　六　(例)私が役目や役割を意識して取り組んだことは，文化祭の出し物です。クラスで演劇をすることになり，私は照明係になりました。場面に合わせて適切なタイミングで照明を動かすことがとても難しく，何度も練習をしました。本番は大成功で，見ていた人からも「演技も素晴らしかったが，照明によって演技の素晴らしさが際立っていた。」という声をいただきました。このことから，私は皆それぞれの役目や役割を全うし，それらがかみ合った時に大成功という結果が生まれるのだと感じました。

＜国語解説＞

一　(漢字の読み書き，敬語)

一　ア　「奨励」とはよい事だとして，それを行うように勧めること。　イ　「民謡」とは，主に民衆の生活のなかで生まれ，口承によってうたい継がれてきた歌の総称。　ウ　「屈託のない」とは心に気がかりがなく，心情が晴れ晴れとしているさま。　エ　「抱える」とは落ちない，または離れないように，腕をまわして支え持つこと。　オ　「袖」とは，衣服の身頃の外にあって腕を覆う部分。

二　ア　「約束」とは相手に対し，または互いに取り決めを行うこと。　イ　「鉄棒」とは，鉄製の棒。　ウ　「宝庫」とは，宝を入れておく倉。比喩的に，有益なもの，貴重なものなどがあふれる程ある所。　エ　「預ける」とは人に頼んで，ものをそのまま安全に守ってもらうこと。
オ　「鹿」とは，しか科の哺乳動物。

三　「うかがう」とは，「尋ねる・聞く・問う・質問する」もしくは「訪ねる・訪れる・訪問する・相手のもとへ行く」の意味で用いられる**謙譲表現**。

二　(報告文－内容吟味，表現技法)

一　【ノートの一部】に挙げた，「〇特徴」にある箇条書きをそのまま伝えるのではなく，糖度の意味をわかりやすく伝えたり，理解しやすいような内容に置き換えている。

二　「初めて聞いた人が多いと思います。どのようなぶどうなのか，気になりますね」「実際に食べてみたいのですが，私たちの手に届くにはもう少し時間が必要です」「なぜ時間が必要なのかと疑問に思うでしょう」と，聞き手に問いかけながら話を進めることで，興味を惹かせようとしている。

三　「生産の安定化」という問題点と，【ノートの一部】に挙げた，「〇現状」の中，「研究を継続し，生産者向けの手引きの更新　栽培管理のポイントを記載」という対応策を結びつけてまとめる。

三　(論説文－内容吟味，文章構成，指示語の問題，接続語の問題，脱文・脱語補充)

一　俳句についての内容を述べた後，話題を転換し，人工知能と俳句の関わりに移しているので，「では」を入れるのが適当。

二 「俳句の世界は」から始まる段落に，俳句は詠むだけではなく，「他人の俳句を鑑賞し，批評し，またその良さを他人に説明することもとても大事です」とあり，また「多くの俳人は」から始まる段落に，「俳句を通じた人と人の相互作用こそが俳句の真髄であると言えます」とあることから，俳句の根幹はどこにあるのかを述べている。また，後の段落で人工知能を俳句に関わらせる内容を述べていることから，その前置きとして俳句の意味を説明している。

三 「人と対等に」から始まる段落に，句会に参加できる人工知能であれば，「俳句に限らず本質的な知能をもって互いに働きかけ，影響を及ぼすことができる」とあり，また「少し細かく見ていくと」から始まる段落に，「人工知能を用いて人と対等な俳句を生成するということは，(中略)実際に俳句を通して人の心を動かすことに加え，人工知能自身が俳句によって人の心を動かせることを理解する必要もあ」るとして，詠んだ句が人々を動かし，また人工知能自身が動かしたことを理解するようなものでなければならないとしている。

四 「俳句の良し悪し」から始まる段落に，各々の立場の違いを越えて，俳句の良し悪しを人に説明するためには，「相手の立場，状況，理解力，知識を踏まえて相手が理解できる働きかけを適切に行えるということ」が必要になると筆者は述べている。

五　B 【資料】の中で，「写真を送ると」から始まる段落に，「自分の知識を増やすために，適切に質問することは，今のところ，人工知能にはできません」，「人工知能は」から始まる段落に，「最初から想定外を想定していません」，「このような」から始まる段落に，「現在の人工知能では，電話応対は無理でしょう」と今の人工知能ができないことを3つ挙げている。　C 「 A 」から始まる段落に，「人と対等に句会に参加するには表面的にうまく振る舞っているように見える『弱い人工知能』」とある。これは【資料】にある，現在の人工知能では臨機応変な対応はできないことと関連している。　D 「このように」から始まる段落に，「私たちは俳句という切り口を通して，相互作用を通した知能の本質に迫る研究ができるのではないかと考えています」と，筆者が考える人工知能の研究が俳句を媒介としてより発展することができると述べている。

四 (古文－大意，文脈把握，脱文・脱語補充，仮名遣い，漢文)

〈口語訳〉 昔，王子猷は，山陰というところに住んでいた。世の中の暮らし向きのことに縛られないで，ただ春の花，秋の月にだけ心を寄せながら，長い年月を送っていた。何かにつけて情趣を深く解する人だったので，空一面を覆うようにして降り続いていた雪がやんでようやく晴れ，月の光が清らかに荒涼とした夜に，一人で起きていて心が抑えがたく思ったであろうか，川舟に乗って棹をさしながら，心のおもむくままに戴安道を訪ねてゆくと，道のりは遥かに遠く，夜も明けて月も傾いてしまったのを，不本意に思ったのであろうか，ここまで来たとも言わないで，門のところから帰るのを「なぜ(帰ってしまうのですか)。」と聞く人がいたので，

一緒に月を眺めようと思ったが，何としても人に逢うという必要はありません

とだけ言って，とうとう帰ってしまった。どれほど風流の心が深かったかは，このことで思い知ることができるだろう。戴安道は剡県というところに住んでいた。この人(王子猷)の数年来の友人である。同じように風流に心を寄せていた人であったといいます。

一　語頭以外の「は・ひ・ふ・へ・ほ」は，「ワ・イ・ウ・エ・オ」と表す。

二 「見」に二，「道」に一点があるので，その間の「安」を訓んでから続いて「道」「見」と訓む。

三　A　王子猷は，戴安道と月を眺めるために尋ねた，と歌を詠んでいる。　B　戴安道の元まで道のりが遠く，その間に夜も明けて月も傾いてしまったので，目的を達することができないと思

い，そのまま帰ったのである。

四　王子猷は，戴安道と月を眺めるために尋ねたが，その道中に夜が明けたので，戴安道に会うことなくなく帰路に着いた。

五　(小説文－内容吟味，文脈把握，脱文・脱語補充，語句の意味，作文(課題)，表現技法)

一　「一目散」とは，わき目もふらずに走ること。

二　「緊張のしすぎで」から始まる段落に，「身体をどこかに置き去りにしてしまったような私」と本当は中継所にいるにもかかわらず，緊張によって地に足がついていないことを比喩で表現している。

三　私(坂東)は，第二集団のトップで留学生選手がスタートする様子を見て，きれいな走りのフォームだと思った。その時，以前に咲桜莉が「私は好きだよ，サカトゥーの走り方。大きくて，楽しそうな感じがして」という言葉を思い出し，緊張がほぐれて落ち着いて駅伝大会に臨めるようになった。

四　A　傍線部に「彼女の目Aと，私の目Bを結ぶ」とあることから，二人の視線が合った瞬間を表している。　B　赤いユニフォームの選手と視線が合わさった時，どちらから視線をはずすことはなかった。私(坂東)は，「何年生であっても，この人には負けたくない—。むらむらと闘争心が湧き上がってくるのを感じた」と，競争相手を見定め，勝気を出していることが伺える。

五　「本当に私，走るんだ—。」「私が留学生の彼女を見て楽しそうと感じたように，咲桜莉が私の走りを見て楽しそうと感じてくれている—。」「そうだ，私も楽しまないと—。」「早く，走りたい—。」と「—」を使うことによって，私(坂東)の現在の心情を強調している。

六　まず，自分の役目や役割を意識して取り組んだことについて，具体的に述べる必要がある。それに基づいて，具体的な経験を記して説得力のある文章にしよう。また，自分の考えが分かりやすく伝わるように，文章表現や構成を工夫して制限字数以内におさめよう。

MEMO

大切なことはメモしておこうネ！

山梨県公立高等学校

2023年度

★★★★★★★★★★★★★★★★★★★★★★★

入　試　問　題

2023年度

●くわしい解説……45ページ

＜数学＞

時間　45分　　満点　100点

1　次の計算をしなさい。

1　$6-(-7)$

2　$14\div\left(-\frac{7}{2}\right)$

3　$-2^2+(-5)^2$

4　$\sqrt{8}-3\sqrt{6}\times\sqrt{3}$

5　$9x^2y\times4x\div(-8xy)$

6　$x(3x+4)-3(x^2+9)$

2　次の問題に答えなさい。

1　2次方程式$x^2-9x-36=0$を解きなさい。

2　右の図において，点C，D，Eは，ABを直径とする円Oの周上の点である。また，$\overset{\frown}{AC}=\overset{\frown}{AD}$である。

$\angle CAB=57°$のとき，$\angle x$の大きさを求めなさい。

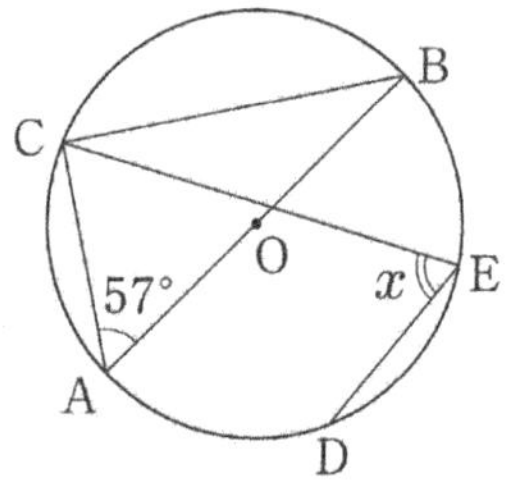

3　yはxに反比例し，$x=4$のとき$y=-5$である。このときの比例定数を求めなさい。

4　右の図において，円Oの周上にあって，直線ℓからの距離が最も短い点を作図によって求めなさい。そのとき，求めた点を●で示しなさい。

ただし，作図には定規とコンパスを用い，作図に用いた線は消さずに残しておくこと。

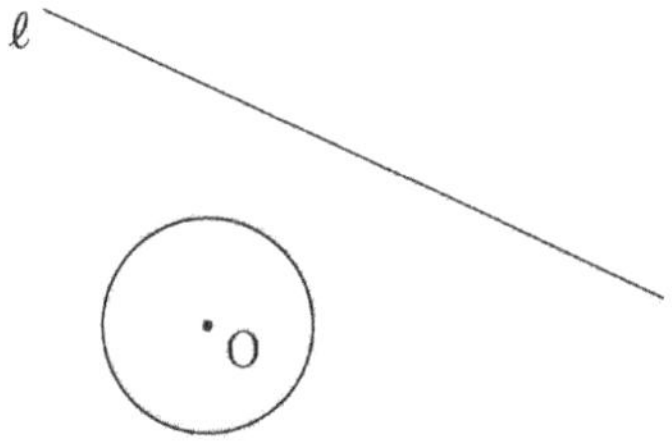

5　あるクラスで生徒の家にある本の冊数を調べた。15人ずつA班とB班に分け，それぞれの班のデータを集計した。図は，A班のデータの分布のようすを箱ひげ図に表したものである。

このとき，後の(1)，(2)に答えなさい。

(1)　図において，A班の箱ひげ図から，四分位範囲を求めなさい。

図

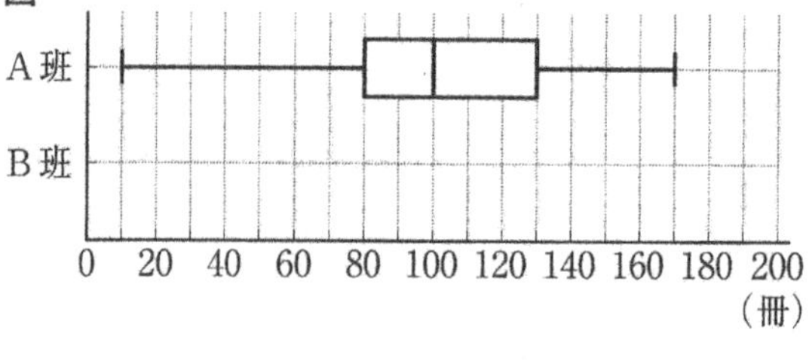

⑵ 下のデータは，B班のデータを小さい方から順に整理したものである。このデータをもとに，B班のデータの分布のようすを表す箱ひげ図をかき入れなさい。

20　35　80　100　110　120　120　130　140　145　155　160　170　170　180（冊）

3 ある中学校では，芸術鑑賞会を体育館で行うことになり，生徒会役員のAさんは，そのための準備をしている。このことに関する次の問題に答えなさい。

1 Aさんは，体育館の椅子の並べ方を検討している。右の**会場図**のように体育館の左右に同じ幅で通路を作り，椅子と椅子の間が等間隔になるように椅子を並べることにした。椅子と椅子の間の長さは，1.5mとることになっている。Aさんは，生徒がステージをよく見ることができるように横にできるだけ多くの椅子を並べようと考えている。体育館の横の長さは29m，使う椅子の横幅はすべて50㎝であることがわかっている。

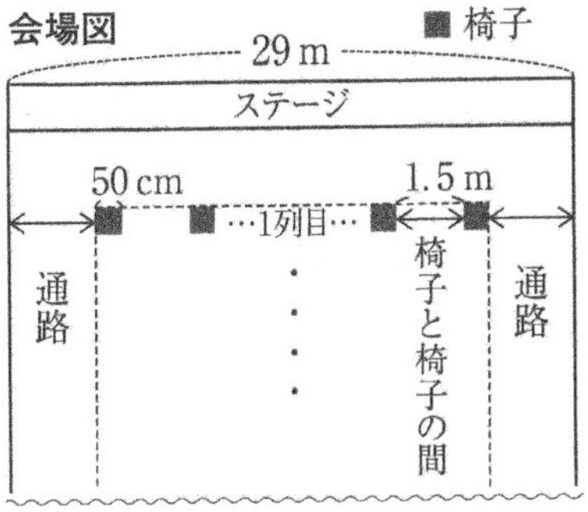

1列目に並べる椅子の数と通路の横幅の関係については，次の式で表すことができ，Aさんは，その式を用いて1列目に並べる椅子の数と通路の横幅を検討することにした。

Aさんが検討に用いた式

1列目に並べる椅子の数を x 脚，通路の横幅を y mとしたとき

$$0.5x + 1.5(x - 1) + 2y = 29$$

このとき，次の⑴，⑵に答えなさい。

⑴ **Aさんが検討に用いた式**の $(x - 1)$ が表しているものを次の**ア**～**エ**から**1つ**選び，その記号を書きなさい。

ア　1列目に並べる椅子の数　　**イ**　椅子と椅子の間の長さ

ウ　椅子と椅子の間の数　　**エ**　椅子と椅子の間の長さの和

⑵ Aさんが1列目に椅子を12脚並べようとしていたところに，「演出の都合上，左右の通路の横幅をそれぞれ3.5mは確保してほしい」という連絡があった。1列目に椅子を12脚並べたとき，通路の横幅を3.5mとることができるか。次の**ア**，**イ**から正しいものを**1つ**選び，その記号を書きなさい。また，それが正しいことの理由を**Aさんが検討に用いた式**をもとに根拠を示して説明しなさい。

ア　通路の横幅を3.5mとることができる。　　**イ**　通路の横幅を3.5mとることができない。

2 生徒会役員Aさん，Bさん，Cさん，Dさん，Eさん，Fさんの6人の中から，芸術鑑賞会当日に花束贈呈を担当する人を2人選ぶことになった。花束贈呈を担当する2人については，次の方法で選ぶ。

次のページの**図**のように，箱の中に6人それぞれの名前が書かれたカードが1枚ずつ入って

いる。箱の中のカードをよくかきまぜてから，一度に２枚のカードを取り出し，カードに名前が書かれている人が花束贈呈を担当する。

ただし，どのカードを取り出すことも同様に確からしいものとする。

このとき，次の(1)，(2)に答えなさい。

図

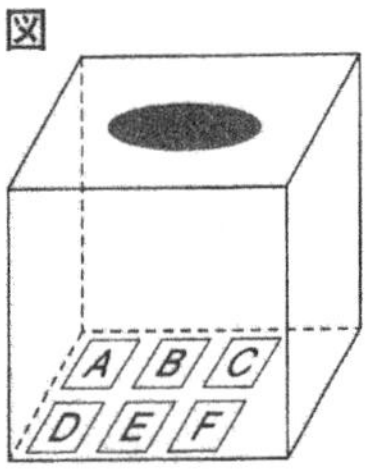

(1)　６人の中から花束贈呈を担当する２人を選ぶときの選び方は，全部で何通りあるか求めなさい。

(2)　Ａさん，Ｂさんのどちらも花束贈呈の担当に選ばれない確率を求めなさい。

4　姉と弟は，母の誕生日パーティーの準備をしている。２人は10時に自宅を出発し，姉は自転車で花屋とケーキ屋へ，弟は徒歩で雑貨屋へ買い物をするために出かけた。姉は雑貨屋の前とケーキ屋の前を通過し，花屋で買い物をしてから，帰りにケーキ屋で買い物をした。次の**資料**は，各地点の間の道のりと２人の移動のようすを示したものである。ただし，２人は同じ道を往復することとし，どの区間でも移動する速さは，それぞれ一定であるものとする。

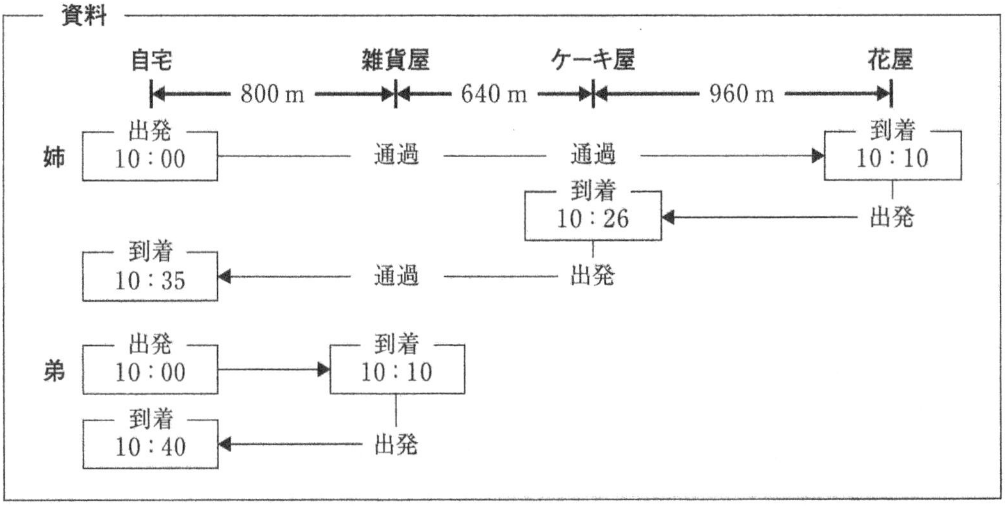

図の①は，姉が移動するようすについて，10時 x 分の地点から自宅までの道のりを y mとして，x と y の関係を表したグラフの一部である。また，図の②は，弟が移動するようすについて，10時 x 分の地点から自宅までの道のりを y mとして，x と y の関係を表したグラフである。

図

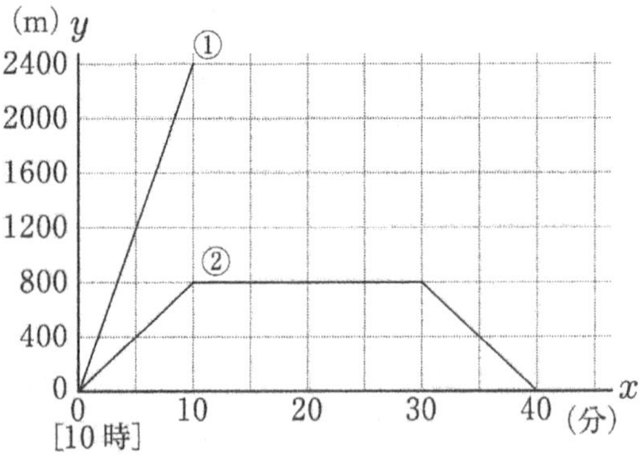

このとき，次の１～４に答えなさい。

1　２人が出発してから５分経過したとき，姉のいる地点と弟のいる地点の道のりの差を図のグラフから求めることができる。その方法を説明しなさい。ただし，実際に道のりの差を求める必要はない。

2　図の②について，x の変域が $0 \leqq x \leqq 10$ のとき，y を x の式で表しなさい。

3　姉が花屋とケーキ屋に滞在していた時間をそれぞれ求めなさい。

4　弟は，雑貨屋から自宅まで帰る途中で姉に追い越された。追い越された地点から自宅までの道のりを求めなさい。

5　次の問題に答えなさい。

1　図１において，①は関数 $y = ax^2\,(a > 0)$ のグラフであり，点A，Bは①上にある。点A，Bの x 座標はそれぞれ -6，4 である。

このとき，次の(1)，(2)に答えなさい。

(1)　$a = \frac{1}{4}$ のとき，直線ABの式を求めなさい。

(2)　△AOBの面積が20になるときの a の値を求めなさい。

図１

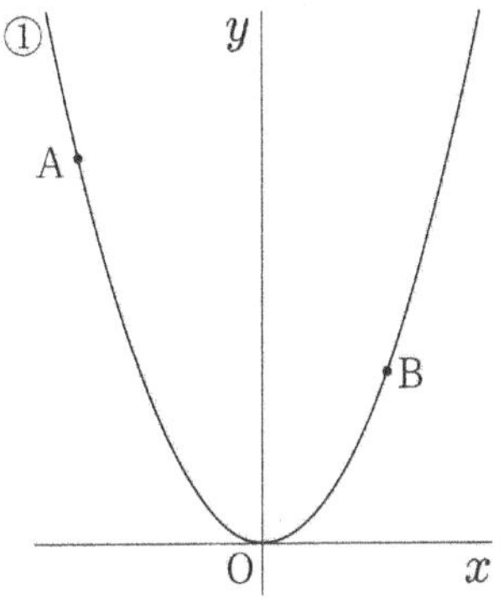

2　図２において，△ABCは，∠ABC＝90°の直角三角形である。頂点Bから辺ACに垂線をひき，その交点をDとする。

このとき，次の(1)～(3)に答えなさい。

(1)　△ABD∽△BCDとなることを証明しなさい。

図２

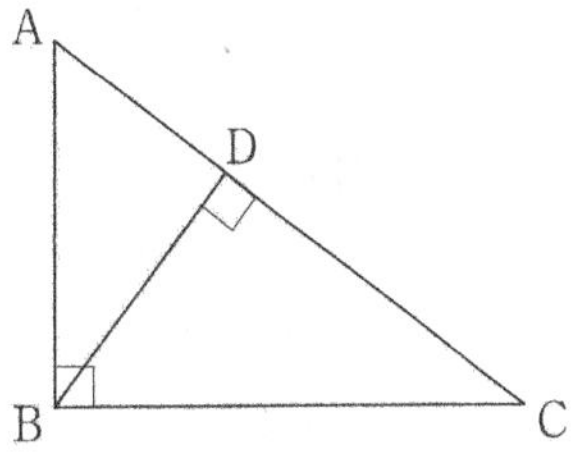

(2)　図３のように，∠DBCの二等分線をひいたときの辺ACとの交点をEとする。次の**説明**は，図３において，AB＝AEが成り立つことを示したものである。

［X］と［Y］に当てはまるものを，次のページの**ア**～**カ**から**１つずつ**選び，その記号を書きなさい。

説明

∠ABCは直角であるから，
　∠ABE ＋ ∠EBC ＝ 90°　……①
△DBEは直角三角形であるから，
　∠DEB ＋ ［X］ ＝ 90°　……②
また，仮定より∠EBC ＝ ［X］ であるから，
①，②より，　∠ABE ＝ ∠AEB
したがって　△ABEにおいて，［Y］ から，
　AB ＝ AE

図３

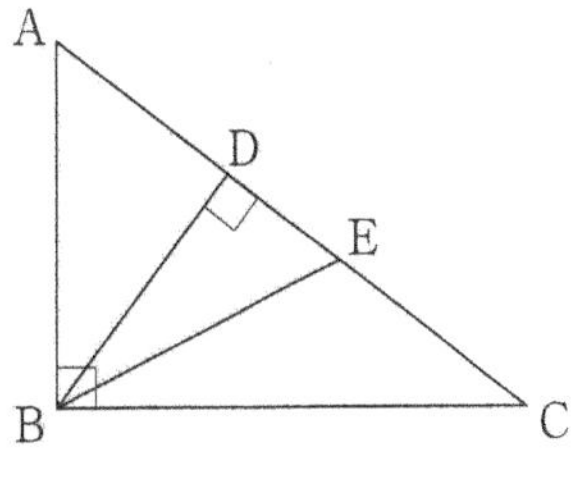

ア　∠ABD　**イ**　∠BCE　**ウ**　∠DAB　**エ**　∠DBE
オ　2つの辺が等しい三角形は2つの角が等しくなる
カ　2つの角が等しい三角形は二等辺三角形になる

(3)　**図3**において，AB＝3㎝，BC＝4㎝であるとき，線分BEの長さを求めなさい。

6　**図1**のような一辺の長さが8㎝の立方体ABCD－EFGHがある。

このとき，次の**1**，**2**に答えなさい。

1　四角形ABCDの対角線の長さを求めなさい。

図1

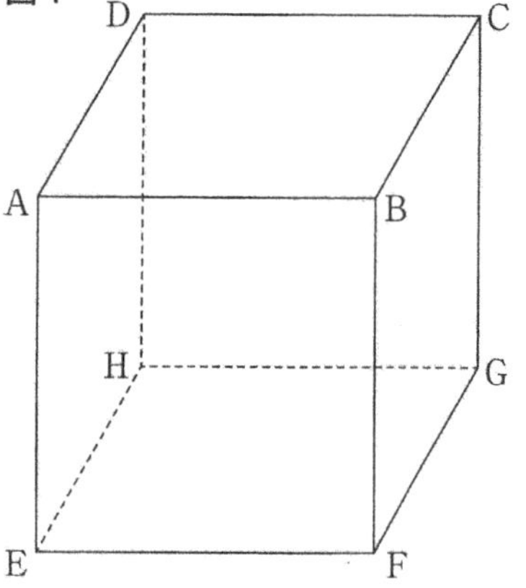

2　**図2**のように，**図1**の立方体の辺EF，FG，GH，HEの中点にそれぞれＩ，Ｊ，Ｋ，Ｌをとり，線分BDの中点にMをとる。また，点PはBP：PM＝3：1となる線分BM上の点であり，点QはMQ：QD＝1：3となる線分MD上の点である。

このとき，次の**(1)**～**(3)**に答えなさい。

(1)　四角形APCQと四角形LIJKの面積比を最も簡単な整数の比で表しなさい。

(2)　3点A，Ｉ，Mを頂点とする△AIMの面積を求めなさい。

(3)　**図3**において，**図2**の8点A，P，C，Q，L，Ｉ，Ｊ，Kを頂点とする立体の体積を求めなさい。

図2

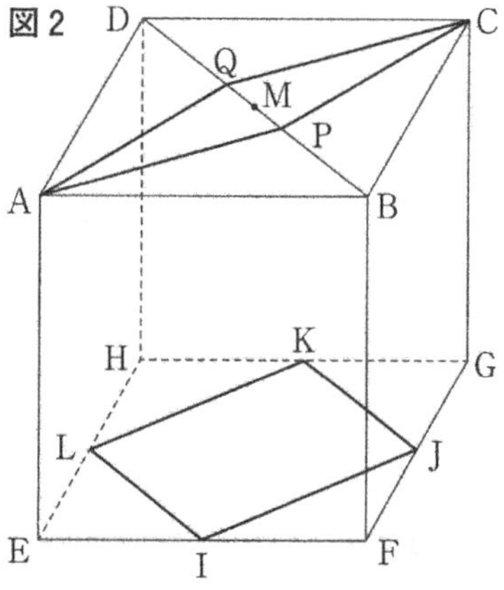

図3

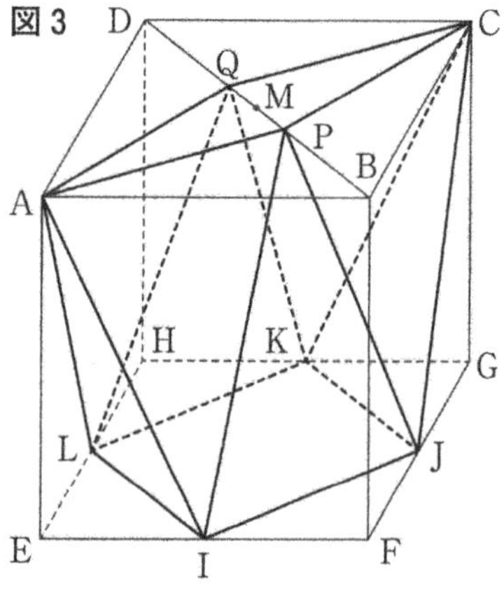

＜英語＞

時間　45分　　満点　100点

1　これは英文を聞き取り，その内容について英語の質問に答える問題です。

1から4まで，いろいろな場面での Jim と Anne の会話を放送し，それぞれの会話に続けて質問をします。質問の答えとして，最も適当なものをア，イ，ウ，エの中から**一つずつ**選び，その記号を書きなさい。英語は**2回ずつ**放送します。

1

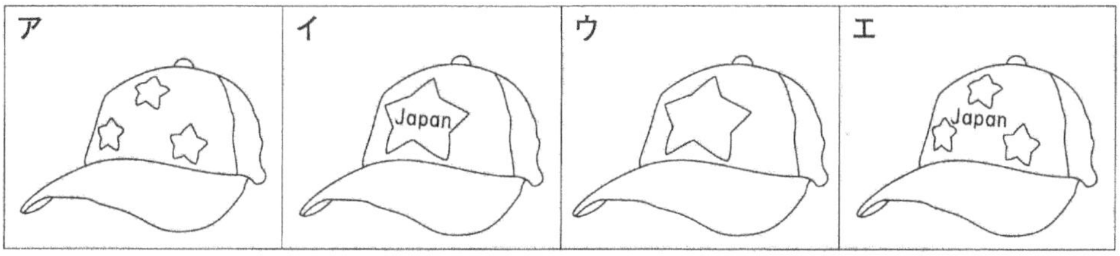

2

3

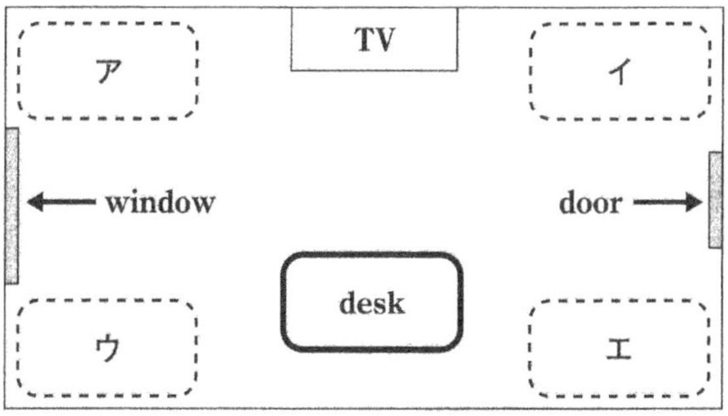

4　ア　One book.
　イ　Two books.
　ウ　Three books.
　エ　Five books.

2 これは英文を聞き取り，メモを完成させる問題とスライドを選ぶ問題です。

これから放送するのは，中学生のゆい（Yui）が，英語の授業でホームステイ先での過ごし方についてスライドを見せながら，クラスメイトに話している場面です。英文の内容に合うようにメモの中の**ア**，**イ**にはそれぞれ適当な**1語の英語**を，**ウ**には適当な**数字**を書きなさい。また，ゆいが授業で見せているスライドとして，最も適当なものを①～④の中から**一つ**選び，その記号を書きなさい。英文は2回放送します。

＜メモ＞

・Yui stayed at Becky's house in Australia last（　ア　）.
・Yui had to（　イ　）her own room.
・Yui enjoyed staying there for（　ウ　）weeks.

＜スライド＞

①

②

③

④

3 これは英文を聞き取り，その内容について英語の質問に答える問題です。

これから放送するのは，英語の先生が授業の流れについて説明している場面です。英文は**1度だけ**放送し，それに続けて英文の内容に関して**二つの質問**をそれぞれ2回放送します。質問の答えとして，最も適当なものを**ア**，**イ**，**ウ**の中から**一つずつ**選び，その記号を書きなさい。

Question 1　ア　Read the textbook in their groups.
　　　　　　イ　Read the news with their computers.
　　　　　　ウ　Use their smartphones to ask questions.

Question 2　ア　For four minutes.
　　　　　　イ　For ten minutes.
　　　　　　ウ　For fifteen minutes.

4　次の文章は，中学生のひろき（Hiroki）とALT（外国語指導助手）のMr. Jonesとの会話です。これを読んで，次のページの1から7の問いに答えなさい。(*は注の語を示す。)

注　research：調査　ancient：古代の　wall paintings：壁画
Latin：ラテン語　shadow(s)：影　raincoat：レインコート　get wet：ぬれる

— *Outside after school on Friday* —

Hiroki: Oh, Mr. Jones. Are you going home now?

Mr. Jones: No. I'm going to the library.

Hiroki: It's going to rain really hard. Do you have an umbrella?

Mr. Jones: No, I'll be OK without one. In the U.S., we don't often use umbrellas.

Hiroki: Really?

Mr. Jones: Sorry, Hiroki. I have to go. [ⓐ] See you next week.

— *In the teachers' room next Monday* —

Hiroki: Hello, Mr. Jones. I came here to talk with you. (1)あなたは，この前の金曜日私に会ったことを覚えていますか。

Mr. Jones: Of course, Hiroki. Thank you [A] coming.

Hiroki: At that time, I wanted to ask you why you don't often use an umbrella, but I couldn't. So, I did some *research about how people use umbrellas abroad by reading some books and websites.

Mr. Jones: Wow! Please [B] me know the things you found out.

Hiroki: According to the books I read, the ①(ア color　イ history　ウ language　エ number) of umbrellas is very long. "Sun umbrellas" were drawn in *ancient *wall paintings about 4,000 years ago. People have been using "sun umbrellas" longer than "rain umbrellas."

Mr. Jones: Is that so? Oh, Hiroki, did you know the word "umbrella" comes from the *Latin "*umbra*"? It means "*shadow."

Hiroki: Well, umbrellas were first used to make shadows on hot and sunny days, right? Anyway, I thought just reading books ②(ア weren't　イ haven't　ウ couldn't　エ wasn't) helpful enough to understand the use of umbrellas around the world. I actually asked a student who came from the U.K. about it.

Mr. Jones: [ⓑ]

Hiroki: He said when he first came here, it was interesting that a lot of Japanese people use umbrellas on rainy days. He told me there are many rainy days in the U.K., but it stops raining quickly there. [ⓒ] He has heard it may be the same in Europe.

Mr. Jones: I see. In the U.S., we often wear a *raincoat when it rains hard or for a long time. However, some Americans don't worry about *getting wet in the rain. I'm [C] of them.

Hiroki: I understand now. Japan is a country that uses umbrellas often. ③(ア At first イ For example ウ On the other hand エ As a result), some countries don't use them much. From the things I read and heard, I've learned each country has its own way of thinking and living. This research about umbrellas was a lot of fun.

Mr. Jones: (2) You've realized something important, Hiroki.

Hiroki: Thank you, Mr. Jones.

Mr. Jones: I also respect you because you kept thinking about your question and tried to answer it yourself in various ways. (3) Can　　　　in class?

Hiroki: Sure. I want everyone to enjoy my speech.

1　ⓐ ～ ⓒ に入る最も適当な英文を，**ア～オ**から**一つずつ**選び，その記号を書きなさい。

ア　What did the student say?

イ　The library will soon be closed.

ウ　What will you do at the library?

エ　So, most people usually don't use umbrellas.

オ　If you were a student in the U.K., what would you say?

2　本文の会話が成り立つように，下線部(1)あなたは，この前の金曜日私に会ったことを覚えていますか。という内容を表す英文を**一つ**書きなさい。

3　A ～ C に当てはまる最も適当な英語を，本文の内容に合うように，**1語ずつ**書きなさい。

4　①～③の（　）に当てはまる最も適当な英語を，本文の内容に合うように，**ア～エ**から**一つずつ**選び，その記号を書きなさい。

5　下線部(2) You've realized something important の中の something important が表している内容を，ひとつづきの10語で本文中から抜き出し，**始めと終わりの2語**を書きなさい。

6　本文の会話が成り立つように，下線部(3)に Can から始まり，in class? で終わる適当な英文を**一つ**書きなさい。ただし，Can と in class? も書くこと。

7　本文とほぼ同じ内容になるように次の①～③の英文の（　）に当てはまる最も適当な英語を**1語ずつ**書きなさい。

①　On Friday, Hiroki wanted to know (　　　) Mr. Jones doesn't use an umbrella.

②　The umbrellas (　　　) in ancient wall paintings are "sun umbrellas."

③　Mr. Jones respected Hiroki because Hiroki didn't (　　　) thinking about his own question and tried to answer it himself in various ways.

5　次の英文は，高校生のけいこ（Keiko）が英語の授業で，経験から学んだことについて書いた内容です。これを読んで，後の1から6の問いに答えなさい。（＊は注の語を示す。）

注	
	tourism：観光　fruits：果物　draft：原稿　pronunciation：発音
	seat：座席　judge：審査員　suitable：適切な　volume：音量

Two years ago, my English teacher, Ms. Sato, introduced an English speech contest to me because she knew that I studied very hard in her classes. It was going to be held at a city hall. At first, I did not want to join it because I did not think I could do well. So, she told me more about the contest and said, "It is a good chance to improve your English. You can also enjoy listening to the ideas of students from many different schools." After talking with her, I decided to join my first speech contest.

I wanted to make a speech about *tourism in Yamanashi because I knew many good places. I collected information on my favorite places and *fruits, and then made a *draft. After that, I worked very hard to make a good speech by improving my English *pronunciation.

The day of the contest came. There were many people in the city hall. I really wanted them to listen to my good English pronunciation. However, soon after starting, I forgot the words I practiced so many times. With the help of the contest's staff, I finished my speech. When I returned to my *seat, I started crying. Ms. Sato said to me, "You did a good job. Don't worry. Everyone has this kind of experience. I was just like you when I first joined a contest like this. Now, let's enjoy the speeches of the other students." While I was listening to their speeches, I sometimes saw the audience looked surprised or excited. I could not get any prize, but it was still fun to listen to them.

When I was going to leave, a *judge said to me, "I think your speech was good because we learned a lot about Yamanashi. However, your speeches will be much better if they have your own ideas that give the audience something new. Please don't forget this if you want to improve your speeches." Because of her words, I realized one thing: I was not thinking about the audience.

The next day, I watched famous speeches and presentations on the Internet at home, and I went to the library to read books on them. I found out two things I can do to make a better speech or presentation.

The first thing is collecting and choosing *suitable information that can be used to make our own idea. Our speeches or presentations will be better if the idea is new and interesting for the audience. [　　　　] The other thing is controlling how we speak to the audience. For example, making eye contact, changing our *volume and speed of speaking, and using gestures can make the audience interested in our speech or presentation. There are more things we can do, but I decided to start with these two things.

Now, I am always careful about them when I make a speech or a presentation even in Japanese. The other day at school, I had a chance to make a speech in English in front of many students. I did my best to give a good speech. A student I did not know came and talked to me. He said, "The idea in your speech was very interesting and unique. We enjoyed watching and listening to your speech." I felt happy to hear that. I learned a very important thing through my first speech contest.

1　次の①，②の問いに答えるとき，本文の内容に合う最も適当なものを**ア～エ**から**一つずつ**選び，その記号を書きなさい。

① Why did Ms. Sato introduce an English speech contest to Keiko?

ア Because Ms. Sato knew that Keiko was good at making a speech.

イ Because Ms. Sato knew that Keiko studied English very hard.

ウ Because Ms. Sato knew that Keiko wanted to join the contest.

エ Because Ms. Sato knew that Keiko wanted to make some friends.

② What did Keiko want to do at her first speech contest?

ア To teach how to make a speech.

イ To make the audience happy.

ウ To help other students.

エ To speak with good English pronunciation.

2　次の**ア～オ**のうち，本文の内容と合っているものを**二つ**選び，その記号を書きなさい。

ア Keiko made a draft for the speech contest with information about her favorite things.

イ Keiko felt sad because she could not finish her speech at the speech contest.

ウ Before the speech contest, Keiko did not know any good places in Yamanashi.

エ To make a better speech, Keiko asked the staff of the speech contest some questions.

オ After the speech contest, Keiko learned how to make her speech better.

3　次の**ア～オ**を，起きた順に並べかえ，記号で書きなさい。

ア To learn about speeches and presentations, Keiko went to the library.

イ Ms. Sato told Keiko about her own experience of a speech contest.

ウ Keiko decided to join the English speech contest held in a city hall.

エ Keiko felt happy to hear the words of a student.

オ Keiko made a speech in front of a lot of students at her school.

4　本文の内容から考えて，本文中の □ に入る最も適当な英文を，次の**ア～エ**から**一つ**選び，その記号を書きなさい。

ア We can find famous ideas on the Internet.

イ It is important to practice our English hard.

ウ It is not enough just to share information.

エ We do not have to cry after making a speech.

5　次のページの英文は，けいこ（Keiko）が書いた英文の内容をまとめたものです。（**A**）～（**D**）に当てはまる最も適当な英語を**1語ずつ**書きなさい。

Keiko joined her first speech contest. She made a draft about Yamanashi and (A) very hard to improve her English pronunciation. However, she could not do (B) at the contest. Before leaving the city hall, she talked with a judge and was (C) advice. Keiko understood that she needed to (D) about the audience and tried to do so. Some days later, Keiko made a different speech and felt happy to hear that it was interesting and unique for the audience.

6 下線部I learned a very important thing through my first speech contestに関連して，あなたがこれまでの経験から学んだことについて，次の条件に従って書きなさい。

条件 ・経験したことを一つ挙げ，そこから学んだことについて具体的に書くこと。
・**35語以上50語以内の英語**で書くこと。文の数はいくつでもよい。
なお，短縮形（I've や isn't など）は１語と数え，符号（ ， や ? など）は語数に含めない。また，記入例のとおり，解答欄に記入すること。
（記入例） No, it isn't. ［3語］

＜理科＞

時間 45分 満点 100点

1 次の１～３の問いに答えなさい。

1 そうまさんは，山梨県のある地点で，ある年の10月30日から11月11日までの間に７回，18時に月を観察し，月の位置と形を記録した。**図１**は，その観察記録である。また，**図２**は，北極側から見た地球と月の位置，太陽の光の向きを模式的に表したものである。(1)～(3)の問いに答えなさい。

図１

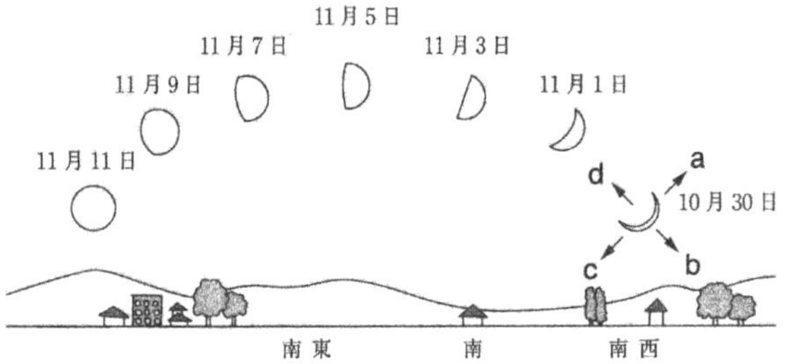

図２

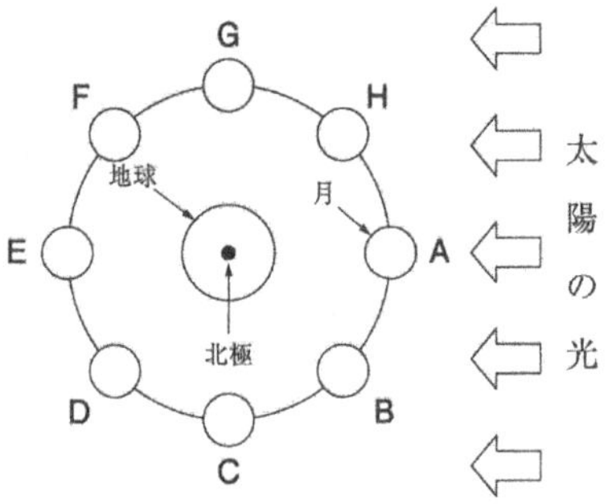

(1) 10月30日の18時に月の位置と形を記録した後，同じ日にそのまま続けて月を観察すると，月は**図１**の**a**～**d**のどの向きに動いて見えるか，最も適当なものを**一つ**選び，その**記号**を書きなさい。

(2) 天体が他の天体のまわりを回っていることを何というか，その**名称**を書きなさい。

(3) **図１**の11月３日に見えた月は，**図２**の**A**～**H**のどの位置にあるときか，最も適当なものを**一つ**選び，その**記号**を書きなさい。

2 そうまさんは，１と同じ地点で別の日に月を観察し，**ノート**に記録した。その日は，満月が時間の経過とともに欠けていくようすが観察された。このとき，月が欠けて見えた**理由**を，「**かげ**」という**語句**を使って，簡潔に書きなさい。

ノート

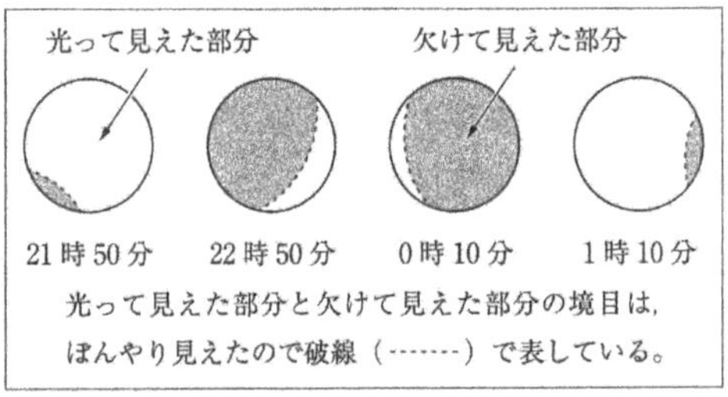

3 そうまさんは，アメリカのニューヨークに住む友人のさくらさんに，日本から電話をした。そうまさんが「満月がきれいに見えているよ。」と話したところ，さくらさんは「今日は，久しぶりに月を見ようかな。」と言った。電話をした日の夜，さくらさんがニューヨークで見る月の形として，最も適当なものを，次の**ア**～**エ**から一つ選び，その**記号**を書きなさい。

ア　**イ**　**ウ**　**エ**

2　遺伝について調べるために，エンドウを用いて次の実験を行った。**図**は実験の結果から，種子の遺伝子と染色体のようすを模式的に表そうとしたものである。［　　］は実験について，ゆみさん，ひろさん，先生の３人の間で交わされた会話の一部である。**1**～**5**の問いに答えなさい。ただし，**図**の**Q**，**R**は，エンドウの種子の形を伝える遺伝子と染色体のようすを表しており，**A**は丸い形質を伝える遺伝子，**a**はしわの形質を伝える遺伝子，（　）は染色体を表している。

〔実験１〕　丸い種子をつくる純系のエンドウのおしべの花粉を，しわのある種子をつくる純系のエンドウのめしべにつけた（他家受粉）。できた種子はすべて丸い種子であった。

〔実験２〕　**〔実験１〕**でできた丸い種子をすべて育て，自家受粉させた。できた種子は丸い種子の数としわのある種子の数の比が，３：１の割合であった。

図

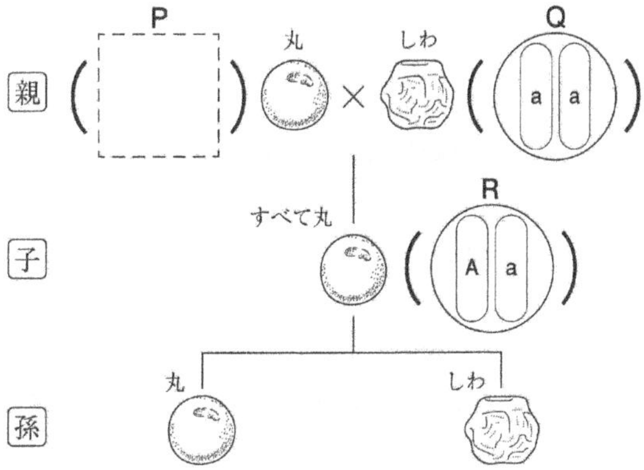

ゆみ：有性生殖の場合，子の代では，すべて丸い種子ができていますね。
ひろ：でも，孫の代には，しわのある種子ができています。どうしてでしょうか。
先生：子の代では，丸い形質を伝える遺伝子としわの形質を伝える遺伝子の両方が受けつがれていても，一方の形質だけが現れています。このようにどちらか一方しか現れない形質どうしを対立形質と言います。
ゆみ：子の代では，対立形質のうち，丸い形質だけが現れ，しわの形質はかくれているということですね。
先生：そうです。現れる形質は遺伝子の組み合わせで決まります。
ひろ：有性生殖では，代によって現れる形質が異なることがわかりました。でも，無性生殖では，代を重ねても同じ形質が現れるのはなぜですか。
ゆみ：それは［　　　　　　　　　　］だと思います。
先生：そのとおりです。みんなで話したことで，考えが深まりましたね。

1　**図**の**P**の遺伝子はどのように表されるか，**Q**と**R**にならってかきなさい。

P

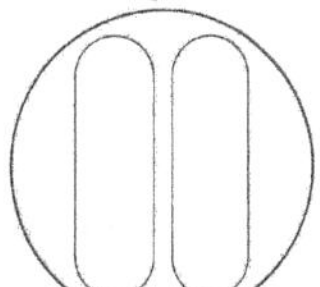

2　下線部のように，**子の代で現れる形質**を何というか，その**名称**を書きなさい。

3　「**遺伝子**」という**語句**を使って，［　　］に入る適当な**言葉**を書きなさい。

4　**〔実験２〕**で，孫の代の種子が800個できたとき，子の代の種子と同じ遺伝子の組み合わせの種子は何個になると考えられるか，次の**ア**～**エ**から一つ選び，その**記号**を書きなさい。

ア　200個　　**イ**　400個　　**ウ**　600個　　**エ**　800個

5　無性生殖によってふえる生物はどれか，次の**ア**～**オ**から**すべて**選び，その**記号**を書きなさい。

ア　ナメクジ　　**イ**　ミカヅキモ　　**ウ**　ジャガイモ　　**エ**　カエル　　**オ**　オランダイチゴ

3　水とエタノールの混合物を加熱したときに出てくる物質の性質を調べるために，次の実験を行った。1～5の問いに答えなさい。

〔**実験**〕①　水20cm^3とエタノール5cm^3の混合物を，**図1**の装置を使って加熱し，ガラス管から出てくる物質を，はじめから順に，3本の試験管**A**，**B**，**C**に3cm^3ずつ集めた。

②　装置のガラス管の先端が試験管にたまった液体の中に入っていないことを確認し，ガスバーナーの火を消した。

③　試験管**A**，**B**，**C**に集めた液体を，燃焼さじにとり，火をつけて燃えるかどうかを調べた。火がついたものは，**図2**のように，かわいた集気びんの中に入れた。火が消えるまで燃焼させたところ，集気びんの内側がくもった。

④　集気びんの内側についた液体に**青色**の塩化コバルト紙をつけた。

⑤　集気びんに石灰水を入れ，ふたをしてよく振った。

⑥　実験の結果を**表**にまとめた。

図1

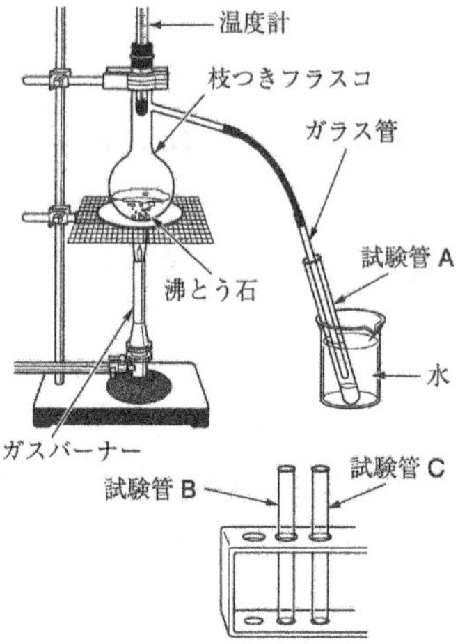

図2

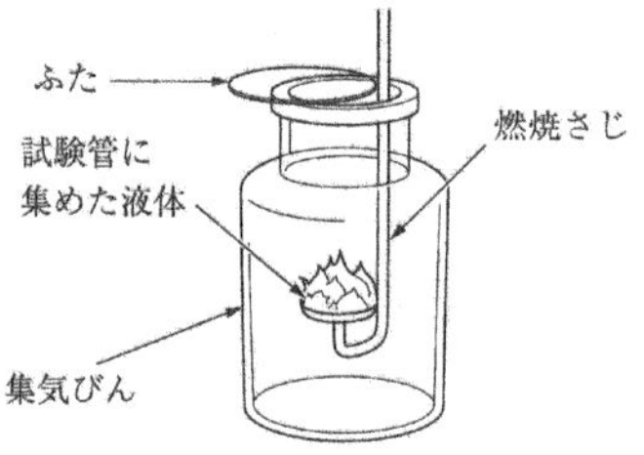

表

	試験管A	試験管B	試験管C
実験③の結果	よく燃える	燃えるが，すぐ消える	燃えない
実験④の結果	赤色になる	赤色になる	－
実験⑤の結果	白くにごる	白くにごる	－

1　次の［　］は，エタノールを加熱したときの状態変化について述べた文章である。ⓐ～ⓒに当てはまるものを**ア**～**ウ**から**一つずつ**選び，その**記号**をそれぞれ書きなさい。

> エタノールが液体から気体になると，体積は，ⓐ〔**ア**　大きくなる　**イ**　小さくなる　**ウ**　変わらない〕。粒子の大きさは，ⓑ〔**ア**　大きくなる　**イ**　小さくなる　**ウ**　変わらない〕。また，粒子の数は，ⓒ〔**ア**　増える　**イ**　減る　**ウ**　変わらない〕。

2　〔**実験**〕の②で，下線部の操作を行う**理由**を，簡潔に書きなさい。

3　〔**実験**〕の③で，集めた液体中のエタノールが燃焼した。このように物質が化学変化しているものを，次の**ア**～**エ**から**一つ**選び，その**記号**を書きなさい。

ア　氷がとけて水になる。　　**イ**　水に食塩を入れるととける。

ウ　うすい塩酸に亜鉛を入れるととける。　　**エ**　光電池に光を当てると電気が発生する。

4　〔**実験**〕の結果から，試験管**A**に集めた液体にふくまれていると考えられる原子は何か，その原子の**元素記号**を**二つ**書きなさい。

5　手指の消毒に用いる消毒用アルコールは，エタノールが主成分である。消毒用アルコール

420 g にふくまれるエタノールの質量パーセント濃度が80％のとき，この消毒用アルコールにふくまれるエタノールの質量は何 g か，求めなさい。

4　次の１，２の問いに答えなさい。

1　かれんさんは，ジュースを入れたコップの中のストローが曲がって見えることに気づいた。このことに疑問をもったかれんさんは，光の性質を調べるために，次の実験を行った。(1)～(3)の問いに答えなさい。

〔実験１〕①　水平な台の上に，**図１**のように，光源装置と半円形ガラスを置いた。光源装置の光を半円形ガラスに向けて入射させたところ，半円形ガラスの中を進む光の道すじが観察できた。ただし，**図１**は実験のようすを真上から見たものである。

②　水平な台の上に，**図２**のように，半円形ガラスに接するように鉛筆を立てて置き，矢印⇨の向きから鉛筆を観察した。

図１

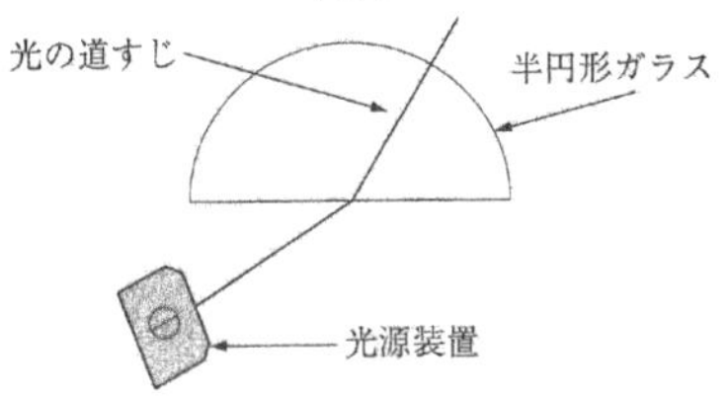

図２

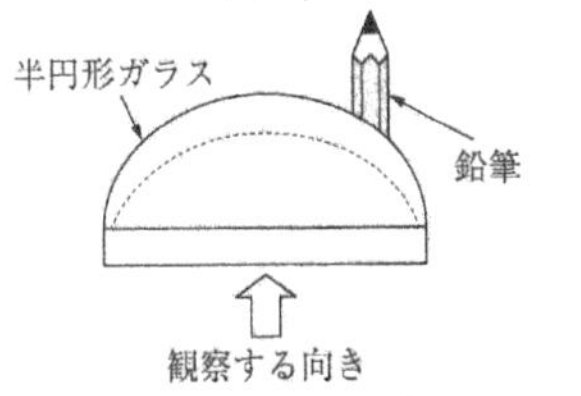

(1)　**〔実験１〕**の①で，光が折れ曲がる**現象**を何というか，その**名称**を書きなさい。

(2)　**〔実験１〕**の②で，観察した鉛筆はどのように見えたと考えられるか，次の**ア**～**エ**から**一つ**選び，その**記号**を書きなさい。

ア　　**イ**　　**ウ**　　**エ**

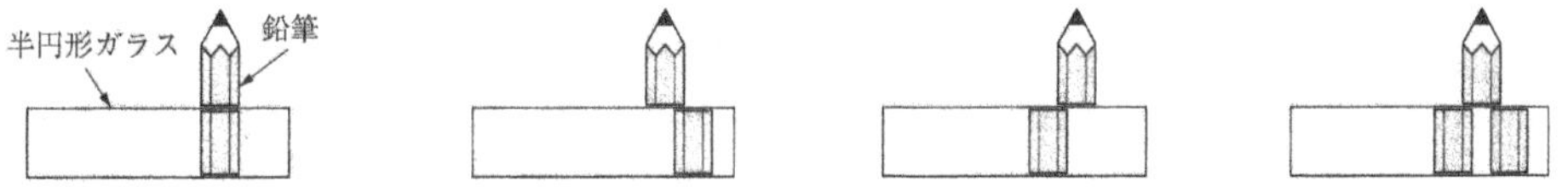

(3)　コップの中のストローが曲がって見えることと**同じ原理**によるものはどれか，次の**ア**～**エ**から**一つ**選び，その**記号**を書きなさい。

ア　夜，明るい部屋の中から窓ガラスを見ると，部屋の中がうつって見える。

イ　水中から，ななめ上の方向の水面を見ると，水中のものが水面にうつって見える。

ウ　カーブミラーを見ると，広い範囲が見える。

エ　虫めがねを物体に近づけて見ると，物体が拡大されて見える。

2　光が鏡にあたって進むようすを調べるために，次の実験を行った。後の(1)，(2)の問いに答えなさい。

〔実験２〕　**図３**のように，光源装置と鏡**Ａ**，鏡**Ｂ**を置き，真上から見たところ，光源装置の光が鏡にあたって進むようすが観察できた。ただし，鏡**Ａ**，鏡**Ｂ**の面のなす角度は90°であり，**図３**には，観察した光の道すじの一部を示している。

図３

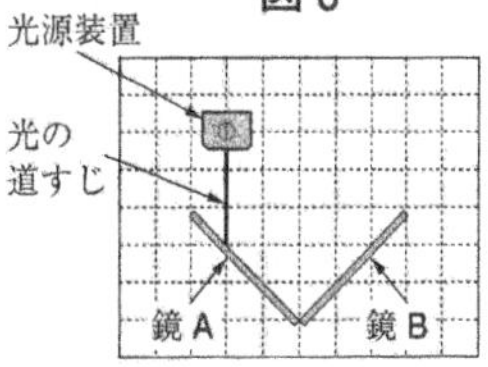

(1)　光源装置の光が鏡**Ａ**にあたった後に進む光の道すじを，実線

(——) でかきなさい。

(2) ［実験２］の光源装置のかわりに図４の時計を使って，鏡にうつる像について調べた。図５のように時計を置き，時計の文字盤を鏡に向けた。図５の矢印⇨の向きから観察したとき，正面と左右に時計の像がうつって見えた。正面に見える時計の像はどれか，次のア～エから一つ選び，その記号を書きなさい。

図４

図５

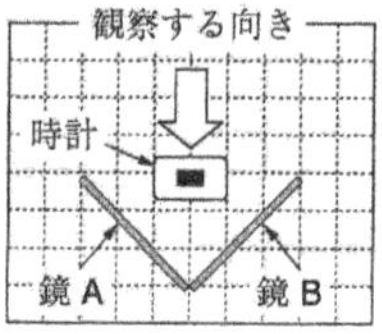

ア　イ　ウ　エ

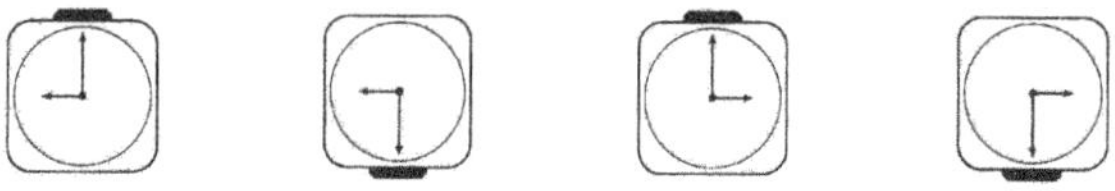

5 次の１，２の問いに答えなさい。

1　表１は，過去に発生した地震A～Eのマグニチュードと，それぞれの地震について山梨県のある地点Xで観測した震度をまとめたものである。(1)，(2)の問いに答えなさい。

(1) 地点Xで最も大きい揺れを観測した地震はどれか，表１のA～Eから一つ選び，その記号を書きなさい。

(2) 地震Bと地震Dは，どちらも震源の深さが30km程度の地震であった。この２つの地震は，マグニチュードは等しいが，地点Xの震度は異なっている。その理由を簡潔に書きなさい。ただし，地震の揺れが伝わる速さは一定であるものとする。

表１

地震	マグニチュード	地点Xの震度
A	6.5	4
B	6.8	3
C	7.8	2
D	6.8	2
E	7.5	3

2　表２は，日本のある地域で発生した地震について，地点a～dそれぞれにおける震源からの距離と，初期微動が始まった時刻および主要動が始まった時刻をまとめたものである。後の(1)～(3)の問いに答えなさい。ただし，初期微動を伝える波，主要動を伝える波の速さはそれぞれ一定であるものとする。

表２

地点	震源からの距離	初期微動が始まった時刻	主要動が始まった時刻
a	36 km	6時56分58秒	6時57分01秒
b	48 km	6時57分00秒	6時57分04秒
c	84 km	6時57分06秒	6時57分13秒
d	144 km	6時57分16秒	6時57分28秒

(1) 次の［　］は，初期微動と主要動について述べた文章である。［①］，［②］に当てはまる語句を書きなさい。また，［③］に当てはまる数字を書きなさい。

> 初期微動を伝える波を［①］といい，主要動を伝える波を［②］という。また，地点cでは，初期微動は［③］秒間続いたといえる。

(2) この地震が発生した時刻は何時何分何秒か，求めなさい。

(3)　この地震において，震源からの距離が72kmの地点の地震計で初期微動を感知し，8秒後に気象庁が緊急地震速報を発信したとする。このとき，地点 **d** では，緊急地震速報を受信してから，**何秒後**に主要動が始まると考えられるか，求めなさい。ただし，緊急地震速報の発信から受信するまでにかかる時間は考えないものとする。なお，緊急地震速報は，地震が起こると震源に近い地点の地震計の観測データを解析して，主要動の到達時刻をいち早く各地に知らせるものである。

6　運動とエネルギーについて調べるために，次の実験を行った。後の1～5の問いに答えなさい。ただし，小球とレール間の摩擦は考えないものとする。

〔**実験1**〕①　**図**のように，水平な台の上に置かれたレールをスタンドで固定し，レールの水平部分に木片を置いた。

②　質量40.0gの小球を水平部分からの高さ5.0cm，10.0cm，15.0cm，20.0cmの斜面上で静かにはなし，静止している木片に衝突させたところ，木片は移動して静止した。

③　木片の移動距離を測定したところ，結果は**表1**のようになった。

〔**実験2**〕①　〔**実験1**〕の装置を用いて，質量の異なる4つの小球を水平部分からの高さ **X** cmの斜面上で静かにはなし，静止している木片に衝突させたところ，木片は移動して静止した。

②　木片の移動距離を測定したところ，結果は**表2**のようになった。

図

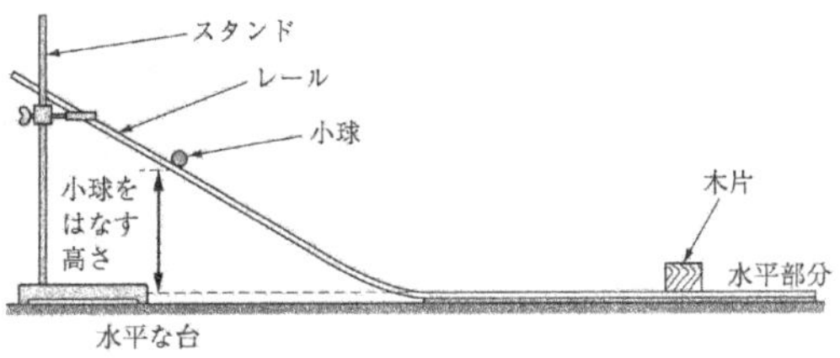

表1

小球をはなす高さ〔cm〕	5.0	10.0	15.0	20.0
木片の移動距離〔cm〕	3.0	6.0	9.0	12.0

表2

小球の質量〔g〕	10.0	20.0	40.0	80.0
木片の移動距離〔cm〕	1.5	3.0	6.0	12.0

1　〔**実験1**〕で，小球をはなす高さと木片の移動距離の関係を表す**グラフ**をかきなさい。ただし，実験の測定値は●で記入しなさい。

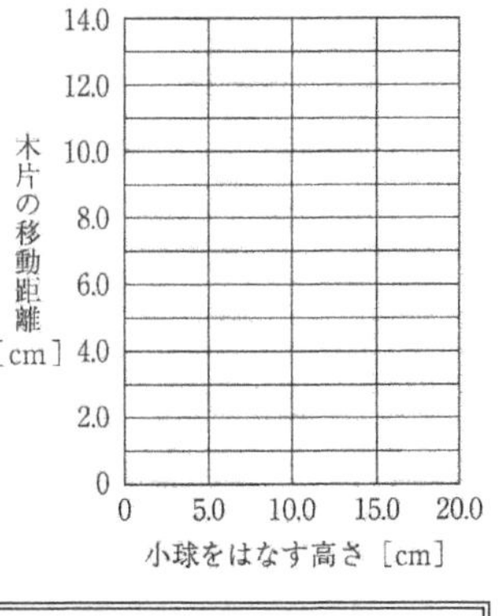

2　次の［　　］は，小球のエネルギーについて述べた文章である。①，②に当てはまるものを**ア**，**イ**から**一つずつ**選び，その**記号**をそれぞれ書きなさい。また，［③］に当てはまる**語句**を書きなさい。

> 小球の位置エネルギーは，斜面上で静かにはなしたときよりも水平部分に達したときのほうが，①〔**ア**　大きい　　**イ**　小さい〕。また，小球の運動エネルギーは，斜面上で静かにはなしたときよりも水平部分に達したときのほうが，②〔**ア**　大きい　　**イ**　小さい〕。
> さらに小球のもつ力学的エネルギーの大きさは，小球が木片にした［③］に等しい。

3 ［**実験2**］で，高さXは何cmか，求めなさい。

4 ［**実験1**］の装置で，質量25.0gの小球を水平部分からの高さ12.5cmの斜面上から静かにはなし，静止している木片に衝突させたときの木片の移動距離は何cmか，求めなさい。ただし，答えは小数第2位を四捨五入して，**小数第1位**まで書きなさい。

5 ［**実験1**］の装置で，レールの傾きを大きくし，質量40.0gの小球を水平部分からの高さ20.0cmの斜面上から静かにはなした。このとき，小球をはなしてから**水平部分に達するまでの時間**と小球が木片に衝突したときの**木片の移動距離**は，［**実験1**］の結果と比べるとそれぞれどのようになるか，A，B に当てはまるものを，下の**ア**～**ウ**から**一つずつ**選び，その**記号**をそれぞれ書きなさい。

水平部分に達するまでの時間：A

木片の移動距離：B

A〔ア　長くなる　　イ　変化しない　　ウ　短くなる〕

B〔ア　大きくなる　　イ　変化しない　　ウ　小さくなる〕

7 みくさんとゆうとさんは，光が当たるとき，植物が二酸化炭素を吸収することを確認するために，次の実験を行った。後の1～4の問いに答えなさい。ただし，実験で使用する気体検知管による空気の出入りはないものとする。

［**実験**］① アジサイの鉢植えを2つ用意した。

② それぞれ同じ大きさのポリエチレンの袋で葉全体を包んで密閉し，ストローで息を吹き込みA，Bとした。

③ 気体検知管でA，Bの袋の中の二酸化炭素の割合をそれぞれ測定した。

④ 図のように，Aは光が十分に当たる明るい場所，Bは光が当たらない暗い場所に置いた。

⑤ 4時間後，気体検知管でA，Bの袋の中の二酸化炭素の割合をそれぞれ測定した。

⑥ 実験の結果を**表**にまとめた。

図

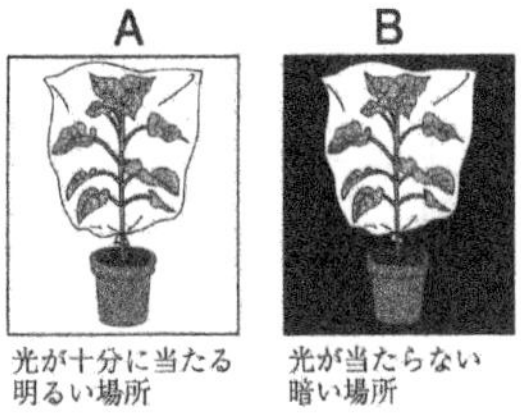

表

	A	B
実験③の結果	4.0%	4.0%
実験⑤の結果	2.5%	6.0%

1 ［**実験**］では，光が当たるとき，植物が二酸化炭素を吸収することを確認したい。そのためには，用意するアジサイの葉についての条件をそろえる必要があるが，どのような条件にすればよいか，簡潔に書きなさい。

2 ［**実験**］で袋の内側に水滴が観察された。これは，水蒸気が植物の葉の表皮から放出されたものである。植物の葉の表皮に見られる気体の出入り口を何というか，その**名称**を書きなさい。

3 次の□は，［**実験**］の結果を，植物のはたらきと関連付けて考察したものである。ⓐ～ⓓに当てはまる語句の組み合わせを，あとの**ア**～**エ**から**一つ**選び，その**記号**を書きなさい。

表から，光が当たるところでは，袋の中の二酸化炭素の割合が減ったことがわかる。これは植物が ⓐ をすることによって増える二酸化炭素の量よりも，ⓑ をすることによって減る二酸化炭素の量が多いためである。また，光が当たらないところでは，袋の中の二酸化炭素の割合が増えた。これは，植物が［ ⓒ ］をしないときでも，［ ⓓ ］をするからである。

ア　ⓐ　光合成　ⓑ呼吸　ⓒ光合成　ⓓ呼吸
イ　ⓐ　光合成　ⓑ呼吸　ⓒ呼吸　ⓓ光合成
ウ　ⓐ　呼吸　ⓑ光合成　ⓒ光合成　ⓓ呼吸
エ　ⓐ　呼吸　ⓑ光合成　ⓒ呼吸　ⓓ光合成

4　次の［　］は，〔**実験**〕について二人が先生と交わした会話の一部である。(1)，(2)の問いに答えなさい。

みく：〔**実験**〕から光が当たると二酸化炭素が減ることが確かめられました。
ゆうと：つまり，植物が二酸化炭素を吸収したからだといえます。
先生：そうですね。さらに，その考えが正しいことを確かめるために，二酸化炭素が減る要因が植物以外にないと調べることが必要です。
ゆうと：どうすれば調べられますか。
先生：対照実験として，二酸化炭素の割合の変化が［　　　　］によるものではないと調べるとよいです。
みく：ポリエチレンの袋に何も入れずに密閉し，ストローで息を吹き込み，光が十分に当たる明るい場所に4時間置いた装置の二酸化炭素の割合を調べればいいのですね。
先生：そのとおりです。どのような結果になるのか，やってみましょう。

(1)［　］に当てはまる言葉として，最も適当なものを，次の**ア**～**エ**から**一つ**選び，その**記号**を書きなさい。
ア　光が十分に当たること　**イ**　使用するポリエチレンの袋
ウ　ストローで吹き込む息　**エ**　光が当たらないこと

(2)　下線部の実験をしたとき，光を当てる前の袋の中の二酸化炭素の濃度を**X**，光を十分に当てた後の袋の中の二酸化炭素の濃度を**Y**とするとき，**X**と**Y**の関係はどのようになると考えられるか，次の**ア**～**ウ**から**一つ**選び，その**記号**を書きなさい。
ア　$X = Y$　**イ**　$X > Y$　**ウ**　$X < Y$

8　金属の酸化について調べるために次の実験を行った。次のページの1～5の問いに答えなさい。ただし，ステンレス皿の質量は加熱の前後で変化せず，ステンレス皿は銅やマグネシウムと化学反応しないものとする。

〔**実験1**〕①　ステンレス皿の質量を測定した後，0.60 g の銅粉をはかりとった。
②　**図1**のように，はかりとった銅粉をステンレス皿にうすく広げ，ガスバーナーで全体の色が変化するまで加熱した。
③　ステンレス皿を冷やし，ステンレス皿を含めた全体の質量

図1

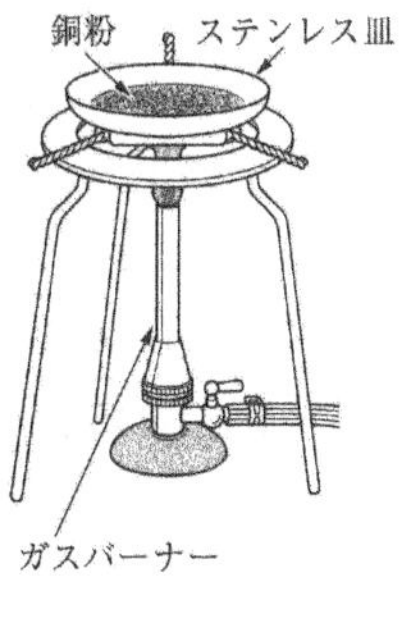

を測定した。

④　質量の変化がなくなるまで，②と③の操作を繰り返した。

⑤　全体の質量からステンレス皿の質量を引いて，生じた酸化銅の質量を求めた。その後，銅粉の質量を変えて同様の実験を行った。**表１**は，反応前の銅の質量と反応後に生じた酸化銅の質量をまとめたものである。

表１

銅の質量［g］	0.60	0.80	1.00	1.20	1.40	1.60
酸化銅の質量［g］	0.75	1.00	1.25	1.50	1.75	2.00

〔実験２〕　マグネシウム粉末を用いて，**〔実験１〕**と同様の実験を行った。**表２**は，反応前のマグネシウムの質量と反応後に生じた酸化マグネシウムの質量をまとめたものである。

表２

マグネシウムの質量［g］	0.30	0.60	0.90	1.20	1.50	1.80
酸化マグネシウムの質量［g］	0.50	1.00	1.50	2.00	2.50	3.00

〔実験３〕①　**図２**のように，銅線を加熱し，二酸化炭素で満たした集気びんの中に入れたところ，全く反応しなかった。

②　**図３**のように，マグネシウムリボンに火をつけ，二酸化炭素で満たした集気びんの中に入れたところ，激しい反応が起こった。反応後，集気びんの中に酸化マグネシウムと，炭素が生じた。

図２

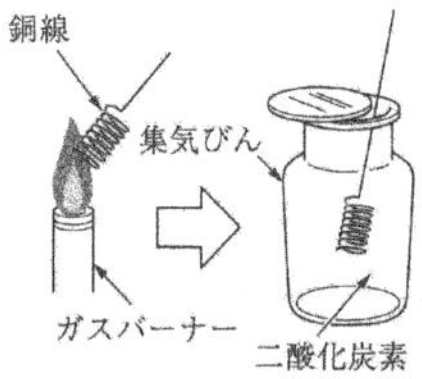

図３

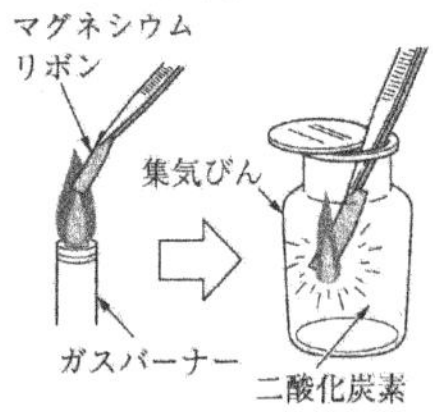

1　**〔実験１〕**，**〔実験２〕**で，生じた酸化銅と酸化マグネシウムの色はそれぞれ何色か，次の**ア**～**エ**から**一つずつ**選び，その記号をそれぞれ書きなさい。ただし，同じ記号を使ってもよい。

ア　黒色　　**イ**　赤色　　**ウ**　茶色　　**エ**　白色

2　**〔実験１〕**で，銅の質量と化合した酸素の質量の比を求め，**最も簡単な整数の比**で書きなさい。

3　**〔実験２〕**で起こった化学変化は，マグネシウム原子を●，酸素原子を○のモデルで表すと，どのように表されるか。次の式の［ⓐ］，［ⓑ］に当てはまる**モデル**をそれぞれかきなさい。ただし，○○は酸素分子のモデルであり，反応の前後で原子の種類と数は変わらないものとする。

［　ⓐ　］　＋　○○　→　［　ⓑ　］

4　**〔実験１〕**，**〔実験２〕**で使用した銅粉とマグネシウム粉末の混合物3.50 gを，十分に加熱したところ，加熱後の物質の質量は5.00 gになった。この混合物中にふくまれていた銅は何gか，求めなさい。ただし，加熱後の物質は，混合物中の銅とマグネシウムが，酸素と完全に反応した結果生じた物質であるものとする。

5　**〔実験３〕**の結果から，銅，マグネシウム，炭素を，**酸素と結びつきやすい順**に並べるとどのようになるか，次の［①］～［③］に当てはまる**物質名**をそれぞれ書きなさい。

酸素と結びつきやすい順　［　①　］　＞　［　②　］　＞　［　③　］

＜社会＞　時間　45分　満点　100点

1　1～3の問いに答えなさい。

1　世界の自然環境，産業に関する(1)～(3)の問いに答えなさい。

(1)　次の略地図Ⅰ～Ⅲは，世界の一部の地域を表したものであり，略地図Ⅰ，Ⅱは緯線と経線が直角に交わる地図である。これに関する下の①～③の問いに答えなさい。

略地図Ⅰ

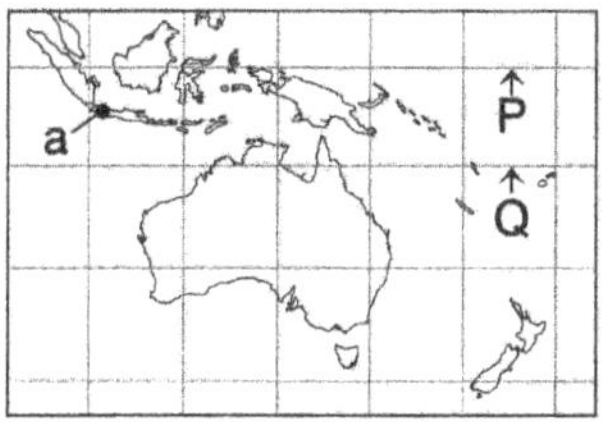

略地図Ⅱ

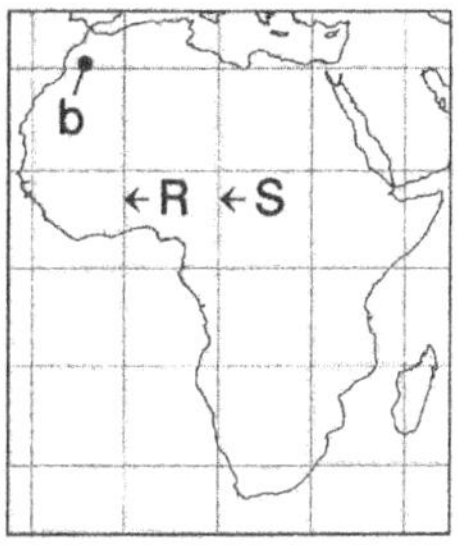

略地図Ⅲ

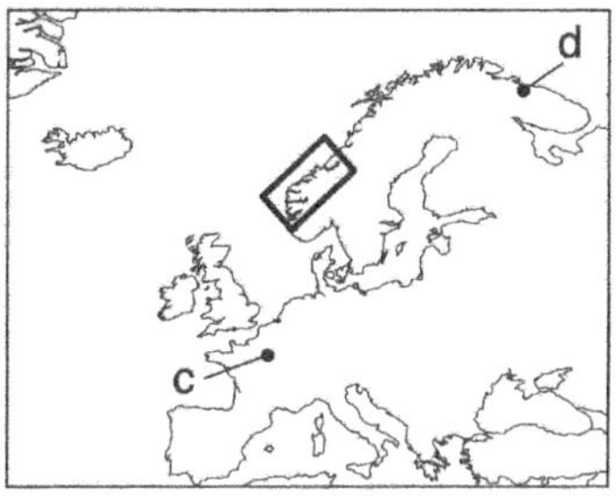

(注) 略地図Ⅰ，Ⅱの緯線と経線は，15度間隔で示している。

①　略地図Ⅰ，Ⅱ中のP～Sは緯線か経線のいずれかである。赤道と本初子午線の組み合わせとして正しいものを，次の**ア**～**エ**から**一つ**選び，記号で書きなさい。

ア　赤道：P　本初子午線：R　　**イ**　赤道：P　本初子午線：S

ウ　赤道：Q　本初子午線：R　　**エ**　赤道：Q　本初子午線：S

②　略地図Ⅲ中の □ の地域には，氷河によって削られた谷に海水が深く入りこんだ地形が見られる。この地形の名前を**カタカナ**で書きなさい。

③　次のメモは，略地図Ⅰ～Ⅲ中のa～dのいずれかの都市の住居について，まとめたものである。メモ中の X に当てはまる都市の位置を，略地図Ⅰ～Ⅲ中のa～dから**一つ**選び，記号で書きなさい。

＜メモ＞

右の写真の住居は，草木がほとんど育たない地域にあるため，日干しレンガで造られている。また，熱風をさえぎるために窓が小さい。この住居は， X で見られる。

(2)　次のページの資料と表は，イギリス，インド，ニュージーランド，ハンガリーについてまとめたものであり，資料と表中の**ア**～**エ**は，この4か国のいずれかである。イギリスとハンガリーを示したものを，後の**ア**～**エ**から**一つずつ**選び，それぞれ記号で書きなさい。

資料 産業用ロボットの稼動《かどう》台数

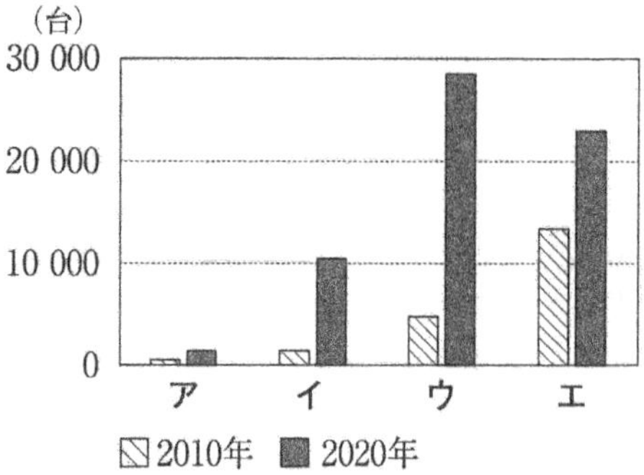

表 人口，国内総生産（GDP）(2020年)

国名	人口（万人）	国内総生産（億ドル）
ア	506	2 120
イ	975	1 558
ウ	139 638	26 647
エ	6 705	27 641

（資料，表は「世界国勢図会」2022/23より作成）

⑶ 次の表は，アメリカと中国の米，小麦，とうもろこしの生産量と輸出量（2019年）を示したものである。アメリカの農産物の生産量と輸出量の関係について，表をもとに中国と比較してどのようなことが読み取れるか，簡潔に書きなさい。

国名	米		小麦		とうもろこし	
	生産量（千 t）	輸出量（千 t）	生産量（千 t）	輸出量（千 t）	生産量（千 t）	輸出量（千 t）
アメリカ	8 396	3 054	52 367	28 474	347 048	42 066
中国	209 614	4 051	133 596	734	260 779	1 144

（「世界国勢図会」2022/23より作成）

2 日本の諸地域に関する⑴～⑶の問いに答えなさい。

⑴ 次の略地図Ⅰは，北海道地方を示したものであり，略地図Ⅱは略地図ⅠのAから破線（▬ ▬）で囲まれた地域を立体的に示したものである。略地図Ⅱ中のBの島の名前を，下の**ア**～**エ**から**一つ**選び，記号で書きなさい。

略地図Ⅰ

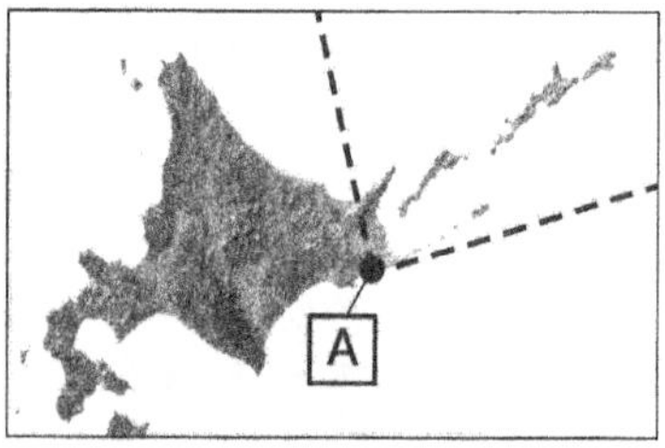

略地図Ⅱ

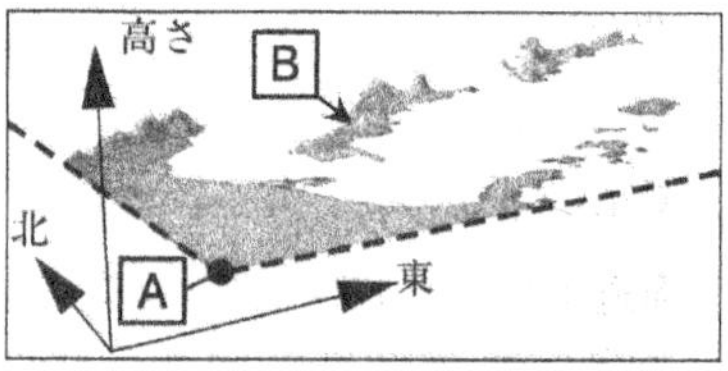

（略地図Ⅰ，Ⅱは地理院地図より作成）

ア 択捉島《えとろふとう》　**イ** 国後島《くなしりとう》　**ウ** 色丹島《しこたんとう》　**エ** 歯舞群島《はぼまいぐんとう》

⑵ 次のページの略地図Ⅲ，Ⅳは，東北地方の各県における平年の米の収穫量を100とした場合の，1 992年と1993年の収穫量の比率を県別に階級ごと示したものである。1993年は日本の多くの地域が冷害にみまわれた年である。この年に，東北地方の太平洋側の県で米の収穫量がどのようになったかを，略地図Ⅲ，Ⅳから読み取れることと東北地方の太平洋側に影響を与えた風の名前を含めて，簡潔に書きなさい。

略地図Ⅲ 米の作況指数（1992年）

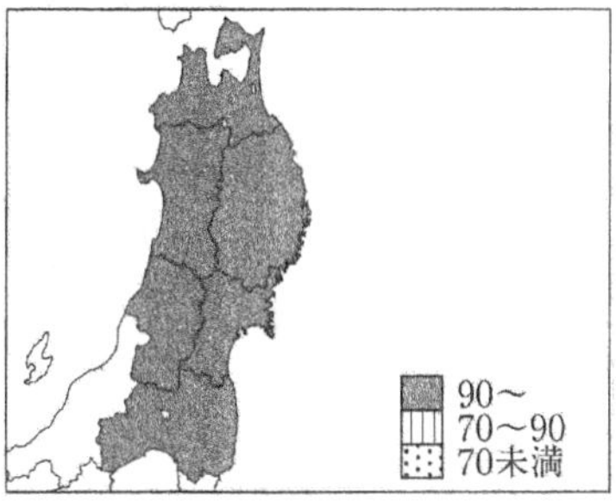

略地図Ⅳ 米の作況指数（1993年）

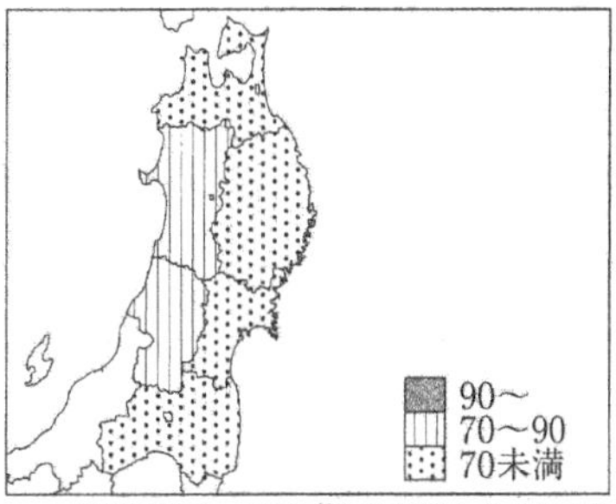

（略地図Ⅲ，Ⅳは「作物統計」より作成）

(3)　次の表は，秋田県，岩手県，北海道，宮城県の製造品出荷額，漁業産出額，新幹線駅数を示したものであり，表中の**ア**～**エ**は，4つの道県のいずれかである。**ウ**に当てはまる道県の名前を書きなさい。

道県名	製造品出荷額（億円）（2019年）	漁業産出額（億円）（2019年）	新幹線駅数	
			（1983年）	（2022年）
ア	61 336	2 068	－	2
イ	45 590	585	3	4
ウ	26 435	257	3	8
エ	12 998	26	－	4

（「データでみる県勢」2022年版などより作成）

3　Dさんは**P**市を調査するために，次の略地図を見つけた。後の(1)，(2)の問いに答えなさい。

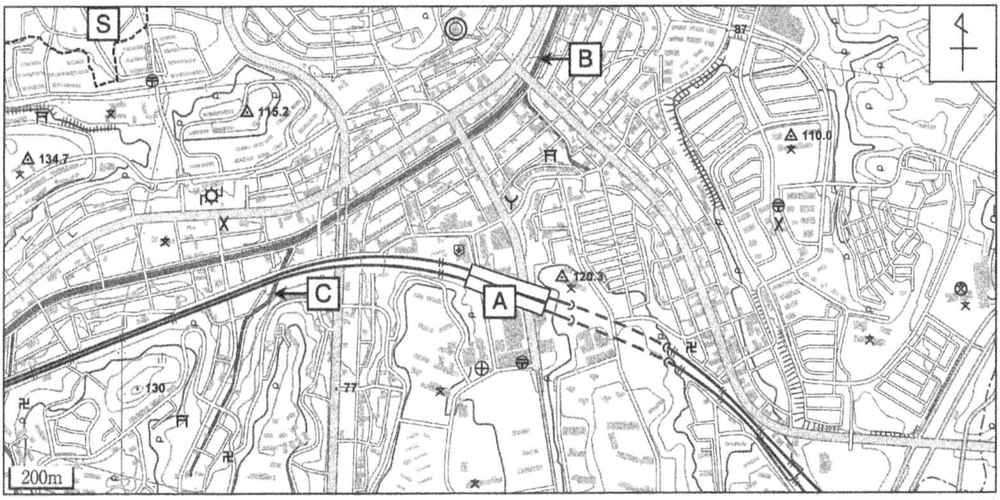

（地理院地図より作成）

(1)　次の文章は，野外調査を行い，略地図から読み取れることについてまとめたものである。文章中の**a**，**b**の〔　〕に当てはまる語句を**一つずつ**選び，それぞれ記号で書きなさい。

　A駅から北にのびる大通りをまっすぐ進むと右側に消防署があった。さらに**B**川をわたり交差点まで進むと市役所が標高の**a**〔**ア**　低い　　**イ**　高い〕ところに見えた。大通りを南西に進むと交番があり，その交番の横の道路を南下してb〔ア 谷 イ 尾根〕を流れるC川にたどりついた。

(2) 次のメモはP市S地区について調査を行い，まとめたものであり，メモ中の X は下のア，イのいずれか， Y は下のウ，エのいずれかが当てはまる。 X ， Y に当てはまる内容として最も適当なものを，下のア～エから**一つずつ**選び，それぞれ記号で書きなさい。

＜メモ＞
【調査の主題】「P市S地区の住民が安心して暮らすことができるまちづくり」
【調査の動機・調査の目的】 身近な地域の…（中略）…に関心をもった。
【調査の方法】 S地区の人口統計を市役所で調べる。野外調査をする。
【調査の内容と結果の考察】 S地区の人口統計から資料 X を作成し，資料から65歳以上の人口が全体の4分の1以上を占めていることがわかった。…（中略）…
【今後の課題】 S地区に災害発生時の指定避難所がないため， Y

X に当てはまる資料

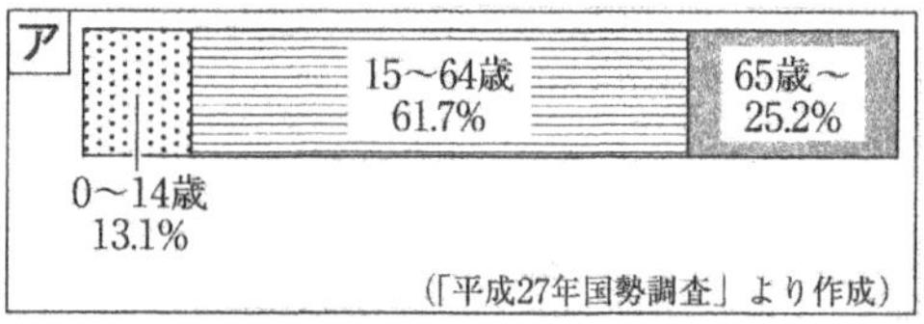

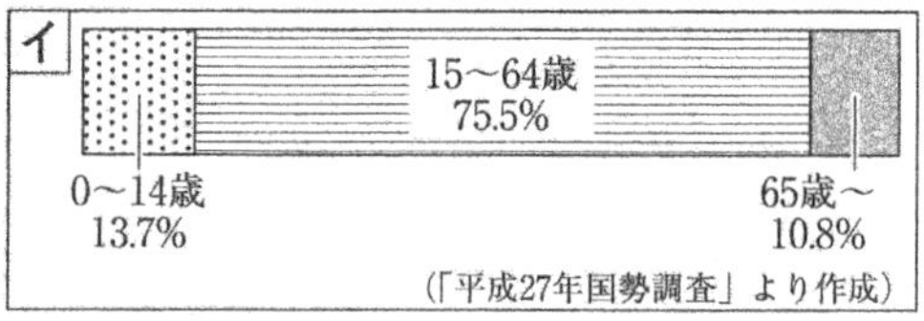

Y に当てはまる文

ウ 避難所の情報をハザードマップから得ると考え，ハザードマップの配布を提案する。

エ 避難所への移動が不便であると考え，定期に運行するバスの路線の新設を提案する。

2 1～3の問いに答えなさい。

1 次のA～Dの資料に関する後の(1)～(4)の問いに答えなさい。

A 藤原実資《ふじわらのさねすけ》の日記に書かれた歌

この世をば　わが世とぞ思ふ
望月の　欠けたることも　なしと思へば

B ルターが出した意見書（一部）

21. …（略）…教皇の贖宥《しょくゆう》*のもとで人がすべての罰から解放され，救われると主張する，贖宥の説教者たちは，間違っている。

*罪の許しを受けること。免罪を得ること。

C 徳川秀忠《とくがわひでただ》が定めた法令（一部）

一．城を修理するときは，必ず幕府に報告せよ。新たに築城することは固く禁止する。

D 北条泰時《ほうじょうやすとき》が定めた裁判を行うための基準（一部）

第三条　諸国の守護の職務は，…（中略）…謀反《むほん》や殺害などの犯罪人を取りしまることである。

(1) Aは唐風の文化を基礎とし，日本の風土に合った文化が生まれた時代によまれたものである。Aの歌がよまれた時代に成立した作品を，次の**ア**～**エ**から**一つ**選び，記号で書きなさい。

ア　お伽草子《とぎぞうし》　**イ**　源氏物語　**ウ**　風土記　**エ**　平家物語

(2)　Bに関連して，このできごとの前に起きた世界のできごとについて述べた文として正しいものを，次の**ア**～**エ**から**一つ**選び，記号で書きなさい。

ア　人は神の救いを信じ，職業にはげむべきだと主張したカルバンにより宗教改革が始まった。

イ　フランシスコ＝ザビエルらイエズス会の宣教師によって，キリスト教が海外に広められた。

ウ　エルサレムをイスラム勢力から取り戻すために，十字軍の派遣が始まった。

エ　プロテスタントのピューリタン（清教徒）は，専制政治を行う国王と対立した。

(3)　Cは将軍から1万石以上の領地を与えられた大名に対して出された法令の一部である。Cに示された内容に違反した大名や幕府の方針に従わなかった大名は，幕府からどのような処分を受けたかを，簡潔に書きなさい。

(4)　A～Dを，年代の古い順に並べ，記号で書きなさい。

2　次の資料a，bとメモX，Yは，それぞれ江戸時代の綿織物の生産の様子について示したものである。19世紀になり始まった工場制手工業の生産の様子について示したものを，資料a，bとメモX，Yから**一つずつ**選び，それぞれ記号で答えなさい。

<メモX>
商人が道具や材料を農家に貸し出し，綿織物を織らせている。

<メモY>
商人や地主が，農村から働き手を集め，綿織物を織らせている。

3　次の略年表は，近現代の山梨県に関係する対外的なできごとを示したものである。これに関する後の(1)～(5)の問いに答えなさい。

年	主なできごと
1875	①藤村式建築（擬洋風《ぎようふう》建築）の様式で旧睦沢《むつざわ》学校校舎が建築される。
1918	初めてブラジルから水晶の原石を輸入する。 ─┐②
1937	歩兵第149連隊が甲府に編制され，③戦線へ出発する。 ─┘
1951	返還前の④沖縄に山梨県出身者によって慰霊塔《いれいとう》が建てられる。
2014	⑤インドネシアで山梨県人会が設立される。

(1)　下線部①に関連して，この時期の日本で太陽暦の採用やランプの使用など，文化や生活様式が西洋化したことを何というか，**漢字4字**で書きなさい。

(2)　②の期間に起きた日本のできごととして正しいものを，次のページの**ア**～**エ**から**一つ**選び，記号で書きなさい。

ア　満25歳以上のすべての男子に対して，衆議院議員の選挙権が与えられた。

イ　足尾銅山の鉱毒被害に対して，被害者の救済を求める運動が始まった。

ウ　政府に対して，地租改正に反対する一揆《いっき》が各地で起きた。

エ　労働者に対して，労働基準法などの労働に関する法律が定められた。

(3)　下線部③に関連して，次の資料Ⅰ，Ⅲは1930年から1944年の間の日本の様子を示したものであり，資料Ⅱは，資料Ⅰの産業別人口の変化をもたらした要因となった法律の一部である。資料Ⅰで1930年から1944年の間に重工業で働く人の数が変化した理由を，次の条件に従って簡潔に書きなさい。

【条件】
・資料Ⅰの1930年から1944年の間に重工業で働く人の数の変化に触れること。
・資料Ⅱの法律の名前とその内容に触れること。
・資料Ⅰ～Ⅲを関連付けること。

資料Ⅰ　産業別人口（千人）

	1930年	1940年	1944年
農業	13 742	13 363	11 274
鉱業	314	596	778
軽工業	3 192	3 089	1 633
重工業	1 510	3 756	6 344

（「近現代日本経済史要覧」より作成）

資料Ⅱ　ある法律（一部）

第一条
　本法ニ於《おい》テ国家総動員トハ戦時ニ際シ国防目的達成ノ為《ため》，国ノ全力ヲ最モ有効ニ発揮セシムル様，人的及物的資源ヲ統制運用スルヲ謂《い》フ

資料Ⅲ　軍需工場で働く人々

(4)　下線部④に関連して，アメリカから返還された沖縄に関して述べた文として**誤っているもの**を，次の**ア**～**エ**から**一つ**選び，記号で書きなさい。

ア　沖縄の返還にともない，沖縄では通貨がドルから円に切り替わった。

イ　沖縄の返還後もアメリカ軍基地は，沖縄に残され，一部は自衛隊基地になった。

ウ　沖縄の返還は，佐藤栄作《さとうえいさく》内閣総理大臣のときに行われた。

エ　沖縄の返還に際して，原水爆禁止運動が，日本国内で始まった。

(5)　下線部⑤に関連して，次の文章は1955年にインドネシアで開催された，ある会議について述べたものである。下の文章中の □ に当てはまる会議の名前を書きなさい。

　29か国の代表が，インドネシアに集まり □ を開いた。この会議では，民族の独立と平和共存を柱とする平和十原則が決議された。

3　1，2の問いに答えなさい。

1　私たちと政治に関する後の(1)～(3)の問いに答えなさい。

(1)　日本の社会保障制度は4つの基本的な柱からなっている。この4つの柱のうち，高齢者や障がいのある人々，子どもなど，社会の中で弱い立場になりやすい人々を支援するものを何というか，書きなさい。

(2)　日本の司法制度には効率と公正の観点が取り入れられている。そのうち効率の観点が取り

入れられている例として正しいものを，次の**ア**～**エ**から**一つ**選び，記号で書きなさい。

ア　被告人の人権を守るため，弁護人を頼む権利が被告人に保障されている。

イ　司法への信頼を高めるため，重大な刑事裁判に国民が参加する制度がある。

ウ　原告と被告との利害の対立を裁くため，民事裁判が行われている。

エ　裁判員の負担軽減や公判の期間短縮を目指すため，公判前整理手続がある。

(3)　次の図は，日本国憲法の改正手続きについて示したものである。これに関する下の①，②の問いに答えなさい。

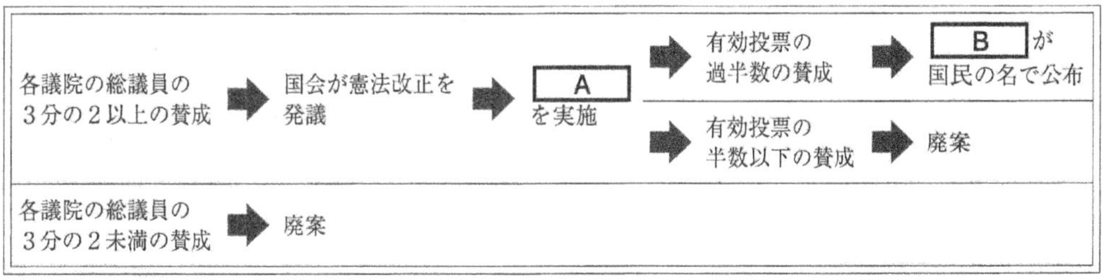

①　図中の A ， B に当てはまる語句の組み合わせとして正しいものを，次の**ア**～**エ**から**一つ**選び，記号で書きなさい。

ア　A：国民投票　B：内閣総理大臣　　**イ**　A：住民投票　B：内閣総理大臣

ウ　A：国民投票　B：天皇　　**エ**　A：住民投票　B：天皇

②　日本国憲法の改正については，ほかの法律の改正とは異なる，慎重な手続きを定めている。その理由を，「**国**」，「**保障**」という語句を使って簡潔に書きなさい。

2　私たちと経済に関する(1)～(4)の問いに答えなさい。

(1)　次の図は，経済活動における経済の三つの主体（家計，企業，政府）の関係の一部を示したものである。これに関する下の①，②の問いに答えなさい。

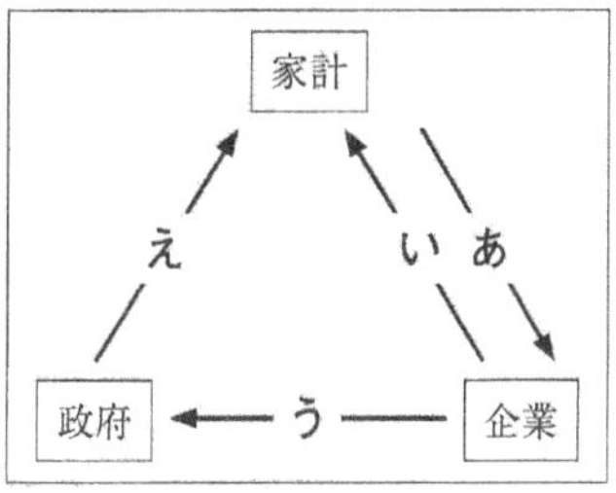

①　図中の矢印（⟶）のうち，労働力を表しているものを，図中の**あ**～**え**から**一つ**選び，記号で書きなさい。

②　図中の政府が公正の観点に基づき，所得の再分配のために行うことを述べた文として，最も適当なものを，次の**ア**～**エ**から**一つ**選び，記号で書きなさい。

ア　社会資本を供給する。　　**イ**　規制緩和を進める。

ウ　累進課税制度を設ける。　　**エ**　独占禁止法を運用する。

(2)　次の文章は，為替相場（為替レート）の変動が企業の売上額に影響することについて述べたものである。文章中の C ， D に当てはまる語句の組み合わせとして正しいものを，次のページの**ア**～**エ**から**一つ**選び，記号で書きなさい。

> 日本のある企業は，製造した商品をアメリカに輸出し，為替相場が1ドル＝120円の時に2万ドルの売り上げがあった。その半年後，為替相場が C 方向に変動して1ドル＝100円となったが，半年前と同額の2万ドルの売り上げがあった。売上額を円に換算すると，為替相場の変動によって，半年前に比べて40万円 D したことになる。

ア　C：円安ドル高　　D：増加　　イ　C：円高ドル安　　D：増加
ウ　C：円安ドル高　　D：減少　　エ　C：円高ドル安　　D：減少

(3)　次の図は，日本銀行が行う金融政策である公開市場操作のしくみを示したものである。図を参考にして，一般的に不景気や不況のときに行う公開市場操作が，景気に与える影響について，「**一般の銀行**」，「**回復**」という語句を使って簡潔に書きなさい。

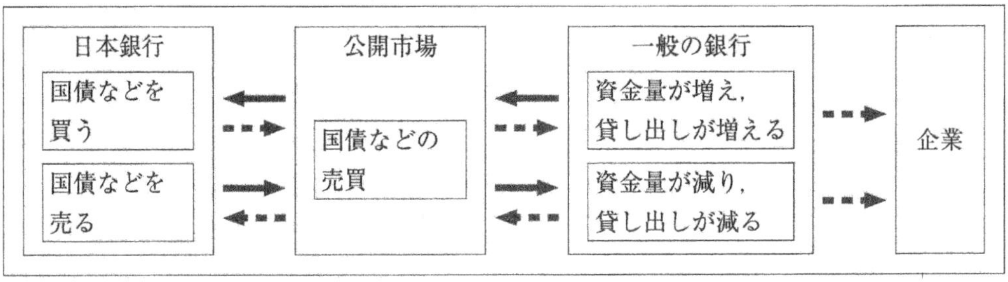

(4)　次の資料は，架空請求メールの具体例である。また，下のメモは，生徒が資料を読み取り，まとめたものである。これに関する下の①，②の問いに答えなさい。

<資料>

(株)△△企画の▲▲と申します。

この度，お客様がご使用のＰＣ，携帯端末より以前ご登録頂いた「総合情報サイト」から無料期間中に退会処理がされていないために，登録料金が発生し現状未払いとなった状態のまま長期放置が続いております。

…（中略）…

退会処理，料金の詳細につきましては，下記までお問い合わせ下さい。

TEL　03-6457-○○○○

担当　▲▲　　営業時間 9:30 ～ 19:00

尚，ご連絡なき場合，明日の正午より手続き開始となりますのでご了承下さい。

（消費者庁「消費者センスを身につけよう」より作成）

<メモ>

【資料の中で注意する点】
・「総合情報サイト」だけでは何のサイトか，わからない。
・会社を特定する情報が会社名と電話番号だけで住所がない。
【資料の読み取りで大切にしたこと】
・国際消費者機構が提唱している「消費者の５つの責任」の一つである［ E ］責任があり，自ら情報を読み取り，判断すること。
【資料の読み取りに関連する法律】
・消費者保護基本法から改正された消費者基本法
【消費者基本法の理念】
・消費者の権利の尊重と［ F ］の支援
【消費者に求められていること】
・消費者は権利を持ち，責任も負っている。
・責任ある消費者として行動する。

①　メモ中の［ E ］に当てはまる語句として最も適当なものを，次のア～エから一つ選び，記号で書きなさい。

ア　消費者教育を受ける
イ　批判的意識をもつ
ウ　知らされる
エ　連帯する

②　メモ中の［ F ］に当てはまる語句を，**漢字２字**で書きなさい。

4　ある学級では，班ごとにオリンピック，パラリンピックについて国連の「SDGs（持続可能な開発目標)」の視点からテーマを設定し，学習することにした。これに関する後の１～３の問いに答えなさい。

1　１班はテーマを「平和」に設定した。次の資料は夏季オリンピック競技大会の参加国，地域数の推移を調べ作成したものである。これに関する(1)，(2)の問いに答えなさい。

資料　夏季オリンピック競技大会の参加国，地域数の推移

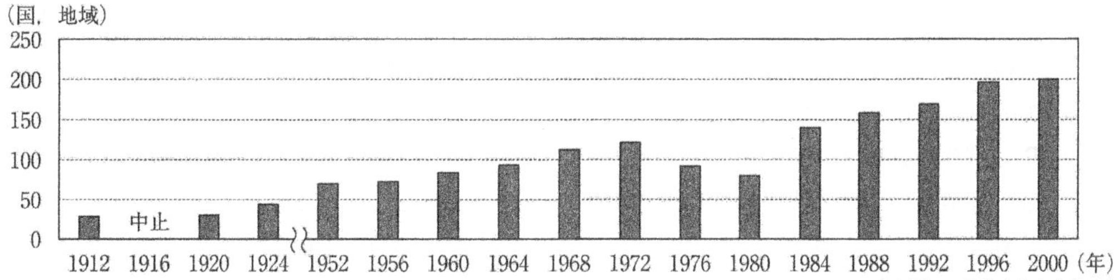

(IOCウェブサイトより作成)

(1)　1916年の夏季オリンピック競技大会は中止となった。この原因となった戦争の後，1919年に戦勝国と敗戦国の間で結ばれた条約の名前を書きなさい。

(2)　１班は資料中の夏季オリンピック競技大会の参加国，地域数が1980年に減少したことと，1996年に増加したことに関心をもち，次のメモを作成した。これに関する①，②の問いに答えなさい。

<メモ>
- 1980年の大会の開催都市はモスクワであり，現在の［A］の首都である。この大会は，ソ連のアフガニスタンへの侵攻により，アメリカなどの国々が大会に参加しなかった。
- 1989年のマルタ会談において，アメリカを中心とする陣営と，ソ連を中心とする陣営の対立である［B］の終結が宣言された。
- ソ連は国内の政治，経済の改革に失敗した。その後1991年に［C］した。
- 1996年の大会に，中央アジアのカザフスタン共和国などが国として新たに参加した。

①　メモ中の［A］に当てはまる**国の名前**と，［B］に当てはまる**語句**を書きなさい。

②　メモ中の［C］に当てはまる内容を，「**共和国**」，「**解体**」という語句を使って簡潔に書きなさい。

2　２班はテーマを「人権」に設定し，班で会話をした。これに関する次のページの(1)～(3)の問いに答えなさい。

佐藤：私は夏季オリンピック競技大会の男女の参加者数が気になり資料を作成しました。女性の参加者数の増加の要因の一つに，1979年に国連で［D］が採択されたことがあるのではないかと考えました。これにより，国内の法整備が進み，男女差別をなくす社会づくりが行われ，多くの場で，①女性の社会進出が進んでいるように思います。

鈴木：私は夏季パラリンピック競技大会の参加者数を調べ，東京2020大会は，1964年の東京大会と比べて11倍以上に増えたことがわかりました。これは②公正の観点を大切にしたからだと思います。

資料　夏季オリンピック競技大会開催年別の選手参加者数の推移

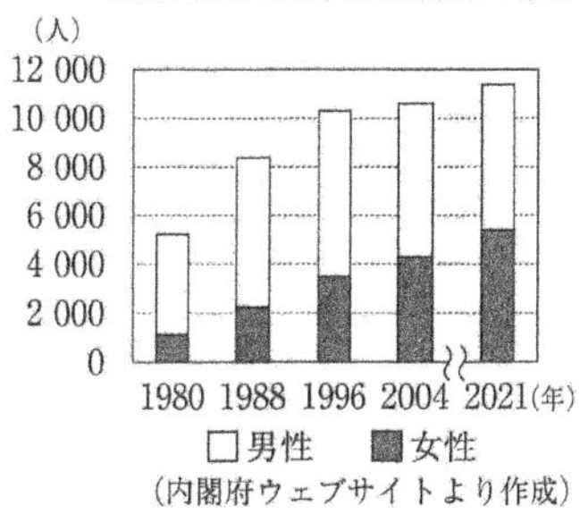

(内閣府ウェブサイトより作成)

(1) 会話文中の［ D ］に当てはまるものを，次の**ア**～**エ**から**一つ**選び，記号で書きなさい。

ア　国際人権規約　　　**イ**　世界人権宣言

ウ　人種差別撤廃条約　　**エ**　女子差別撤廃条約

(2) 下線部①に関連して，雑誌「青鞜《せいとう》」で「元始，女性は太陽であった」と宣言した人物を，次の**ア**～**エ**から**一つ**選び，記号で書きなさい。

ア　津田梅子《つだうめこ》　**イ**　樋口一葉《ひぐちいちよう》　**ウ**　平塚《ひらつか》らいてう《ちょう》　**エ**　与謝野晶子《よさのあきこ》

(3) 下線部②に関連して，2班は公正の観点に関心をもった。公正のうち「手続きの公正さ」という考え方が取り入れられている例として，次の**P**，**Q**が正しければ○，誤っていれば×をそれぞれ書きなさい。

P　パラリンピック競技大会で，障がいの程度に応じたクラスが設定されている。

Q　生徒総会では，決まりを作る過程に全員が参加することができる。

3　3班はテーマを「持続可能な未来」に設定した。これに関する後の(1)～(3)の問いに答えなさい。

(1) 3班は，オリンピック競技大会の開催国のエネルギー問題に関心をもち，次の資料Ⅰ，Ⅱを作成した。資料Ⅰ，Ⅱ中の**ア**～**エ**は，日本，中国，フランス，ブラジルのいずれかである。日本とフランスを示したものを，**ア**～**エ**から**一つずつ**選び，それぞれ記号で書きなさい。

資料Ⅰ　発電エネルギー源別割合（2019年）

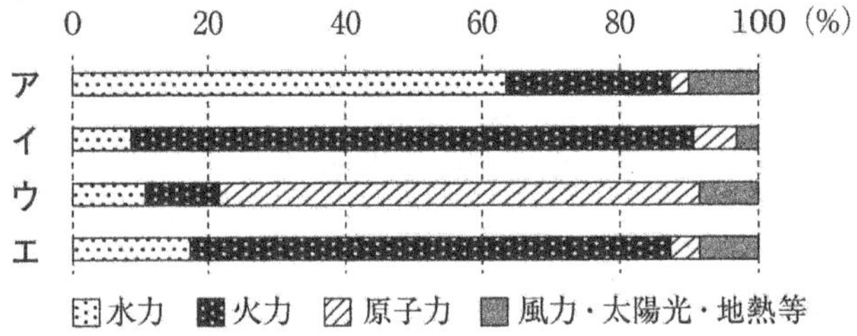

資料Ⅱ　温室効果ガス排出量（2019年）

国名	排出量（百万ｔ）
ア	451
イ	1 071
ウ	303
エ	10 619

（資料Ⅰ，Ⅱは「世界国勢図会」2022/23より作成）

(2) 3班は，東京2020大会の木材活用の取り組みに関心をもち，調査をすすめる中で次の資料Ⅲを見つけ，下のメモにまとめた。メモ中の［　　］に当てはまる語句を，**漢字2字**で書きなさい。

資料Ⅲ

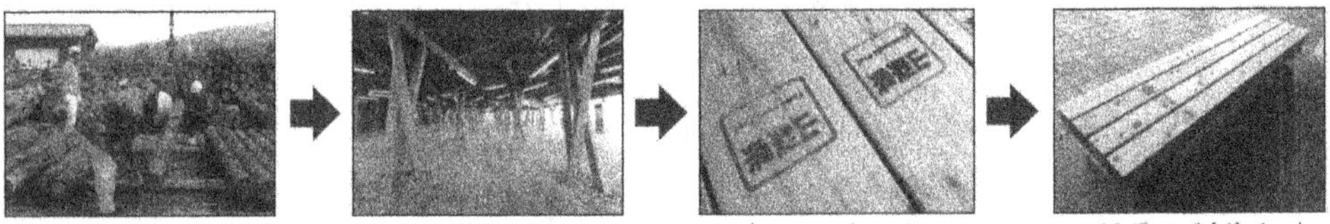

全国各地から集められた木材　→　東京2020大会の選手村などで使用　→　大会終了後，各地に持ち帰った材木　→　山梨県が製作したベンチ

（山梨県ウェブサイトなどより作成）

<メモ>

現在の社会では，人と自然の良い関係を目指し，自然の再生・浄化の高い能力を備えた「［　　　］型社会」の構築が求められている。

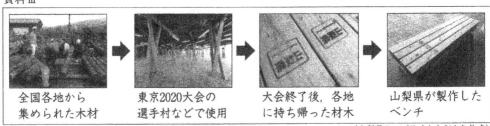

(3)　３班は，東京2020大会に関する資料Ⅳから食品ロス問題に関心をもち，資料Ⅳ中の下線部の解決のために，資料Ⅴを収集した。資料Ⅴの取り組みが，食品ロス問題の解決につながると考えた理由を，簡潔に書きなさい。

資料Ⅳ

> 東京五輪・パラリンピック大会組織委員会が五輪の各会場で活動するスタッフ用に準備した食事で「食品ロス」が起きた問題で，組織委員会は，７月３日から１か月の間に20会場で約13万食が廃棄されたと発表した。

（読売新聞2021年8月27日付け記事より作成）

資料Ⅴ

ミュニティの話になり、問題意識を共有する場になるから。

ウ　人が集まることによって、地域の集まりの場は、アーレントのいう現れと複数性の空間となり、多様な価値観や考えをもった人たちが出会い、多様性の中で公共性が育まれていくから。

エ　集まるということ自体が行動の萌芽であり、日常の延長線上にある発展的日常活動でもあるため、人々が不平不満を口にするようになった場合は、集会の意義を見直す必要があるから。

五　[4]「ここからはじまる」とあるが、「ここ」をはじまりとするためには、どのようなことが必要だと筆者は考えているか。**集まり**という言葉を使って、**三十五字以上、四十字以内**で書きなさい。

六　次の【資料】は、本文の内容に関連するものである。また、【まとめ】の□は、本文と【資料】の内容に基づき、市民の在り方についてまとめたものである。【まとめ】A、B にはそれぞれどのような言葉が入るか。A は**十四字**で本文中からさがし、抜き出して書きなさい。B は【資料】の中の言葉を使って、**二十五字以上、三十字以内**で書きなさい。

【資料】

個人一人ひとりが独自のユニークな存在であると同時に、個別的で異質な存在でありながら、なおかつ他者とともに共通世界をつくりだしていく、という公的営みとしての「アゴーンの政治」を構想したのも*アレントです。

異質なもの同士が共存するためには、何らかの対立・抗争（アゴーン）が避けられません。アゴーンの存在そのものは必然的なものであるからこそ、このアゴーンを許容できる世界こそ、多様性を*包摂《ほうせつ》する*多元主義的な世界だといえます。

重要なのは、このアゴーンが、暴力による対立・抗争ではなく、ことばによって、対話を通じて繰り広げられることでしょう。ここに、市民性とその形成の意味があると考えられます。ここでの「ことばによって」という部分が、ことばの生活と大きくかかわりを持つ部分であるとともに、人が市民性を持つということは、ことばによって市民となるということ、すなわち「ことばの市民」になることでもあります。

（細川英雄《ほそかわひでお》『対話をデザインする―伝わるとはどういうことか』による。）

（注）＊アレント……ドイツ出身の哲学者。本文中のアーレントと同じ人物。

＊包摂……ある範囲の中に包み入れること。

＊多元主義……物事の根源や価値観の複数性を認める立場。

【まとめ】

本文の A のような、異質なもの同士が共存する社会では対立が生じるが、そのような対立に対して【資料】では、対立は必然的なものであるから、B が重要であると述べている。

七　本文は、コミュニティにおける人との関わりについて書かれている。あなたは、**これまでの経験を踏まえ、人との関わりの中でどのようなことを大切にしていきたいと考えるか**。次の1、2の条件に従って書きなさい。（**解答用紙Ⅱ**に書きなさい。）

条件　1　学校や家庭、地域などでの**具体的な経験**を入れて書くこと。

2　**二百四十字以内**で書くこと。

ナイズしなければならないわけである。この部分が、行動が不可避である非日常的行動とは異なる部分である。

（小川仁志《おがわひとし》『公共性主義とは何か〈である〉哲学から〈する〉哲学へ』による。）

(注) ＊イノベーション……今までにない新しい工夫や方法。
＊オールドカマー……もともとの住人。
＊ニューカマー……コミュニティの外部から新しくやって来た人たち。
＊公共性主義……筆者が打ち立てた思想。社会における公共的なものの価値を高めようとする考えおよびそのための行動。
＊プロジェクト……企画。計画。
＊アーレント……ハンナ・アーレント。ドイツ出身の哲学者。
＊昇華……物事がさらに高次の状態へ一段と高められること。
＊メンテナンス……維持。管理。
＊ガス抜き……不満が噴出しないように解消させること。
＊オーガナイズ……組織化。

一 [a]典型的　とあるが、ここではどのような意味で用いられているか。次の**ア**から**エ**までの中から最も適当なものを**一つ**選び、その記号を書きなさい。

ア　理にかなっている　**イ**　すべてのものにあてはまる
ウ　現実に即している　**エ**　特徴をよく表している

二 [1]コミュニティ自体を活性化することになる　とあるが、コミュニティが活性化するのは、コミュニティがどのような状態にあるからだと筆者は述べているか。**コミュニティ**という言葉を主語として用い、**十字以上、十五字以内**で書きなさい。

三 [2]それが行動にほかならない　とあるが、次の（a）から（d）の中で、筆者が述べている行動の具体例として適当なものはどれか。後の**ア**から**エ**までの中から組合せとして正しいものを**一つ**選び、その記号を書きなさい。

（a）ニューカマーが、インターネットを利用して全国に販売していた地域の特産品を、周辺地域に限定した販売に変更してブランド力を高めた。
（b）ニューカマーが、自分の子どもたちに国際性を身に付けさせるため、インターネットを利用して世界の子どもたちと交流できるようにした。
（c）ニューカマーが、地域住民だけが参加可能であった地域の伝統行事に、地域外に暮らす人でも参加できるよう行事の実行委員会で提案した。
（d）ニューカマーが、持続可能な社会のために新たに土地を購入して畑にし、家族で消費できるだけの野菜を育て自給自足による生活を始めた。

ア　（a）と（c）　**イ**　（b）と（d）
ウ　（a）と（d）　**エ**　（b）と（c）

四 [3]集まることが大事なのだ　とあるが、その理由を説明したものとして、**適当でないもの**はどれか。後の**ア**から**エ**までの中から**一つ**選び、その記号を書きなさい。

ア　多くの地方のコミュニティでは、自治組織があっても集まるのは特定の人々であり、外からやってくる人々がいないこともあるため、集まって新たに何かをしようという動きが少ないから。

イ　集まる目的がどのようなものであろうと、よほど欠点がないコミュニティでなければ、コミュニティの人が集まれば、自然とコ

ことはないだろう。いや、そういう制度があっても人集めに苦労しているのが実態である。集まるのは高齢者ばかりというところも多い。

　特に、ニューカマーが変革の力になり得ないようなコミュニティや、ニューカマーが入ってこないようなコミュニティはそうである。現実にはほとんどの地方のコミュニティがそうした状況にある。そういった場所では、市民活動も低調で、何かを変えようという機運は起こるべくもない。

　そこで私たちに求められるのは、集会の意義を見直すことであるように思われる。何も問題がなくても[3]集まることが大事なのだ。私がかかわっている例を一つ紹介しよう。あるコミュニティからの依頼で、活動を活性化するための話をしに行ったのだ。集まった人たち、正確にいうと集められた人たちの話を聞いてみると、皆一応問題意識は持っている。

　このままだと地域が衰退するとか、声の大きい人が好きなようにしてしまうとか、いざというときに助け合えないなどといった意見が出た。このように、集まれば何か考え、それを言葉にして表現するのだ。これが集会の意義である。だからまずは集まる。それが無理なら集める。方法はなんでもいいのだ。楽しいことがあれば人は自然に集うだろうから、楽しいことをすればいい。

　それだと目的が違うなどといわないでほしい。目的などどうでもいいのだ。集まること自体に意味がある。コミュニティの人間が集まれば、自然にコミュニティの話になる。そしてそのコミュニティがよほど完璧なものでない限りは、自《おの》ずと問題意識を共有する場になるはずである。

　そうなのだ。集まれば意見が出る。ここまでは*アーレントのいう通りだ。彼女のいう活動（action）はこういう地域の集まりを想定しているようにも読める。そこで見知らぬ人たちが出会い、多様性の中で公共性が育まれていく。アーレントの言葉でいうと、現れと複数性の空間だ。だからまずは集まらなければならない。ところがである。先ほどの私が話をした会合で、参加者の一人がこういい放ったのだ。「いつもここで終わる」と。

　集まって話すのだが、そこで終わってしまうのである。その集まった事実を行動へと*昇華させるもう一歩が必要なのだ。集会とは、デモほど非日常的ではなく、それでいて日常の延長線上にある発展的日常活動にほかならない。それは公共性の*メンテナンス作業だといってもいいだろう。

　考えてみれば、集まるということ自体が、すでに行動でもある。行動の萌芽《ほうが》といったほうがいいかもしれない。萌芽がなければ花は咲かない。まずは集まること自体が重要で、最初のハードルになるのだが、そこを乗り越えるべく最善の努力をする。そのうえで、その集まりを行動の萌芽とするためには、予《あらかじ》め位置づけをはっきりさせておけばいいのである。

　これは私が実践していることでもあるのだが、最初の集まりは決して単発の講演でも、不満を持った地域住民の*ガス抜きでもなく、あくまでそこからはじまる行動の第一歩として位置づけるのである。そうして、最後に自ら課題を出してもらい、その課題に自ら取り組むよう仕向けることにしている。そうすれば「ここで終わる」ことはない。むしろ[4]「ここからはじまる」のだ。

　公共性に行動が求められる以上、そのメンテナンス作業もやはり行動に結びつかないと、何も変わらない。したがって、発展的日常活動としての集会は、常に次の行動につながる形で*オーガ

に感じた理由を説明したものである。□にはどのような言葉が入るか。**十五字以上、二十字以内**で書きなさい。

月や花を□ことの方がおもしろいと考えているから。

五　次の文章を読んで、後の**一**から**七**までの問いに答えなさい。（＊は**注**を示す。）

　日常的行動とは、文字通り市民が日常の中で行っているものである。日常生活の中で、生きることに付随して行われている活動だといってもいいだろう。とはいえ、食事をしたり、仕事に出かけたりということがそれに当たるわけではない。

　[a]典型的なのは市民活動だろう。市民活動とは、文字通り自立した市民が社会において活動を行うことであるが、ここでは人間が日々生きる場所としてのコミュニティにおける諸活動に着目する。今、コミュニティは「コミュニティ3・0」とも呼ばれる新しい段階に入っているが、その枠組みの中でさらに何ができるかはこれからの議論にかかっている。

　コミュニティ3・0とは、戦後、行政主導で形成されてきた地方の時代を経て、徐々に市民が自立してきた時代を超えて、今起こりつつある第3次コミュニティブームを指すといっていい。その特徴は、コミュニティの外部からやってきた人たちが、地域ビジネスなどでユニークなまちづくりを行っている点である。

　いかにも＊イノベーションの時代にふさわしい地域活性化のあり方を象徴しているように思われる。それがきっかけとなってもともとの住人が立ち上がるなら素晴《すば》らしいことである。もちろん対立も生じるのだろうが、それはコミュニティが開かれている証拠である。だからこそ＊オールドカマーと＊ニューカマーの対立があり得るのだ。そしてそれは[1]コミュニティ自体を活性化することになる。

　とはいえ、地域ビジネスがきっかけでコミュニティが活性化したからといって、それが＊公共性主義とどう関係があるのかと思われるかもしれない。しかし、少し考えてもらえばわかると思うのだが、何かビジネスをやるとなると、そこには様々な利害関係が生じたり、既存の枠組みを壊す必要が出てくる。とりわけ不合理な規制などが障壁となることが多い。ニューカマーはそうした障壁を壊そうとするのだ。[2]それが行動にほかならない。

　日常的行動が、私たちの日常のほとんどを占める経済活動に付随するものであることは当然だろう。それは普通の活動の延長線上にある。だから人によっては、それと知らずに公共性主義を実践している場合もあり得る。

　ただ、そのことを意識することは、多くの人たちを巻き込むうえで大きな意義がある。私も最近「UP↗プロジェクト（Upgrading Publicness）」なる活動をはじめたばかりである。これは、有形無形問わず公共性の価値を高める運動で、やっていること自体は大それたものではない。

　たとえば、町を歩いて、有効活用されていない公共の物をチェックし、新たな活用方法を考えたり、またそれを実践したりする程度である。いわば地域活動だ。しかし、あえて＊プロジェクトにしないと、なかなか人は集まらない。

　それは集会も同じである。自治会の集まりは、そういう制度があるから成立するのであって、何もないのに自発的に人が集まる

る。

エ　複数の滝見物の様子を具体的に描写し、滝との出会いを対照的に表すことで、筆者の旅に対する考えの高まりを印象づけている。

四　次の文章を読んで、後の**一**から**四**までの問いに答えなさい。（点線部は**現代語訳**を表す。また、Ⅰ、Ⅱは、文章のまとまりを示す。）

Ⅰ　望月《もちづき》のくまなきを（かげりもないのを）千里《ちさと》の外《ほか》（かなた）までながめたるよりも、暁近くなりて待ち出《い》でたるが、いと心深《こころふか》う（趣深く）、青みたるやうにて、深き山の杉の梢《こずゑ》に見えたる、木《こ》の間《ま》の影《かげ》（光）、うちしぐれたる村雲《むらくも》（さっと時雨を降らせた一群の雲）がくれのほど、またなく（このうえなく）あはれなり。椎柴《しひしば》・白樫《しらかし》（椎の木や白樫の木）などの濡《ぬ》れたるやうなる（濡れたような）葉の上にきらめきたるこそ、身にしみて、[1]心あらん友もがな（情趣を解する友がいてほしいものだ）と、都恋しう覚ゆれ（思われる）。

Ⅱ　すべて（総じて）、月・花をば、さのみ目にて見るものかは（そうむやみに目でばかり見るものであろうか）。春は家を立ち去らでも（ないでも）、月の夜は閨《ねや》（寝室）のうちながらも思へるこそ、いとたのもしう（味わい豊かで）、[2]をかしけれ。よき人（情趣を解する人）は、ひとへに好けるさまにも見えず（むやみに興に熱中するふうにも見えず）、興ずるさまも等閑《なほざり》なり（あっさりしている）。片田舎《かたゐなか》の人こそ、色こく万《よろづ》はもて興ずれ（しつこく何事もおもしろがる）。花の本《もと》には、ねぢ寄り立ち寄り（身をねじるようにして近寄り）、あからめもせずまもりて（わきめもせずに見つめて）、酒飲み連歌《れんが》して、はては（ついには）、大きなる枝、心なく折り取りぬ。泉には手足さし浸《ひた》して、雪にはおり立ちて跡つけなど、万の物、よそながら（さりげなく）見ることなし。

（新編日本古典文学全集『徒然草《つれづれぐさ》』による。一部表記を改めた。）

一　ひとへに　を、**音読**するとおりに**すべてひらがな**で書きなさい。（現代かなづかいで書くこと。）

二　Ⅰのまとまりの内容の説明として最も適当なものはどれか。次の**ア**から**エ**までの中から**一つ**選び、その記号を書きなさい。

ア　満月の光が、遠くかなたまで伸びているのはやはりすばらしい。

イ　夜になって間もなく出てきた月は、青みをおびていて美しい。

ウ　深い山の木々の間に見え隠れする月の光は、このうえなく趣深い。

エ　明け方に朝露で濡れた葉の上に光る日の光こそが何とも身にしみる。

三　[1]心あらん友　とあるが、心あらん友と対照的な人物の観賞態度について、作者はどのように述べているか。Ⅱのまとまりの内容に基づき、**十五字以上、二十字以内**の現代語で書きなさい。

四　[2]をかしけれ　とあるが、次のページの□は、作者がそのよう

に余裕を持たせておけばいいというだけのことではない。期待する気持に、思いがけないものと遭遇することの喜びを受け入れられる、ちょっとした「隙間」を空けておいたらと思うのだ。

（沢《さわ》木《き》耕《こう》太《た》郎《ろう》『飛び立つ季節　旅のつばくろ』による。）

（注）＊ナイアガラの滝……カナダとアメリカ合衆国の国境にある滝。

＊イグアスの滝……ブラジル連邦共和国とアルゼンチン共和国の国境にある滝。

＊くさす……悪く言う。けなす。

一　a一本の剣の刃のようなすらりとした滝の姿　とあるが、この部分に使われている表現技法とその効果について述べたものとして、最も適当なものはどれか。次の**ア**から**エ**までの中から**一つ**選び、その記号を書きなさい。

ア　擬人法を使って、静かに落ちる滝の音を印象づける効果。

イ　擬人法を使って、躍動感のある滝の動きを強調する効果。

ウ　直喩法を使って、細く長く落ちる滝の様子を連想させる効果。

エ　直喩法を使って、幾筋にも分かれる滝の形状を想像させる効果。

二　1霧降りの滝も華厳の滝も悪くはなかったが、凄いものを見たという感動がない　とあるが、次の［　］は、このときの筆者の心情を説明したものである。［A］、［B］にはそれぞれどのような言葉が入るか。［A］は**二字**で、［B］は**六字**で、それぞれ本文中からさがし、抜き出して書きなさい。

多くを［A］して滝を目にしたが、［B］を感じて過剰にがっかりしている。

三　2旅の予定には、思いがけないものと遭遇できる「隙間」を作っておくといいような気がするのだ　とあるが、このことについて、次の（1）、（2）の問いに答えなさい。

（1）筆者がこのように考えたのはなぜか。**偶然**と**感動**という言葉を使って、**二十五字以上、三十字以内**で書きなさい。

（2）筆者が考える「隙間」とはどのようなものか。次の**ア**から**エ**までの中から最も適当なものを**一つ**選び、その記号を書きなさい。

ア　事前に期待していたものだけを見て満足しないために、ガイドブックに載っていない目的地も選んでおく心の余裕。

イ　事前に期待していたものだけを見ることにとらわれず、時間と心にゆとりをもって旅に向かおうとする心構え。

ウ　事前に期待していたものをすべて見ることができるように、旅の予定に幅をもたせるための時間的な余裕。

エ　事前に期待していたものを見ることができなかったとしても、すぐに次の新たな目的地を探そうとする柔軟な心。

四　本文の表現の仕方とその効果について述べたものとして、最も適当なものはどれか。後のアからエまでの中から**一つ**選び、その記号を書きなさい。

ア　筆者の心情を表す描写として「……」や「――」を用いることで、滝を目の前にした筆者の喜びを明確に表現している。

イ　時間の経過を表す言葉を多用して旅の行程を正確に示すことで、目的をもって旅の予定を立てることの必要性を強調している。

ウ　旅の様子を表す描写の文末表現に、過去形と現在形を織り交ぜることで、旅での出来事を第三者の視点から客観的に伝えてい

華厳の滝は、そこから、これも「十分足らず」のところにあり、やはりここにも高いところから眺め降ろすことができる滝見台がある。

水の流れは細いが、大きな落差があるため、さほど貧弱には見えない。*ナイアガラの滝とか*イグアスの滝といった圧倒的な水量を持つ滝もいいが、[a]一本の剣の刃《やいば》のようなすらりとした滝の姿も悪くない。滝に神性を見てしまう日本人には、このように細く長い滝の方を好むところがあるのかもしれない。

しかし……。

[1]霧降りの滝も華厳の滝も悪くはなかったが、凄《すご》いものを見たという感動がない。

まだ、時間がある。さてどうしよう。

地図を見ると、やはり同じ中禅寺湖畔に竜頭《りゅうず》の滝というのがあるらしい。まったく知らないが、ついでだから、と行ってみることにした。

距離的にはかなり離れているのでバスかタクシーで行くべきなのだろうが、歩いて歩けない距離ではなさそうだ。

私は中禅寺湖畔の遊歩道を歩きはじめた。

あまり整備されているとは言えないが、自動車道を歩くよりは気持《きもち》がいい。

ゆっくり、のんびり、一時間半ほど歩いただろうか。湖畔から自動車道に上がり、「竜頭の滝」という看板の立っているところの小さな坂を登っていくと、水の流れる音がする。

その坂を登り切ると、一軒の店がある。昔風に言えば茶屋という風情で、飲食ができるところと土産物を売るところとの間に細い通路がある。私が、ほとんど何の考えもなしに進んでいくと、不意に眼の前に滝が現れた。

茶屋の前に、幅二メートル、長さ十メートルほどの小さな崖があり、そこが簡易な滝見台になっている。

見物人が数人しかいないということもあって、私は滝の正面に立つことができた。

よく見ると、滝の流れは二つに分かれ、一本一本はさほど大きくないものの、それらはあたかも双頭の竜のようで、白い飛沫《しぶき》に紅葉も美しく映え、まさに一幅の絵のようだった。

――これは！

思いもよらない見事な構図の絵柄に、私はしばし見惚《みと》れてしまった。

もしかしたら、この竜頭の滝も、その美しさを事前に知り、それを目的として来ていたらこれほどの感動はなかったかもしれない。なんだ箱庭のようではないかなどと心中で*くさしていたかもしれない。「思いもよらず」という偶然が私の心を動かしてくれることになったのだ。

私がガイドブックをあまり利用しないのも、この「思いもよらず」という体験が奪われてしまうような気がするからかもしれない。

完璧な予定を立て、期待していたものを滞《とどこお》りなく、そしてすべて見ることができたとしても、思いもかけなかったものと遭遇したときの感動には及ばないことがある。

だから、[2]旅の予定には、思いがけないものと遭遇できる「隙間」を作っておくといいような気がするのだ。それは単に、時間

イ　話し合いの状況を整理し、目的に沿って話し合いを進める役割。

ウ　話し合いの目的をグループで共有し、新たな考えを引き出す役割。

エ　話し合いの内容を振り返り、これまでとは異なる話題を示す役割。

三　**【話し合いの様子の一部】**の□で、Bさんは、これまでの話し合いを踏まえ、発言をしようとしている。あなたがBさんなら、この部分をどのように話すか。**言葉**と**行動**という言葉を使って、**二十五字以上、三十字以内**で書きなさい。

三　次の文章を読んで、後の**一**から**四**までの問いに答えなさい。（**＊**は**注**を示す。）

何事においても期待するということは大切なことだ。そのエネルギーによって、人は前に進むことができるようになる。

しかし、期待し過ぎないということも大切かもしれない。あまりにも多くを期待してしまうことで、現実との相違に打ちのめされてしまう。

それは、旅においても言えることなのかもしれない。期待していたものに出会えないと、過剰にがっかりしてしまう。

私は、葛飾北斎《かつしかほくさい》の描いた「下野黒髪山《しもつけくろかみやま》きりふりの滝」を見るため、日光を訪れていた。

東武日光駅からバスに乗ると、十分足らずで「霧降《きりふり》の滝」という停留所に到着する。

そこからは案内板に従って藪《やぶ》の中に敷かれた通路をしばらく歩くことになる。

しかし、それも「十分足らず」で、コンクリートと鉄柵で整備された崖の上の滝見台に出る。

正面に霧降りの滝と思われる水の流れが見える。だが、その滝見台は滝との距離がかなりあり、また、位置が高いため、手前の樹木に邪魔され、北斎が描いたような下方で枝垂《しだ》れ桜の枝のように分岐するところがまるで見えない。

私はやはり「十分足らず」で滝見物《けんぶつ》を切り上げると、停留所に戻り、その近くで営業している蕎麦《そば》屋で訊《たず》ねることにした。

「滝の下の方にはどう降りたらいいんですか」

すると、店の前で掃除をしていた老女に言われてしまった。

「落石の危険があるということで、下に降りることは禁止されているんです」

ルートを探せば、下から滝を見上げられる地点に接近できないこともないのだろうが、禁を破ってまですることではない。

残念だが諦めることにした。

それにしても、日光には霧降りの滝を見るために来たのだ。午前中で早くも目的を達してしまい、余った時間をどうしようと考えた。

滝と言えば、日光で最も有名なのは華厳《けごん》の滝だ。折角《せっかく》だから見ていこうという気になった。

駅で貰《もら》ったパンフレットの地図によれば、華厳の滝は中禅寺湖《ちゅうぜんじこ》の近くにあるらしい。

そこで、ひとまず昼食をとったあとバスに乗ると、有名ないろは坂を経由して一時間ほどで中禅寺湖の停留所に到着した。

か考えがある人はいますか。

Bさん　はい。災害時などに、日本で生活する外国の方々に情報をわかりやすく伝えるための配慮について発表するとよいと思います。具体的には、私たちの住む町にある案内図や看板などの多言語表示について紹介することです。

Cさん　多言語表示とはどのようなものですか。

Bさん　多言語表示とは、案内図や看板などに日本語だけでなく、英語や中国語などの外国語が併記されているものです。

Aさん　そういえば、最近見かけるようになりました。外国の方々も安心して生活できますね。他に考えはありますか。

Cさん　はい。防災に関する言葉を紹介するのはどうでしょう。身近な例の一つとして、ニュースで「夕方から雨が激しくなる見込みです。」という表現を耳にすると思いますが、「夕方」とは何時頃を示しているか、知っていますか。インターネットで調べてみると、気象庁のホームページに天気予報で用いる、一日の時間細分図が紹介されていて、「夕方」は十五時から十八時の時間帯と書いてありました。

Dさん　[1]私は、夕方は十八時頃だと思っていました。言葉の意味を知らないと、情報に対して準備できなかったり、対応が遅れてしまったりすることが考えられます。だから、言葉の意味を正しく知ることは大切ですね。

Cさん　そうなんです。「警報」と「注意報」との違いなど防災に関する言葉について知り、適切に行動できるようになってもらいたいと思います。

Aさん　[2]今、二つの意見があります。一つは多言語表示、もう一つは防災に関する言葉です。今回の発表のテーマに照らして、発表内容を決定しましょう。

Bさん　私は、多言語表示を提案しましたが、防災に関する言葉の方がよいと思います。なぜなら、□と考えるからです。

Dさん　Bさんの考えに賛成です。テーマにも合っていると思います。

Aさん　では、発表に向けて、防災に関する言葉について情報を集めることから始めましょう。

一　【話し合いの様子の一部】の1——線部のDさんの発言の特徴を説明したものとして、最も適当なものはどれか。次の**ア**から**エ**までの中から**一つ**選び、その記号を書きなさい。

ア　自分が経験した事例を取り上げ、新たな考えを提示している。
イ　異なる立場の考えを引用して、考えの根拠を補強している。
ウ　予想できる問題点を示して、考えの根拠を明確にしている。
エ　他者の考えの改善点を指摘し、新たな考えを提案している。

二　【話し合いの様子の一部】の2——線部のAさんの発言は、話し合いの中でどのような役割を果たしていると考えられるか。後の**ア**から**エ**までの中から最も適当なものを**一つ**選び、その記号を書きなさい。

ア　話し合いの展開に応じて、考えを結び付けて意見をまとめる役割。

＜国語＞

時間　五五分　満点　一〇〇点

一　次の一から三までの問いに答えなさい。

一　次の**ア**から**オ**までの――線の漢字の読みを**ひらがな**で書きなさい。（現代かなづかいで書くこと。）

ア　世界一周の航海に出発する。　**イ**　水草が繁茂する。

ウ　両者の実力が伯仲している。　**エ**　校内放送で下校を促す。

オ　部屋の隅に荷物を置く。

二　次の**ア**から**オ**までの――線のひらがなを**漢字**で書きなさい。（丁寧に漢字だけを書くこと。）

ア　けいかいな音楽に合わせて踊る。

イ　じゅくれんの技に感動する。

ウ　城の石垣をしゅうふくする。

エ　詳しい説明をはぶく。

オ　ひたいの汗を拭う。

三　次は、漢詩の一節の訓読文と書き下し文と現代語訳である。訓読文の中の、思ヘドモ君ヲ不《ず》見エ下ル渝州《ゆしう》ニ　に返り点を付けたものとして、最も適当なものはどれか。後の**ア**から**エ**までの中から**一つ**選び、その記号を書きなさい。

訓読文

夜発シテ二清渓ヲ一向カフ二三峡ニ一

思ヘドモ君ヲ不《ず》見エ下ル渝州《ゆしう》ニ

書き下し文

夜清渓を発して三峡に向かふ

君を思へども見えず渝州に下る

現代語訳

夜中、清渓を旅立って三峡へと向かった。

あなたを見たくても見られぬままに、渝州へと下っていく。

（李白《りはく》「峨《が》眉《び》山《さん》月《げつ》ノ歌」の一節　表記は問題用に改めた。）

ア　思二君不一見下二渝州一

イ　思二君不一見下レ渝州

ウ　思レ君不レ見下二渝州一

エ　思レ君不レ見下レ渝州

二　Aさんの学級では、総合的な学習の時間で、「防災について私たちができること」をテーマに、調べたことを発表することになった。Aさんのグループは、発表内容を決めるための話し合いを行っている。次の【話し合いの様子の一部】を読んで、後の**一**から**三**までの問いに答えなさい。

【話し合いの様子の一部】

Aさん　今日の話し合いでは、テーマである「防災について私たちができること」について、どのようなことを発表するか、グループの発表内容を検討したいと思います。何

MEMO

大切なことはメモしておこうネ！

2023年度

解 答 と 解 説

《2023年度の配点は解答用紙集に掲載してあります。》

＜数学解答＞

[1] 1　13　　2　-4　　3　21　　4　$-7\sqrt{2}$　　5　$-\frac{9}{2}x^2$

6　$4x-27$

[2] 1　$x=-3$，12　　2　66度　　3　-20　　4　右図1

5　(1)　50冊　　(2)　右図2

[3] 1　(1)　ウ　　(2)　(記号)　イ(説明は解説参照)

2　(1)　15通り　　(2)　$\frac{2}{5}$

[4] 1　解説参照　　2　$y=80x$　　3　(花屋)12分間，(ケーキ屋)3分間　　4　600m

[5] 1　(1)　$y=-\frac{1}{2}x+6$　　(2)　$a=\frac{1}{6}$

2　(1)　解説参照　　(2)　(X)エ，(Y)カ

(3)　$\frac{6}{5}\sqrt{5}$ cm

[6] 1　$8\sqrt{2}$ cm　　2　(1)　(四角形APCQ：四角形LIJK)1：2　　(2)　24cm^2

(3)　$\frac{704}{3}$cm^3

図1

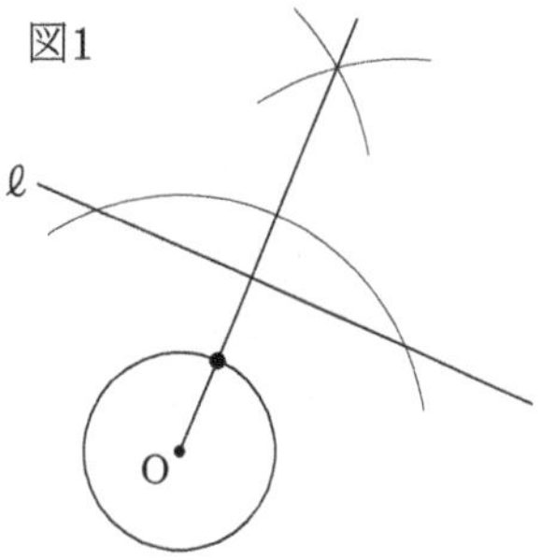

図2

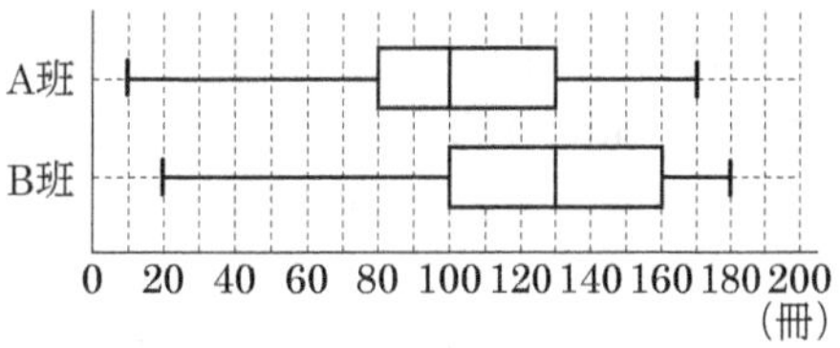

＜数学解説＞

[1] (数・式の計算，平方根)

1　正の数・負の数をひくには，符号を変えた数をたせばよい。$6-(-7)=6+(+7)=6+7=13$

2　分数で割る割り算は，割る数を逆数に変えて掛け算にする。$14\div\left(-\frac{7}{2}\right)=14\times\left(-\frac{2}{7}\right)=-\left(14\times\frac{2}{7}\right)=-4$

3　$-2^2=-(2\times2)=-4$　$(-5)^2=(-5)\times(-5)=25$だから，$-2^2+(-5)^2=-4+25=(-4)+(+25)=+(25-4)=21$

4　$\sqrt{8}=\sqrt{2^3}=\sqrt{2^2\times2}=2\sqrt{2}$，$3\sqrt{6}\times\sqrt{3}=3\sqrt{6\times3}=3\sqrt{2\times3\times3}=3\times3\sqrt{2}=9\sqrt{2}$だから，$\sqrt{8}-3\sqrt{6}\times\sqrt{3}=2\sqrt{2}-9\sqrt{2}=(2-9)\sqrt{2}=-7\sqrt{2}$

5　$9x^2y\times4x\div(-8xy)=9x^2y\times4x\times\left(-\frac{1}{8xy}\right)=-\left(9x^2y\times4x\times\frac{1}{8xy}\right)=-\frac{9x^2y\times4x}{8xy}=-\frac{9}{2}x^2$

6　分配法則を使って，$x(3x+4)=x\times3x+x\times4=3x^2+4x$，$3(x^2+9)=3\times x^2+3\times9=3x^2+27$だから，$x(3x+4)-3(x^2+9)=(3x^2+4x)-(3x^2+27)=3x^2+4x-3x^2-27=3x^2-3x^2+4x-27=4x-27$

[2] (二次方程式，角度，比例関数，作図，資料の散らばり・代表値)

1　2次方程式$x^2-9x-36=0$　たして-9，かけて-36になる2つの数は，$(+3)+(-12)=-9$，

$(+3)\times(-12)=-36$より，$+3$と-12だから　$x^2-9x-36=\{x+(+3)\}\{x+(-12)\}=(x+3)(x-12)=0$　$x=-3,\ 12$

2　**直径に対する円周角は90°**だから，$\angle ACB=90°$　△ABCの内角の和は180°だから，$\angle ABC=180°-(\angle CAB+\angle ACB)=180°-(57°+90°)=33°$　**円周角の大きさは弧の長さに比例する**ことと，$\overset{\frown}{AC}=\overset{\frown}{AD}$より，$\overset{\frown}{CAD}=2\overset{\frown}{AC}$だから，$\overset{\frown}{CAD}$に対する円周角と，$\overset{\frown}{AC}$に対する円周角の関係から，$\angle x=2\angle ABC=2\times33°=66°$

3　**yはxに反比例する**から，xとyの関係は**比例定数a**を用いて$y=\dfrac{a}{x}$と表せる。$x=4$のとき$y=-5$だから，$-5=\dfrac{a}{4}$　$a=-5\times4=-20$

4　(着眼点)　直線ℓと平行に，直線ℓに近い側に円Oの接線を引き，接点をPとすると，点Pは円Oの周上にあって，直線ℓからの距離が最も短い点である。そしてこのとき，**接線と接点を通る半径は垂直に交わる**ことと，引いた接線と直線ℓが平行であることから，$OP\perp$直線ℓとなる。　(作図手順)次の①～②の手順で作図する。　①　点Oを中心とした円を描き，直線ℓ上に交点をつくる。　②　①でつくったそれぞれの交点を中心として，交わるように半径の等しい円を描き，その交点と点Oを通る直線(点Oから直線ℓに引いた垂線)を引き，円Oとの交点に●印を書く。

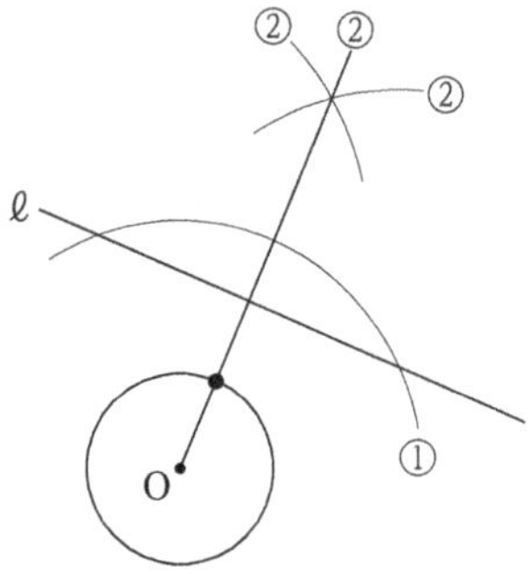

5　(1)　**箱ひげ図**の箱で示された区間に，全てのデータのうち，真ん中に集まる約半数のデータが含まれる。この箱の横の長さを**四分位範囲**といい，**第3四分位数**から**第1四分位数**を引いた値で求められる。A班の箱ひげ図より，第1四分位数は80冊，第3四分位数は130冊だから，四分位範囲＝130－80＝50(冊)である。

(2)　B班のデータの**最小値**は20冊，**最大値**は180冊である。また，**四分位数**は，全てのデータを小さい順に並べて4つに等しく分けたときの3つの区切りの値を表し，小さい方から順に第1四分位数，**第2四分位数(中央値)**，第3四分位数だから，第1四分位数は冊数の少ない方から4番目の100冊，第2四分位数(中央値)は冊数の少ない方から8番目の130冊，第3四分位数は冊数の多い方から4番目の160冊である。

3　(文字を使った式，式による証明，場合の数，確率)

1　(1)　ア　1列目に並べる椅子の数はx脚である。　イ　椅子と椅子の間の長さは1.5mである。　ウ　椅子と椅子の間の数は$(x-1)$個である。　エ　椅子と椅子の間の長さの和は$1.5\text{m}\times(x-1)$個$=1.5(x-1)\text{m}$である。以上より，$(x-1)$が表しているものは椅子と椅子の間の数である。

(2)　(説明)　(例1)$0.5x+1.5(x-1)+2y=29$に$x=12$を代入すると，$y=3.25$になるから，これは，3.5より小さいので，通路の横幅を3.5mとることはできない。　(例2)$0.5x+1.5(x-1)+2y$に$x=12$，$y=3.5$を代入すると，29.5になるから，これは，29より大きいので，通路の横幅を3.5mとることはできない。

	A	B	C	D	E	F
A		○	○	○	○	○
B			○	○	○	○
C				●	●	●
D					●	●
E						●
F						

2　(1)　6人の中から花束贈呈を担当する2人を選ぶときの選び方は，AさんかBさんの少なくともどちらかが花束贈呈の担当に選ばれる9通り(右表の○印)と，Aさん，Bさんのどちらも花束贈呈の担当に選ばれない6通り(右表の●印)の，全部で9＋6＝15(通り)ある。

(2)　(1)より，Aさん，Bさんのどちらも花束贈呈の担当に選ばれない確率は$\frac{6}{15}=\frac{2}{5}$となる。

4 (関数とグラフ)

1 (説明) (例1)①のグラフと②のグラフのxの値が5のときのyの値の差を求める。 (例2)①のグラフと②のグラフについて，xの値が5のときの2点間のy軸方向の距離を読む。

2 問題の図の②について，xの**変域**が$0 \leqq x \leqq 10$のとき，原点と(10，800)を通る直線だから，$y=ax$とおける。点(10，800)の座標を代入して，$800=a\times 10$　$a=80$　よって，$y=80x$である。

3 姉が自転車で移動する速さは$2400\div 10=240$(m/分)　これより，花屋を出発してケーキ屋に到着するまでにかかる時間は$960\div 240=4$(分)だから，花屋を出発した時刻は10時26分－4分＝10時22分　花屋に滞在していた時間は10時22分－10時10分＝12(分間)である。同様にして，ケーキ屋を出発して自宅に到着するまでにかかる時間は$(800+640)\div 240=6$(分)だから，ケーキ屋を出発した時刻は10時35分－6分＝10時29分

ケーキ屋に滞在していた時間は10時29分－10時26分＝3(分間)である。

4 問題の図に，姉が自宅に到着するまでのグラフを書き加えたものを右図に示す。これより，弟は姉に地点Pで追い越された。横軸が時間，縦軸が道のりのグラフでは，速さが一定の場合の時間と道のりの関係のグラフは直線になる。また，その直線の傾きは速さに等しいことを考慮すると，弟が徒歩で移動する速さは$800\div 10=80$(m/分)であることから，$30\leqq x\leqq 40$における弟のグラフは$y=-80x+b$と表される。これが，点(40，0)を通ることから，$0=-80\times 40+b$　$b=3200$　よって，$30\leqq x\leqq 40$における弟のグラフは$y=-80x+3200$…㋐　同様にして，$29\leqq x\leqq 35$における姉のグラフは$y=-240x+c$と表される。これが，点(35，0)を通ることから，$0=-240\times 35+c$　$c=8400$　よって，$29\leqq x\leqq 35$における姉のグラフは$y=-240x+8400$…㋑　㋐，㋑の連立方程式を解いて，$x=\frac{65}{2}$，$y=600$　これより，弟は自宅から600mの地点で，姉に追い越された。

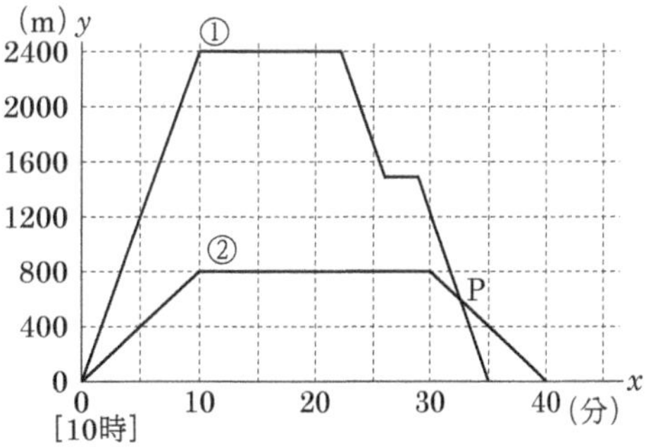

5 (図形と関数・グラフ，図形の証明，線分の長さ)

1 (1) 点A，Bは$y=\frac{1}{4}x^2$上にあるから，そのy座標はそれぞれ$y=\frac{1}{4}\times(-6)^2=9$，$y=\frac{1}{4}\times 4^2=4$　よって，A$(-6,\ 9)$，B$(4,\ 4)$　直線ABの傾き$=\frac{4-9}{4-(-6)}=-\frac{1}{2}$　直線ABの式を$y=-\frac{1}{2}x+b$とおくと，点Bを通るから，$4=-\frac{1}{2}\times 4+b$　$b=6$　よって，直線ABの式は$y=-\frac{1}{2}x+6$

(2) 点A，Bの座標はaを用いて，A$(-6,\ 36a)$，B$(4,\ 16a)$と表される。点A，Bからx軸へそれぞれ垂線AC，BDを引くと，C$(-6,\ 0)$，D$(4,\ 0)$　これより，△AOB＝台形ACDB－△ACO－△BDO$=\frac{1}{2}\times(\mathrm{AC}+\mathrm{BD})\times\mathrm{CD}-\frac{1}{2}\times\mathrm{AC}\times\mathrm{CO}-\frac{1}{2}\times\mathrm{BD}\times\mathrm{DO}=\frac{1}{2}\times(36a+16a)\times\{4-(-6)\}-\frac{1}{2}\times 36a\times\{0-(-6)\}-\frac{1}{2}\times 16a\times(4-0)=120a$　これが20に等しいから，$120a=20$

$a=\frac{20}{120}=\frac{1}{6}$

2 (1) (証明) (例)△ABDと△BCDにおいて仮定から，∠ADB＝∠BDC＝90°…①　∠ABCは直角だから，∠ABD＋∠DBC＝90°　∠ABD＝90°－∠DBC…②　**三角形の内角の和は180°**

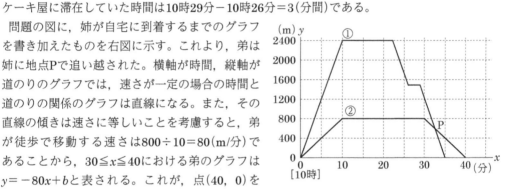

だから∠BCD＋∠DBC＋90°＝180°　∠BCD＝90°－∠DBC…③　②，③より∠ABD＝∠BCD…④　①，④より，2組の角がそれぞれ等しいから，△ABD∽△BCD

(2)　説明のポイントは，仮定の∠EBC＝∠DBE(X)を利用して，∠ABE＝∠AEBをいうことにより，△ABEにおいて，2つの角が等しい三角形は二等辺三角形になる(Y)ことから，AB＝AEがいえる。∠ABE＝∠AEBは，次のように説明することもできる。∠ABE＝∠ABD＋∠DBE…①　△BCEの**内角と外角の関係**から，∠AEB＝∠BCD＋∠EBC…②　仮定より，∠EBC＝∠DBE…③　△ABD∽△BCDより，∠ABD＝∠BCD…④　①～④より，∠ABE＝∠AEB

(3)　△ABCに**三平方の定理**を用いると，AC＝$\sqrt{\mathrm{AB}^2+\mathrm{BC}^2}=\sqrt{3^2+4^2}=5$(cm)　△ABDと△ACBで，∠ADB＝∠ABC＝90°　共通な角だから，∠BAD＝∠CAB　よって，2組の角がそれぞれ等しいから△ABD∽△ACB　**相似比**は，AB：AC＝3：5　DB＝BC×$\frac{3}{5}=4\times\frac{3}{5}=\frac{12}{5}$(cm)，AD＝AB×$\frac{3}{5}=3\times\frac{3}{5}=\frac{9}{5}$(cm)　以上より，AE＝AB＝3(cm)であることも考慮すると，△BEDに三平方の定理を用いて，BE＝$\sqrt{\mathrm{DB}^2+\mathrm{DE}^2}=\sqrt{\mathrm{DB}^2+(\mathrm{AE}-\mathrm{AD})^2}=\sqrt{\left(\frac{12}{5}\right)^2+\left(3-\frac{9}{5}\right)^2}=\frac{6}{5}\sqrt{5}$(cm)

6　**(空間図形，線分の長さ，面積比，面積，体積)**

1　△ABCはAB＝BC＝8(cm)の**直角二等辺三角形で，3辺の比は1：1：$\sqrt{2}$** だから，(四角形ABCDの対角線の長さ)＝AC＝AB×$\sqrt{2}$＝8×$\sqrt{2}$＝$8\sqrt{2}$(cm)

2　(1)　四角形APCQはひし形であり，BP：PM＝3：1より，PM＝$\frac{1}{3+1}$BM＝$\frac{1}{4}\times\frac{\mathrm{BD}}{2}=\frac{1}{4}\times\frac{\mathrm{AC}}{2}=\frac{1}{4}\times\frac{8\sqrt{2}}{2}=\sqrt{2}$(cm)　よって，(四角形APCQの面積)＝$\frac{1}{2}$×AC×PQ＝$\frac{1}{2}$×AC×2PM＝$\frac{1}{2}\times8\sqrt{2}\times2\times\sqrt{2}$＝16($\mathrm{cm}^2$)　また，△EILはEI＝EL＝4(cm)の直角二等辺三角形で，3辺の比は1：1：$\sqrt{2}$ だから，LI＝EI×$\sqrt{2}$＝4×$\sqrt{2}$＝$4\sqrt{2}$(cm)　よって，四角形LIJKは一辺の長さが$4\sqrt{2}$ cmの正方形だから，(四角形LIJKの面積)＝$\mathrm{LI}^2=(4\sqrt{2})^2$＝32($\mathrm{cm}^2$)　以上より，(四角形APCQ：四角形LIJK)＝16：32＝1：2

(2)　線分FHの中点にNをとると，MN⊥平面EFGH。対角線FHと線分IJとの交点をOとすると，AC//EG//IJよりAC//IJだから，平行線と面積の関係より△AIM＝△AOM　△MNOに三平方の定理を用いると，MO＝$\sqrt{\mathrm{MN}^2+\mathrm{NO}^2}=\sqrt{\mathrm{MN}^2-\left(\frac{\mathrm{FH}}{4}\right)^2}=\sqrt{8^2+\left(\frac{8\sqrt{2}}{4}\right)^2}=6\sqrt{2}$(cm)　AM⊥平面BDHFより，AM⊥MO　以上より，△AIM＝△AOM＝$\frac{1}{2}$×AM×MO＝$\frac{1}{2}\times\frac{\mathrm{AC}}{2}$×MO＝$\frac{1}{2}\times\frac{8\sqrt{2}}{2}\times6\sqrt{2}$＝24($\mathrm{cm}^2$)

(3)　対角線EGと線分JKとの交点をRとすると，図形の対称性より，8点A，P，C，Q，L，I，J，Kを頂点とする立体の体積は，7点P，C，M，N，O，J，Rを頂点とする立体の体積の4倍に等しい。ここで，8点A，P，C，Q，L，I，J，Kを頂点とする立体の体積をV，立方体ABCD－EFGHの体積をV_1，7点P，C，M，N，O，J，Rを頂点とする立体の体積の体積をV_2，四角錐J－BPOFの体積をV_3，三角錐J－BCPの体積をV_4，三角錐C－GJRの体積をV_5とすると，V_1＝8^3＝512(cm^3)，$V_3=\frac{1}{3}\times$台形BPOF×JO＝$\frac{1}{3}\times\left\{\frac{1}{2}\times(\mathrm{BP}+\mathrm{FO})\times\mathrm{BF}\right\}\times\mathrm{JO}=\frac{1}{3}\times\left\{\frac{1}{2}\times\left(\frac{3\times8\sqrt{2}}{8}+\frac{8\sqrt{2}}{4}\right)\times8\right\}\times\frac{8\sqrt{2}}{4}=\frac{80}{3}$($\mathrm{cm}^3$)，$V_4=\frac{1}{3}\times\triangle\mathrm{BCP}\times\mathrm{CG}=\frac{1}{3}\times\left(\frac{1}{2}\times\mathrm{BP}\times\mathrm{CM}\right)\times\mathrm{CG}=\frac{1}{3}\times\left(\frac{1}{2}\times\frac{3\times8\sqrt{2}}{8}\times\frac{8\sqrt{2}}{2}\right)\times8$＝32($\mathrm{cm}^3$)，$V_5=\frac{1}{3}\times\triangle\mathrm{GJR}\times\mathrm{CG}=\frac{1}{3}\times\left(\frac{1}{2}\times\mathrm{GR}\times\mathrm{JR}\right)\times\mathrm{CG}=\frac{1}{3}\times\left(\frac{1}{2}\times\right.$

$\frac{8\sqrt{2}}{4}\times\frac{8\sqrt{2}}{4}\Big)\times 8=\frac{32}{3}$(cm^3)　以上より，$V=4V_2=4\left(\frac{V_1}{4}-V_3-V_4-V_5\right)=4\Big(\frac{512}{4}-\frac{80}{3}-32-$
$\frac{32}{3}\Big)=\frac{704}{3}$(cm^3)

＜英語解答＞

1　1 エ　2 ア　3 ウ　4 ウ
2　ア year　イ clean　ウ 2　スライド ④
3　Question 1 イ　Question 2 ウ
4　1 ⓐ イ　ⓑ ア　ⓒ エ　2 (例)Do you remember you saw me last Friday?　3 A for　B let　C one　4 ① イ　② エ　③ ウ
5 始めの2語 each country　終わりの2語 and living　6 (例)Can you tell us about this in class?　7 ① why　② drawn　③ stop
5　1 ① イ　② エ　2 ア・オ　3 ウ→イ→ア→オ→エ　4 ウ
5 A worked　B well　C given　D think　6 (例)I learned that friends are important when I played the piano at my school festival. I practiced very hard to play well. My friends often supported me when I practiced. Sometimes, they gave me advice too. Because of their help, I could give a good performance.

＜英語解説＞

1・2・3 (リスニング)
放送台本の和訳は，53ページに掲載。

4 (会話文問題：文挿入，和文英訳，語句補充，語句解釈，条件英作文)

(全訳)　―　金曜日の放課後，外で　―
ひろき　　　　：あ，ジョーンズ先生，今家に帰るところですか？
ジョーンズ先生：いいえ。図書館にいくつもりです。
ひろき　　　　：雨がとても激しく降ることになっているんです。傘を持っていますか？
ジョーンズ先生：いいえ，なくても大丈夫です。アメリカではあまり傘を使わないんです。
ひろき　　　　：本当ですか？
ジョーンズ先生：ひろき，すみません。行かなくてはなりません。ⓐ図書館がもうすぐ閉まります。また来週。
―　次の月曜日，職員室で　―
ひろき　　　　：こんにちは，ジョーンズ先生。先生とお話をしに来ました。(1)あなたは，この前の金曜日私に会ったことを覚えていますか。
ジョーンズ先生：もちろんです，ひろき。A来てくれてありがとうございます。
ひろき　　　　：あの時，なぜあなたが傘をあまり使わないのか聞きたかったんですが，できませんでした。なので，本やウェブサイトをいくつか読んで海外でどのように人々が傘を使うかについて調査したんです。

ジョーンズ先生：わあ！　あなたがわかったことを B教えて ください。

ひろき　　　　：僕が読んだ本によると傘の①(歴史)はとても長いんです。約4000年前の古代の壁画に「日傘」が描かれていました。人は「雨傘」よりも「日傘」をより長く使っているんです。

ジョーンズ先生：そうなんですか？　ああ，ひろき，「傘」という言葉はラテン語の「*umbra*」から来ていることを知っていましたか？　その意味は「影」です。

ひろき　　　　：ええと，傘は最初暑くて晴れた日に影を作るために使われたんですよね？　とにかくただ本を読むだけでは世界中の傘の使用について理解するには十分に役立た②(ない)と思いました。実は私はイギリスから来た生徒にそのことについて聞きました。

ジョーンズ先生：ⓑ その生徒は何と言いましたか？

ひろき　　　　：彼は最初にここに来たとき，多くの日本人が雨の日に傘を使うのが面白かったと言いました。イギリスには多くの雨の日があるけどすぐにやむと彼は教えてくれました。ⓒ それなのでほとんどの人が普段傘を使わない。彼はヨーロッパでは同じだろうと聞いたことがあるそうです。

ジョーンズ先生：なるほど。アメリカでは雨が激しく降ったり長い間降ったりするときはレインコートをよく着ます。しかし雨で濡れることについて気にしないアメリカ人もいます。私はその C一人 です。

ひろき　　　　：今わかりました。日本は傘をよく使う国です。③(一方)あまり使わない国もある。僕が読んだり聞いたりしたことから，国それぞれの考え方や生活の仕方があるということを学びました。傘についてのこの調査はとても楽しかったです。

ジョーンズ先生：(2)<u>何か大切なものに気が付いたんですね，</u>ひろき。

ひろき　　　　：ありがとうございます，ジョーンズ先生。

ジョーンズ先生：それに私はあなたを尊敬します。なぜならあなたは自分の疑問について考え続け，様々な方法で自分で答えようとしました。(3)<u>それについてクラスで話してくれますか？</u>

ひろき　　　　：もちろんです。みんなに僕のスピーチを楽しんでもらいたいです。

1　ⓐ　ジョーンズ先生の1つ目の発話と空欄直前の発言から図書館へ急いでいることがわかる。
ⓑ　空欄直前のひろきの発話でイギリスの生徒に聞いていること，直後にその生徒が言ったことが述べられていることからアがふさわしい。　ⓒ　空欄を含むひろきの発話からイギリスでも多くの人が傘をあまりささないことが読み取れる。

2　「覚えていますか」は Do you remember? で，それに，「あなたは私に会いました」you saw me,「この前の金曜日」last Friday を続ける。

3　A　Thank you for ～ で「～に感謝する，～をありがとう」の表現。　B　**let me know で「教えてください，知らせてください」**の意味。　C　them が指しているのは空欄直前の文の雨に濡れるのを気にしない some Americans。one of ～で「～の一人」という表現。

4　①　ア「色」イ「歴史」ウ「言語」エ「数」傘についての歴史の話が続いているのでイがふさわしい。　②　動詞の～ ing で「～すること」という意味を表すことができる。ここでは主語は reading books で 「本を読むこと」となる。この動名詞は単数扱いなので wasn't がふさわしい。ウの couldn't は後ろに動詞の原形が続くが後ろには helpful「役に立つ」という形容詞が続いているので合わない。　③　ア「最初は」イ「例えば」ウ「一方」エ「結果として」前後で日本と他国の違いを述べているのでウがふさわしい。

5　気がついたことは下線部直前のひろきの発話内で述べられていると考える。4文目に I've learnedと学んだことが述べられているからそれ以降の10語が答えとなる。

6　続くひろきの発話では Sure.「もちろん」と答えているので何か頼まれていることがわかる。Can you ～？で「～してくれませんか」という依頼の表現。また最後にひろきが「みんなにスピーチを楽しんでもらいたい」とあることから先生から「スピーチをしてほしい，この話をしてほしい」という内容の依頼があったことが考えられる。

7　①「金曜日に，ひろきは(なぜ)ジョーンズ先生が傘を使わないのかを知りたかった」5つ目のひろきの発話参照。　②「古代の壁画に描かれていた傘は『日傘』です」**名詞の後ろに動詞の過去分詞形を続けて「～された(名詞)」**という受身の意味を表すことができる。drawn は draw「描く」の過去分詞形。　③「ひろきが自分の疑問について考えることを(やめ)ず，様々な方法で自分でそれに答えようとしたのでジョーンズ先生はひろきを尊敬した」最後のジョーンズ先生の発話参照。本文に kept thinking とあるが kept は keep の過去形。**keep ～ ing で「～し続ける」**の意味。問題の **stop ～ ing は「～することをやめる」**だが，否定文なので「考えるのをやめない」となり「考え続ける」と同じ意味になる。

5　(長文読解問題・物語文：英問英答，内容真偽，文の並べ換え，文挿入，語句補充，条件英作文)

(全訳)　2年前，私の英語の先生のサトウ先生は私が授業でとても一生懸命勉強をしているのを知っていたので，私に英語のスピーチコンテストを紹介してくれました。それは市民ホールで行われることになっていました。最初私は上手にできるとは思わなかったので参加したくありませんでした。それなので彼女は私にもっとそのコンテストについて話してくれて「あなたの英語を上達させるいい機会ですよ。それに多くの他の学校の生徒たちの考えを聞いて楽しめますよ」と言いました。彼女と話したあと，私は初めてのスピーチコンテストへの参加を決めました。

私は多くの良い場所を知っていたので山梨の観光についてのスピーチをしたいと思いました。私の好きな場所や果物についての情報を集め，そして原稿を作りました。その後英語の発音を上達させることで良いスピーチをするためとても一生懸命取り組みました。

コンテストの日が来ました。市民ホールには多くの人たちがいました。私は彼らに私の上手な英語の発音を聞いてもらいたいと強く思っていました。しかし始まってすぐに私は何度も練習した言葉を忘れてしまいました。コンテストのスタッフの助けがあって私はスピーチを終えました。私の座席に戻ったとき，私は泣き始めました。サトウ先生は私に「あなたはよくがんばりましたよ。心配しないで。みんながこの種の経験をするんです。私がこのようなコンテストに初めて参加したとき私はちょうどあなたのようでした。さあ他の生徒たちのスピーチを楽しみましょう」と言いました。彼らのスピーチを聞いている間，時々，観客が驚いていたり興奮していたりする様子を見ました。私は何も賞をもらえませんでしたが，それでも彼らのことを聞くのは楽しいものでした。

私が帰ろうとしたとき審査員の一人が私に「あなたのスピーチは山梨についてたくさん学べたのでよかったと思いますよ。でも観客に何か新しいものを与えるような自分の考えがあったらあなたのスピーチはもっとよくなったでしょう。あなたのスピーチをもっと上達させたいならこのことをどうか忘れないでくださいね」と言いました。彼女の言葉のおかげで私はある一つのことに気がつきました：私は観客について考えていませんでした。

次の日，私は家で有名なスピーチやプレゼンテーションをインターネットで見て，それらについての本を読みに図書館へ行きました。私はよりよいスピーチやプレゼンテーションをするためにできることを2つ見つけました。

まず第1に，自分の考えを持つのに使えるような適切な情報を集めて選ぶことです。私たちのスピーチやプレゼンテーションはその考えが観客にとって新しくて面白いならよりよくなるでしょう。ただ情報を共有するたけでは十分ではありません。もう一つはどのように観客に話すかをコントロールすることです。例えばアイコンタクトをしたり，音量や話すスピードを変えたり，ジェスチャーを使うことで観客がスピーチやプレゼンテーションに興味を持つことができるのです。私たちにできることはもっとありますが私はこの2つから始めることにしました。

今，私は日本語でもスピーチやプレゼンテーションをするときはいつもこのことに気をつけています。先日学校で多くの生徒たちの前で英語でスピーチをする機会がありました。私は良いスピーチをするためにベストを尽くしました。私の知らない生徒が私に話しかけてきました。彼は「あなたのスピーチでの考えはとても面白くて独特でした。私たちはあなたのスピーチを見て聞いて楽しみました」と言いました。私はそれを聞いて幸せでした。私は最初のスピーチコンテストを通してとても大切なことを学びました。

1　①「サトウ先生がけいこに英語のスピーチコンテストを紹介したのはなぜでしたか？」イ「サトウ先生はけいこが英語をとても一生懸命勉強しているのを知っていたから」第1段落第1文参照。　②「けいこが初めてのスピーチコンテストでしたかったことは何ですか？」エ「上手な英語の発音で話すこと」第2段落最終文，第3段落第3文参照。

2　ア「けいこは自分の好きなことについての情報でスピーチコンテストの原稿を書いた」(○)　第2段落参照。　イ「けいこはスピーチコンテストでスピーチを終えることができなかったので悲しく思った」(×)　第3段落第5文参照。　ウ「スピーチコンテストの前にけいこは山梨のいい場所をどこも知らなかった」(×)　第2段落第1文参照。　エ「よりよいスピーチをするために，けいこはスピーチコンテストのスタッフにいくつか質問をした」(×)　第4段落参照。　オ「スピーチコンテストのあと，けいこは自分のスピーチをよりよくする方法を学んだ」(○)　第5，6段落参照。

3　ウ「けいこは市民ホールで行われるスピーチコンテストに参加することに決めた」第1段落最終文参照。　イ「サトウ先生は自分のスピーチコンテストの経験についてけいこに話した」第3段落参照。　ア「スピーチやプレゼンテーションについて知るためにけいこは図書館へ行った」第5段落参照。　オ「けいこは学校で多くの生徒たちの前でスピーチをした」第7段落第2文参照。　エ「けいこはある生徒の言葉を聞いて嬉しく感じた」第7段落第4文以降参照。

4　第4段落の審査員からのアドバイスをふまえ，空欄前では自分の考えをスピーチに入れることを述べているのでウがふさわしい。　ア「インターネットで有名なアイディアを見つけることができる」　イ「自分たちの英語を熱心に練習することが大切だ」　エ「スピーチをしたあとに泣く必要はない」は文脈に合わない。

5　A「彼女は山梨についての原稿を書き，英語の発音を上達させるためにとても一生懸命(取り組んだ)」第2段落最終文参照。　B「しかし彼女はコンテストで(上手に)やることができませんでした」第3段落第4，5文参照。well「上手に」　C「市民ホールを去る前に彼女は審査員と話し，アドバイスを(もらった)」第4段落参照。**<be ＋動詞の過去分詞形>は「～される」**という受身の表現。give「与える」の過去分詞は given となる。　D「けいこは観客について(考える)必要があることを理解し，そうしようと努めた」第4段落最終文，第5段落参照。

6　**自分のことや考えを，知っている単語を使って書けるように練習をしておくこと。**解答例の英文は「文化祭でピアノを弾いたときに友達が大切だと学びました。上手に弾けるように私はとても一生懸命練習しました。私の友達は私が練習するときによくサポートしてくれました。ときどき私にアドバイスもくれました。彼らの助けのおかげで良い演奏をすることができました」という意味。

2023年度英語　リスニングテスト

〔放送台本〕

1　これは英文を聞き取り，その内容について英語の質問に答える問題です。

1から4まで，いろいろな場面での Jim と Anne の会話を放送し，それぞれの会話に続けて質問をします。質問の答えとして，最も適当なものをア，イ，ウ，エの中から一つずつ選び，その記号を書きなさい。英語は2回ずつ放送します。

1 Anne: What happened, Jim? You look so worried.
Jim: Yes, Anne. I've lost my cap.
Anne: Could you tell me what it looks like?
Jim: It has three stars and one word on the front.
Anne: OK. Let's look for it together.
Question: Which picture shows Jim's cap?

2 Jim: Anne, I heard two baby tigers were born in the zoo. Why don't we go and see them tomorrow?
Anne: Good idea! But Jim, we can only see them in the morning.
Jim: OK. Let's see them first. What other animals do you want to see?
Anne: I want to see the bears. We can give them food at one o'clock in the afternoon.
Jim: Then, we'll eat lunch before that.
Question: Which picture shows their plan?

3 Anne: Jim, I want to move this desk in my room. Could you help me?
Jim: Sure, Anne. Where will we put it?
Anne: I think it should be near the window.
Jim: All right. Let's move it.
Anne: Wait! I don't want to put it next to the TV. I think the other corner would be better.
Question: Where does Anne want to put the desk?

4 Jim: Anne, summer vacation has come. I want to read many books.
Anne: OK, Jim. Let's go to the school library now. I can recommend three interesting books to you. They are new.
Jim: Really? I want to get them. But now, I already have two library books at home. So, I can get only one book today.
Anne: Don't worry. Actually, during summer vacation, students can have five more library books. So today, you can get all the books I recommend.
Jim: That's great! I will do that.
Question: How many books will Jim take home from the library today?

〔英文の訳〕

1 アン：どうしたの，ジム？　とても不安そうね。
ジム：うん，アン。帽子をなくしてしまったんだ。

アン：それがどういうのか教えてくれる？
ジム：星が3つと単語が一つ前に書いてあるんだ。
アン：オーケー。一緒に探そう。
質問：どの絵がジムの帽子を表していますか。
答え：エ

2　ジム：アン，動物園で虎の赤ちゃんが2匹生まれたって聞いたよ。明日見に行かない？
アン：いい考えね！　でもジム，午前中しか彼らを見られないのよ。
ジム：オーケー。まず彼らを最初に見よう。他の動物は何を見たい？
アン：クマを見たいな。午後1時に餌をあげられるよ。
ジム：じゃあその前にランチを食べよう。
質問：どの絵が彼らの予定を表していますか。
答え：ア

3　アン：ジム，この机を私の部屋に動かしたいんだけど。手伝ってくれる？
ジム：もちろんだよ，アン。どこに置く？
アン：窓の近くがいいと思う。
ジム：わかった。動かそう。
アン：待って！　テレビの横には置きたくないの。もう一つの角の方がいいと思う。
質問：アンはどこに机を置きたいですか。
答え：ウ

4　ジム：アン，夏休みが来たね。僕はたくさん本を読みたいんだ。
アン：オーケー，ジム。学校図書室へ今行こう。あなたに面白い本を3冊おすすめするよ。新しいの。
ジム：本当？　借りたいな。でも今家にすでに2冊図書室の本があるんだ。だから僕，今日はあと1冊しか借りられないな。
アン：心配しないで。実は，夏休みの間，生徒たちはあと5冊借りられるのよ。だから今日は私が勧めた本を全部借りられるよ。
ジム：それはいいね！　そうするよ。
質問：ジムは今日何冊図書室から家へ本を持って帰りますか。
答え：ウ　三冊。

〔放送台本〕

2　これは英文を聞き取り，メモを完成させる問題とスライドを選ぶ問題です。

これから放送するのは，中学生のゆい（Yui）が，英語の授業でホームステイ先での過ごし方についてスライドを見せながら，クラスメイトに話している場面です。英文の内容に合うように，メモの中のア，イにはそれぞれ適当な1語の英語を，ウには適当な数字を書きなさい。また，ゆいが授業で見せているスライドとして，最も適当なものを1～4の中から一つ選び，その記号を書きなさい。英文は2回放送します。

I have a friend in Australia. Her name is Becky. I stayed at her house last year.

Today, I'll tell you about her family's rules. For example, I had to clean my own room. Also, Becky's mother told me to eat dinner with them every day. Her family usually doesn't use much water. So, I could only use the washing machine on Tuesdays and Fridays, and I could not take a shower for more than 10 minutes a day.

There were many rules, but I could enjoy staying with Becky's family for 14 days. If you stay with a family abroad, please follow that family's rules and have fun.

〔英文の訳〕

私にはオーストラリアに友達がいます。彼女の名前はベッキーです。昨年彼女の家に滞在しました。

今日は彼女の家族のルールについて話をします。例えば，私は自分の部屋を自分自身で掃除しなくてはなりませんでした。また，ベッキーのお母さんは私に毎日彼らと一緒に夕飯を食べるように言いました。彼女の家族は普段あまり水を使いません。それなので私は火曜日と金曜日だけしか洗濯機を使えず，一日に10分よりも長くはシャワーを浴びられませんでした。

たくさんのルールがありましたが，14日間ベッキーの家族と楽しく過ごせました。もし外国でどこかの家庭に滞在するなら，その家族のルールに従って楽しんでください。

＜メモ＞

・ゆいはア(昨年)オーストラリアでベッキーの家に滞在しました。

・ゆいは自分自身で自分の部屋をイ(掃除)しなければなりませんでした。

・ゆいはウ(2)週間そこに滞在するのを楽しみました。

＜スライド＞　④

〔放送台本〕

3　これは英文を聞き取り，その内容について英語の質問に答える問題です。

これから放送するのは，英語の先生が授業の流れについて説明している場面です。英文は1度だけ放送し，それに続けて英文の内容に関して二つの質問をそれぞれ2回放送します。質問の答えとして，最も適当なものをア，イ，ウの中から一つずつ選び，その記号を書きなさい。

Hi, everyone. Today, we'll learn about how people use smartphones by reading the news, talking in groups, and reading the textbook. First, take out your computer and read the news about how young people use smartphones. I sent it to you at the end of the last class. I'll give you ten minutes to read it. Then, make groups of four and share your opinions about the news for fifteen minutes. After that, open your textbook to page forty and read it. If you have a question, raise your hand and ask me.

Question 1: What will students do first?

Question 2: How long can students talk in a group?

〔英文の訳〕

みなさん，こんにちは。今日は人々がスマートフォンをどのように使っているかを，ニュースを読んだり，グループで話したり，教科書を読んだりして学びます。まずコンピューターを出して，若い人たちがどのようにスマートフォンを使っているかについてのニュースを読んでください。前回の授業の終わりにみなさんにそれを送りました。読むのに10分与えます。そして4人グループになり15分間でそのニュースについての意見を共有してください。そのあと教科書の40ページを開いて読んでください。もし質問があったら手を挙げて私に聞いてください。

質問1：まず生徒たちは何をしますか？

答え ：イ コンピューターでニュースを読む。
質問2：どれくらい生徒たちはグループで話をできますか？
答え ：ウ 15分間

<理科解答>

1 1 (1) b (2) 公転 (3) G 2 (例)月が地球のかげに入るから 3 エ

2 1 右図1 2 顕性〔形質〕 3 (例)同じ遺伝子をもつから 4 イ 5 イ，ウ，オ

3 1 ⓐ ア ⓑ ウ ⓒ ウ 2 (例)試験管にたまった液体が逆流するのを防ぐため 3 ウ 4 C，H 5 336〔g〕

4 1 (1) 屈折 (2) イ (3) エ 2 (1) 右図2 (2) ア

5 1 (1) A (2) (例)BとDでは，震源からの距離が違うから 2 (1) ① P波 ② S波 ③ 7 (2) 6〔時〕56〔分〕52〔秒〕 (3) 16〔秒後〕

6 1 右図3 2 ① イ ② ア ③ 仕事 3 10.0〔cm〕 4 4.7〔cm〕 5 A ウ B イ

7 1 (例)葉の大きさと葉の枚数を同じにする 2 気孔 3 ウ 4 (1) イ (2) ア

8 1 酸化銅 ア 酸化マグネシウム エ 2 (銅：酸素＝)4〔：〕1 3 ⓐ ● ● ⓑ ●○ ●○ 4 2.00〔g〕 5 ① マグネシウム ② 炭素 ③ 銅

図1

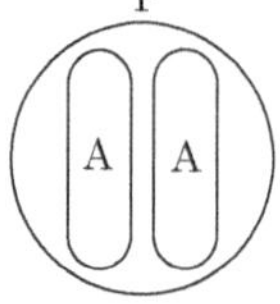

図2

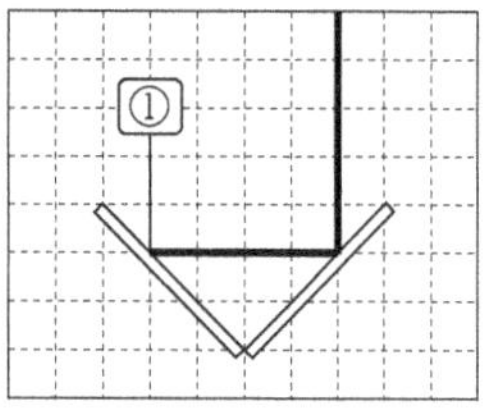

図3

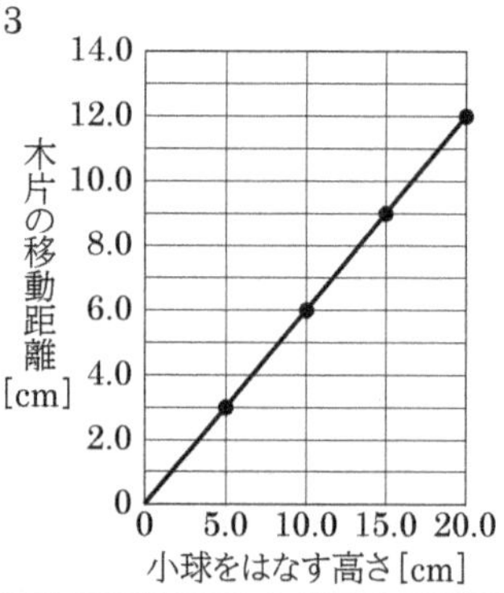

<理科解説>

1 (天体)

1 (1) 日周運動によって，東からのぼった天体は，南の空高くを通り，西に沈む。 (2) ある天体を中心に，そのまわりを回る天体の動きを，公転という。 (3) 右側が光っているので，地球から見て右側に太陽がある。このときの月の位置はGである。

2 1日のうちで月の形が変化する現象は，月食である。月食とは，**太陽－地球－月**の順に3つの天体が一直線上に並ぶために起こる現象で，満月が地球のかげに入ることで月が短時間で満ち欠けを行って見える。

3 日本で満月が見えた場合，地球の自転によって，数時間後にニューヨークでも同じ月を見ることができる。

2 (遺伝)

1 丸い種子をつくる純系のなえなので，同じ遺伝子(A)を対でもっている。

2　純系の対立形質をもつなえどうしで受粉を行った場合，子には親のどちらか一方の形質が現れる。このとき現れる形質を顕性形質，現れない形質を潜性形質という。

3　無性生殖は受精を伴わずに，親の個体の体の一部を使って子孫を残す。よって，子の遺伝子の組み合わせは，親の遺伝子の組み合わせと同一になる。

4　孫の代でできる種子の遺伝子の組み合わせは，**AA：Aa：aa＝1：2：1**である。よって，半数はは，子の代と同じ遺伝子(Aa)の組み合わせとなる。

5　単細胞生物のミカヅキモは，分裂によってふえる。ジャガイモは種芋で，オランダイチゴはほふく茎によってふえる。いずれも無性生殖である。

3　(状態変化)

1　液体から気体になると，粒子の大きさや数は変わらないが間隔が広くなるため，体積は大きくなる。

2　ガスバーナーの火を消すと，装置内の気体の体積が減少する。よって，ガラス管の先端が液体に入っていると，集めた液体がフラスコに逆流してしまう。

3　アは状態変化，イは溶解，エはエネルギーの変換である。うすい塩酸に亜鉛を入れると，塩化亜鉛と水素が発生し，反応の前後で異なる物質ができるが，原子の種類や数は変化しておらず，原子の組み合わせだけが変化しているため，化学変化である。

4　試験管Aに得られた液体を燃やすと，**水と二酸化炭素**が発生している。水は水素と酸素の化合物で，二酸化炭素は炭素と酸素の化合物である。水と二酸化炭素を構成する酸素は，空気中の酸素に由来する可能性があるが，水素と炭素は空気中から取り入れられたものではないため，液体の中にあったものと考えられる。

5　420gの消毒用アルコールにふくまれるエタノールは，420〔g〕×0.8＝336〔g〕

4　(光の性質)

1　(1)　光が異なる物質を進むとき，その境界面で曲がることを「屈折」という。　(2)　ガラスから空気中へ光が出ていくとき，**入射角＜屈折角**のように光が進む。屈折した光による像は，屈折した光の延長上に見える。　(3)　アとウは光の反射，イは全反射による現象である。

2　(1)　鏡の面に入射した光は，**入射角＝反射角**となるように進む。　(2)　時計の短針から出た光は，鏡A→鏡Bの順に反射するため，観察者からは鏡B(左側)にうつって見える。時計の短針のない側から出た光は，鏡B→鏡Aの順に反射するため，観察者からは鏡A(右側)にうつって見える。

5　(地震)

1　(1)　震度の値が大きいほど，揺れが大きい。　(2)　震源の深さやマグニチュードが同じである場合，震源からの距離が同じであれば震度もほぼ同じになるが，震源からの距離が異なる場合は，震源に近いほど震度は大きくなる。

2　(1)　初期微動はP波が伝わることで発生し，主要動はS波が伝わることで発生する。初期微動継続時間は，初期微動と主要動が始まる時刻の差である。　(2)　地点aと地点bの記録を用いて求めると，この2つの地点は震源からの距離に48－36＝12〔km〕のちがいがあるが，これによって，初期微動が始まった時刻が2秒ちがっている。このことから，**P波が伝わる速さは，12〔km〕÷2〔s〕＝6〔km/s〕**である。よって，地震が発生してから震源からの距離が36kmの地点にP波が伝わるのにかかる時間は，36〔km〕÷6〔km/s〕＝6〔s〕となることから，地震発生時刻は，地点aで初期微動が始まった6時56分58秒の6秒前である。　(3)　(2)より，P波が伝わる速さは6km/sであることから，震源から72kmの地点までP波が伝わるのにかかった時間は，72〔km〕÷6〔km/s〕＝12〔s〕　よって，地震が発生してから緊急地震速報が発表されるまでにかかる時間は，12＋8＝20〔s〕より，20秒。また，**S波が伝わる速さは，(48－36)〔km〕÷(4－1)〔s〕＝4〔km/s〕**であることから，地震発生後，震源から144kmの地点dにS波が到達するのにかかる時間は，144〔km〕÷4〔km/s〕＝36〔s〕。よって，36－20＝16〔s〕より，緊急地震速報の発信から，地点dで主要動が始まるまでに16秒かかる。

6　(運動とエネルギー)

1　表1の値をグラフに打点し，直線をひく。

2　位置エネルギーは，高さが低くなるほど小さくなる。また，運動エネルギーは，速さが速くなるほど大きい。また，物体がもっていたエネルギーの大きさは，物体が行った仕事の大きさに等しいといえる。

3　表2から，40.0gの小球をはなしたときに木片が移動した距離は6.0cmである。実験1では40.0gの小球を使っており，表1から，この装置で40.0gの小球をはなしたときに木片が6.0cm動いたのは，小球を10.0cmの高さからはなしたときである。よって，実験2では，小球を10.0cmの高さからはなしているとわかる。

4　表1から，木片の移動距離は小球をはなす**高さに比例**し，表2から，木片の移動距離は小球の**質量に比例**していることがわかる。よって，40.0gの小球を5.0cmの高さからはなすと3.0cm動くことから，12.5cmの高さから同じ実験を行うと，3.0〔cm〕×$\frac{12.5\text{〔cm〕}}{5.0\text{〔cm〕}}$＝7.5〔cm〕より，木片は7.5cm動く。次に，この小球を40.0gから25.0gに変えると，7.5〔cm〕×$\frac{25.0\text{〔g〕}}{40.0\text{〔g〕}}$＝4.6875〔cm〕より，木片は4.6875cm動く。小数点第2位を四捨五入すると4.7cmとなる。

5　斜面の傾きを大きくしても，小球の質量と高さが同じであれば，小球がはじめにもっている位置エネルギーは等しいため，水平面に達したときの運動エネルギーも等しい。よって，水平面における速さは等しい。また，斜面の傾きを大きくすると，小球の斜面に沿う下向きの力が大きくなるため速さの増え方は大きくなるが，斜面の長さは短くなるため，水平面に達するまでにかかる時間も短くなる。

7　(植物のはたらき)

1　実験に用いる植物の枝は，茎の太さがほぼ同じで，葉の枚数が等しく，葉の大きさがほぼ等しいものを選ぶ。

2　植物の葉の表面には，一対の孔辺細胞があり，この細胞の間に開閉するすき間がある。このすき間を気孔という。

3　植物は，一日中二酸化炭素を放出する**呼吸**を行っているが，光が当たっているときだけ，二酸化炭素を吸収する**光合成**を行う。また，光が当たると呼吸よりも光合成をさかんに行うため，昼間，植物は全体として光合成のみを行っているように見える。

4　(1)　ア，エ：AとBの実験の結果を比較することで，光が十分に当たること(あるいは当たらないこと)が二酸化炭素の割合を変化させる原因の1つとなっていることはすでに分かっている。ウ：下線部の実験では，息を吹き込む量を意図的に変化させていないので，誤り。イ：ポリエチレンの袋が結果に影響をあたえている場合，Aも下線部の実験も同じ結果となることが考えられる。　(2)　この実験で，二酸化炭素の量の変化は植物のはたらきによるものなので，実験前の濃度と実験後の濃度は変わらない。

8　(化学変化)

1　酸化銅は黒色，酸化マグネシウムは白色の物質である。

2　表1から，銅0.60gを加熱すると，0.75gの酸化銅ができていることから，銅に結合した酸素の質量は，0.75－0.60＝0.15[g]であるとわかる。よって，質量の比は，**銅：酸素＝0.60：0.15＝4：1**となる。

3　**マグネシウム＋酸素→酸化マグネシウム**の反応を表す式となる。マグネシウムは分子をつくらない。また，酸化マグネシウムは，マグネシウムと酸素の原子の数の比が1：1で結合している化合物であり，分子はつくらない。

4　表1より，酸化銅の質量は，もとになった銅の質量の$\frac{0.75[\mathrm{g}]}{0.60[\mathrm{g}]}=\frac{5}{4}$(倍)の質量となる。同様に，酸化マグネシウムの質量は，もとになったマグネシウムの質量の$\frac{0.50[\mathrm{g}]}{0.30[\mathrm{g}]}=\frac{5}{3}$(倍)となる。このことから，混合物中の銅の質量を$x$gとすると，$\frac{5}{4}x+\frac{5}{3}(3.50-x)=5.00$の式が成り立つ。よって，$x=2.00$より，銅の質量は2.00gと求められる。

5　実験3の①より，酸素は銅よりも炭素と結びつきやすいため，酸素との結びつきやすさは炭素＞銅となる。実験3の②より，マグネシウムは二酸化炭素から酸素をうばっているので，酸素との結びつきやすさは，マグネシウム＞炭素となる。これらを整理すると，**マグネシウム＞炭素＞銅**となる。

＜社会解答＞

1　1 (1) ① ア　② フィヨルド　③ b　(2) (イギリス) エ　(ハンガリー) イ
(3) (例)中国と比較して，アメリカは生産量に占める輸出量の割合が大きい。
2 (1) イ　(2) (例)東北地方の太平洋側の県で米の収穫量が，やませの影響を受けて減少した。　(3) 岩手県　3 (1) a イ　b ア　(2) X ア　Y ウ

2　1 (1) イ　(2) ウ　(3) (例)幕府から領地替えや藩の取りつぶしを受けた。
(4) A→D→B→C　2 資料 a　メモ Y　3 (1) 文明開化　(2) ア
(3) (例)重工業で働く人の数が増加したのは，国家総動員法が制定され，人々を軍需工場で働かせたため。　(4) エ　(5) アジア・アフリカ会議

3　1 (1) 社会福祉　(2) エ　(3) ① ウ　② (例)憲法は国の権力を制限し，国民の基本的人権を保障する役割を持つ法であるため。　2 (1) ① あ　② ウ
(2) エ　(3) (例)一般の銀行は，貸し出しを増やすので，企業はお金を借りやすくなり，生産が活発になって，景気は回復に向かう。　(4) ① イ　② 自立

4　1 (1) ベルサイユ条約　(2) ① (国の名前) ロシア連邦　(語句) 冷戦[冷たい戦争]　② (例)複数の共和国の独立により，ソ連が解体　2 (1) エ　(2) ウ
(3) P ×　Q ○　3 (1) (日本) イ　(フランス) ウ　(2) 循環
(3) (例)予約販売を行うことで，準備した数と予約した数との差がなくなるため。

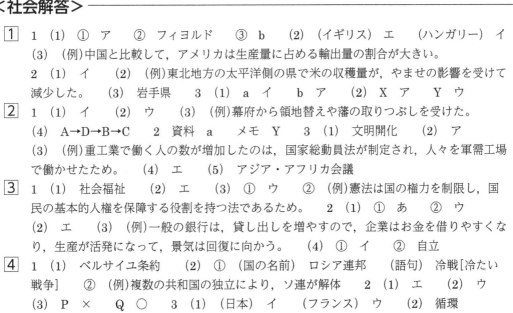

＜社会解説＞

1 **(地理的分野－世界の自然環境・産業・日本の諸地域に関する問題)**

1 (1) ① 緯度0度である赤道はインドネシアを，イギリスの旧グリニッジ天文台を通る本初子午線はアフリカ大陸の西を通過することから判断すれば良い。 ② **スカンジナビア半島**に位置する**ノルウェー**の西側に広がる，**氷河の浸食作用によって形成**された地形である。 ③ 乾燥した高温な気候であることから，アフリカの都市であると判断できるはずである。 (2) 人口に注目すると，アはニュージーランド，イはハンガリー，ウはインド，エはイギリスであると判断できる。 (3) 生産量と輸出量が示されていることから，生産量に占める輸出量の割合に注目すれば良い。

2 (1) 略地図Ⅱに示されているのは**北方領土**である。**面積の大きい順に，択捉島・国後島・色丹島・歯舞群島**であることから判断すれば良い。 (2) 略地図Ⅲ・Ⅳを比較すると，東北地方の太平洋側の県で米の収穫量が大きく減少していることが読み取れる。また，夏場の東北地方の太平洋側に吹く冷たい北東風はやませという。これらを併せて説明すれば良い。 (3) 新幹線の開業時期は，それぞれ**東北新幹線が1982年，秋田新幹線1997年，北海道新幹線2016年**であることから，ア・エが北海道・秋田県，イ・ウが青森県・岩手県のどちらかになる。漁業産出額に注目すると，多い順に北海道・青森県・岩手県・秋田県であることが分かる。これらを併せて判断すると，アは北海道，イは青森県，ウは岩手県，エは秋田県であると判断できる。

3 (1) 川は周囲より低いところを流れていることから，市役所のある地点は標高が高く，地形上は谷になっていることが判断できる。 (2) Xは，65歳以上の人口が4分の1以上を占めるとあることから，25%を越えているアが当てはまることが分かる。Yは，避難情報を伝えることが最優先であることから，ハザードマップの配布を求めるウがふさわしいと判断できる。

2 **(歴史的分野－各時代の資料を切り口にした問題)**

1 (1) Aは，**1018年，藤原道長が娘3人を皇后にした**ことを詠んだ歌である。藤原氏の全盛期の文化は**国風文化**であることから，**かな文字で書かれた紫式部の源氏物語**が同時代の作品となる。 (2) 資料は，**マルティン・ルターが1517年に発表した「95ヶ条の論題」**である。アは1536年にキリスト教綱要を刊行して以降のこと，イのイエズス会は1534年に設立，ウの十字軍派遣は1096年が第1回の派遣，エは1642年から1649年にかけての出来事であることから判断すれば良い。 (3) 資料は1615年に出された大名を取り締まるために制定された**元和の武家諸法度**である。幕府の方針に逆らった大名は，**領地を変更される転封**や**取りつぶしである改易**などの処分を受けたことを元に説明すれば良い。 (4) **Aは1018年，Bは1517年，Cは1615年，Dは1232年**のことである。

2 **工場制手工業**である**マニュファクチュア**の特徴は，労働者を集めて作業をさせることであることから判断すれば良い。

3 (1) 明治時代になって西洋風の文化や生活習慣などを次々に受け入れていった全体像を示す言葉である。 (2) **アは1925年，イは19世紀後半，ウは1873年以降，エは1947年**のことである。 (3) 資料Ⅱの法律は，**1938年に制定された国家総動員法**である。資料Ⅰから，重工業で働く人の数が1940年の段階で大きく増加したことが読み取れる。資料Ⅲから，労働者は軍需工場で働くこととなったことが読み取れる。これらを併せて説明すれば良い。 (4) **1954年の第五福竜丸事件**を契機として，日本国内でも原水爆禁止を訴える声が大きくなり，**1955年に広島で第1回大会**が開催され，**1972年の沖縄返還**より前の出来事となることから，エは誤りである。 (5) 第二次世界大戦後に，イギリス・フランス・アメリカ・オランダなどの帝国主義を推し進めていた西洋諸国の植民地支配を受けていたアジア・アフリカ地域の国々が独立を果たし，29か国が結集して開催した会議である。

3 (公民的分野－政治・経済を切り口にした問題)

1 (1) 日本の社会保障制度は，保険料を払って万が一に備える**社会保険**，生活保護を行う**公的扶助**，保健所が行う**公衆衛生**，高齢者・障がい者・子どもなどを支援する**社会福祉**から成り立っていることから判断すれば良い。 (2) 期間短縮の説明が入っていることに注目すれば良い。(3) ① **日本国憲法第96条**の内容である。 ② **日本国憲法第98条**に，憲法は最高法規であると規定されていることに注目して説明すれば良い。

2 (1) ① 労働力は家計が企業に提供するものであることから判断すれば良い。 ② 所得の多い層から少ない層へ所得を移転することが所得の再分配であることから判断すれば良い。累進課税制度は所得が多い層に対して税率を高く設定することである。 (2) ドルに対する円の価値が高くなる，すなわち，**少ない円でドルと交換できることが円高**である。**2万ドルを円に換算すると，1ドル120円では240万円，1ドル100円では200万円**となる。これらを併せて判断すれば良い。 (3) 不景気の時には，市場に出回る通貨量を増やす必要があることから判断すれば良い。 (4) ① 消費者の5つの責任とは，**批判的意識を持つ責任・主張し行動する責任・社会的弱者に配慮する責任・環境に配慮する責任・連帯する責任**である。この問題では，不十分な情報を鵜呑みにしないという視点から判断すれば良い。 ② 消費者基本法第1条の内容である。

4 (総合問題－SDGsを切り口にした問題)

1 (1) **第一次世界大戦の講和条約**である。 (2) ① **モスクワ**とあることから判断すれば良い。**冷戦**とは，**アメリカとソ連の間の，直接は戦火を交えない対立**のことである。 ② ソ連の正式名称がソビエト社会主義共和国連邦という連邦国家であったことに注目して，崩壊の状況を説明すれば良い。

2 (1) **アは1966年，イは1948年，ウは1965年，エは1979年**にそれぞれ採択されている。(2) **大正から昭和にかけて女性の権利獲得に活躍**した人物である。アは**岩倉具視遣米欧使節団に同行してアメリカに留学し，帰国後女子英語塾(今の津田塾大学)を開いた**人物，イは**「にごりえ」「たけくらべ」などを著わした**明治時代の作家，エは**「みだれ髪」「君死にたまふことなかれ」などで知られる**明治時代の作家・歌人である。 (3) 手続きの公正とは，全員が同じように関わることが可能であることで保障されるということに注目して判断すれば良い。

3 (1) **火力発電の割合が高く，原子力発電・再生可能エネルギーの発電の割合が低いのが日本，原子力発電の割合が高いのがフランス**である。 (2) 木材を繰り返し使っていることに注目すれば良い。 (3) 資料Ⅴに予約とある点に注目して，前もって必要数を決めることで無駄を省こうとしていることを説明すれば良い。

＜国語解答＞

一 一 ア こうかい　イ はんも　ウ はくちゅう　エ うなが(す)　オ すみ
二 ア 軽快　イ 熟練　ウ 修復　エ 省(く)　オ 額　三 ウ

二 一 ウ　二 イ　三 (例)言葉の意味を正しく知ることで，適切な行動を取ることができる

三 一 ウ 二 A 期待 B 現実との相違 三 (1) (例)偶然の体験が思いもよらない感動を与えてくれることがあるから。 (2) イ 四 エ

四 一 ひとえに 二 ウ 三 (例)しつこく何事もおもしろがって観賞する。

四 (例)実際に見るよりも，室内で想像する

五 一 エ 二 (例)コミュニティが開かれた状態。 三 ア 四 エ 五 (例)集まりを行動の第一歩として位置づけ，自ら出した課題に自ら取り組むようにすること。

六 A オールドカマーとニューカマー B (例)ことばによる対話を通じて対立・抗争が繰り広げられること 七 (例)私が人との関わりの中で大切にしていきたいのは，礼節を重んじることです。以前，友人や家族に，自分の意見を一方的に押し付け，不快な気持ちにさせたことがありました。わがままを通すことは，自分にとっては都合の良いことなのかもしれませんが，相手にとっては嫌なことだと気づきました。家族であれ，友人であれ，自分とは異なる考え方を持つ人間です。だからこそ，常に感謝を忘れないことや相手を尊重することを心がけています。それが結果として，互いを思いやる気持ちや信頼関係を築く一助になると考えます。

＜国語解説＞

一 (漢字の読み書き，漢文)

一 ア 「航海」とは，船舶により海上を航行すること。 イ 「繁茂」とは，草木が盛んに生い茂ること。 ウ 「伯仲」とは，兄弟や長兄と次兄を意味する。また，力が釣り合っていて優劣のつけ難いこと。 エ 「促す」とは，物事を早くするように急き立てること。 オ 「隅」とは，囲まれた区域のかど。また，中央でない端の方や奥の方を表す。

二 ア 「軽快」とは，軽々としていて動きの素早いこと。軽やかで，気持ちが良いこと。病気が良くなること。 イ 「熟練」とは物事に慣れて，手際よく上手にできること。 ウ 「修復」とは，建造物などの傷んだ箇所を直して，元のようにすること。破綻をきたした関係を元通りに戻すこと。 エ 「省く」とは，不要のものとして取り除くこと。また節約する，分け与えるという意味もある。 オ 「額」とは，顔の上部の髪の生え際と眉との間の部分。

三 「思」の前に「君」を，「不」の前に「見」を訓んでいる事から，「思」「不」の下にそれぞれレ点を付ける。また，「渝州」の後に「下」を訓んでいるので「州」に一点，「下」に二点を付ける。

二 (議論－内容吟味，文脈把握，脱文・脱語補充)

一 「言葉の意味を知らないと，情報に対して準備できなかったり，対応が遅れてしまったりすることが考えられます。」と予想できる問題点を示して，「言葉の意味を正しく知ることは大切」という考えの根拠を明確にしている。

二 Bさんが提示した多言語表示，Cさんが提示した防災に関する言葉を取り上げ，「今回の発表のテーマに照らして，発表内容を決定しましょう」と話し合いを進めようとしている。

三 Cさんが提案した「防災に関する言葉について知り，適切に行動できるようになってもらいたい」という内容から逸脱しないよう，また「言葉」と「行動」という言葉を用いながら，制限字数内におさめて記述しよう。

三 (随筆－内容吟味，文脈把握，脱文・脱語補充，表現技法)

一　「～のような」という説明の言葉と一緒に，ある事柄を他のものにたとえる「直喩法」が用いられている。また「一本の剣の刃」は幾筋に分かれる事なく，たった一本が細く長く落ちている様子を表している。

二　筆者は「下野黒髪山きりふりの滝」を見るため日光を訪れたが，「十分足らず」で終わってしまい，続けて日光で最も有名な華厳の滝を見に行ったが，こちらも満足するには至らず，「あまりにも多くを期待してしまうことで，現実との相違に打ちのめされ」たのである。

三　(1)　二つの滝を見終わった筆者は，地図に載っていた「竜頭の滝」まで歩いていく事を，唐突に思いついた。この滝を見た筆者は，「見事な構図の絵柄に，私はしばし見惚れてしまった」。この思いもよらない「竜頭の滝」との出会いは，偶然にも筆者の心を動かしたのである。これらの経験から，完璧な旅行の予定を立てて全て遂行したとしても，「思いもかけなかったものと遭遇したときの感動には及ばないことがある」と主張している。　(2)　傍線部の直後に，「単に，時間に余裕を持たせておけばいいということだけではない。期待する気持に，思いがけないものと遭遇することの喜びを受け入れられる，ちょっとした『隙間』を空けておいたらと思う」とある。つまり，完璧な旅行の予定を立ててそれだけを遂行するという事にとらわれず，時間や心に「隙間」を持って旅行してはどうか，と提案しているのである。

四　「霧降の滝」については，「滝見台は滝との距離がかなりあり，また，位置が高いため，手前の樹木に邪魔され，北斎が描いたような下方で枝垂れ桜の枝のように分岐するところがまるで見えない」とし，「華厳の滝」については，「一本の剣の刃のようなすらりとした滝の姿も悪くない。滝に神性を見てしまう日本人には，このように細く長い滝の方を好むところがあるのかもしれない。しかし……。」と，期待をして見に行った割には，大した結果にはならなった事が描写されている。一方，「竜頭の滝」については「あたかも双頭の竜のようで，白い飛沫に紅葉も美しく映え，まさに一幅の絵のようだった」と絶賛している。このように複数の滝見物の様子を具体的に描写し，滝との出会いを対称的に表すことで，筆者の旅に対する考えの高まりを印象づけている。

四　(古文－内容吟味，文脈把握，脱文・脱語補充，仮名遣い)

〈口語訳〉　Ⅰ　満月でかげりもないのを千里のかなたまで眺めているよりも，明け方近くになって出てくるのを待っていた(月)が，とても趣深く，青みがかっているようで，山奥の杉の梢に見えている，木の間(から)の月の光や，さっと時雨を降らせた一群の雲に隠れている(月の)様子が，このうえなく趣がある。椎の木や白樫の木などの濡れたような葉の上にその光がきらきらと輝いているのは，身にしみて，情趣を解するような友がいてほしいものだと，都のことが恋しく思われる。

Ⅱ　総じて，月や花を，そうむやみに目でばかり見るものであろうか。春は(花を見るために)家から外へ出かけないでも，(秋の)月の夜は寝室の中にいても(心の中で)思っていることこそ，たいへん味わい豊かで，趣が深いものである。情趣を解する人は，(何事につけても)むやみに興に熱中するふうにも見えず，(物事を)楽しむ様子もあっさりしている。片田舎の人に限って，しつこく何事も面白がる。(美しく咲いた)花の下には，身をねじるようにして近寄り，わめきもせずに見つめて，酒を飲み連歌をして，ついには，大きな枝を，深い考えもなく折り取ってしまう。(また，夏には)泉の中に手や足を突っ込んだり，(冬には趣深く降り積もった)雪の中へ下り立って足跡をつけるなどして，どんなものでも，さりげなく見るということがない。

一　現代かなつかいでは語頭と助詞以外の「は・ひ・ふ・へ・ほ」は，「ワ・イ・ウ・エ・オ」と表す。

二　趣深いものとして，「明け方近くになって出てくるのを待っていた月」を挙げ，またこの上なく趣深いものとして，「山奥の杉の間からもれる月の光」「時雨を降らせた一群の雲に隠れている月」を挙げている。

三 「心あらん友」とは，情趣を解する友のことである。これと対照的なのは「片田舎の人」である。このような人物は，情趣を理解することなく，しつこく何事もおもしろがる気質だとしている。

四　傍線部前に「春は(花を見るために)家から外へ出かけないでも，(秋の)月の夜は寝室の中にいても(心の中で)思っていること」とあるので，これら二つの事から共通する内容を制限字数以内にまとめて記述する。

五　(論説文－内容吟味，文脈把握，指示語の問題，脱文・脱語補充，語句の意味，作文(課題))

一 「典型的」とは規範によくかなっている様，また本質・特徴をよく表わしている様を示す。

二 「活性化」とは物質の反応性を高めること，また社会・組織などを活発にすること。文章内での意味は，後者である。筆者が例として挙げる「コミュニティ3・0」は，「いかにもイノベーションの時代にふさわしい地域活性化のあり方を象徴」するものであり，その中で対立などもあるだろうが，それは「コミュニティが開かれている証拠である」と述べている。

三　傍線部の「それ」とは，ニューカマーが障壁を壊そうとする事である。その障壁とは，既存の枠組み，不合理な規制などである。(a)インターネットで全国に売り出していた地域の特産品をブランド力強化のために周辺地域だけでの販売に変更する，(c)地域住民だけが参加可能だった伝統行事を，地域外の人にも参加してもらうよう提案する，などは既存の枠組みや不合理な規制にとらわれず，行動した結果という事ができる。

四　あるコミュニティからの依頼の例を出した後，筆者は「それだと目的が」から始まる段落に，「集まること自体に意味がある。コミュニティの人間が集まれば，自然にコミュニティの話になる。そしてそのコミュニティがよほど完璧なものでない限りは，自ずと問題意識を共有する場になるはずである」と述べている。また「集まって話す」から始まる段落に，「その集まった事実を行動へと昇華させるもう一歩が必要」とあるので，人々の不平不満を集会の意義を見直すきっかけとするのではなく，何かをするための行動へと前進するきっかけとしているので，エが誤り。

五 「これは私が」から始まる段落に，筆者が実践している事ととして，最初の集まりを「行動の第一歩として位置づけ」ており，そしてその集会の「最後に自ら課題を出してもらい，その課題に自ら取り組むよう仕向けることにしている」とある。そうする事によって，集まりは単発で終わる事なく，続いていく。

六　A　空欄の後に，「のような，異質なもの同士が共存する社会では対立が生じる」とあり，「異質なもの同士」を言い換えた言葉が入ると推測できる。よって，文章の中で二者の対立について言及しているのは，「オールドカマーとニューカマー」である。　B 【資料】の中で，異質なもの同士が共存するためにはアゴーンは避けられないものであるが，「このアゴーンが，暴力による対立・抗争ではなく，ことばによって，対話を通じて繰り広げられる」事が大事であるとしている。

七　まず，人との関わり合いの中で何を大切にしているのかを明確に述べる必要がある。具体的な経験を記して説得力のある文章にしよう。，自分の考えが分かりやすく伝わるように，文章表現や構成を工夫して，掲示された条件を守り，制限字数以内におさめよう。

山梨県公立高等学校

2022年度

★★★★★★★★★★★★★★★★★★★★★★★

入　試　問　題

2022年度

●くわしい解説……47ページ

＜数学＞　時間　45分　満点　100点

1　次の計算をしなさい。

1　$4-12$

2　$\frac{4}{5}\div(-4)+\frac{8}{5}$

3　$(-6)^2-3^2$

4　$7\sqrt{3}-\frac{9}{\sqrt{3}}$

5　$\frac{1}{6}xy\times(-18x)$

6　$7(2x-y)-(x-5y)$

2　次の問題に答えなさい。

1　２次方程式 $2x^2+9x+8=0$ を解きなさい。

2　右の図において，点Oは円の中心であり，点A，B，Cは円周上の点であるとき，$\angle x$ の大きさを求めなさい。

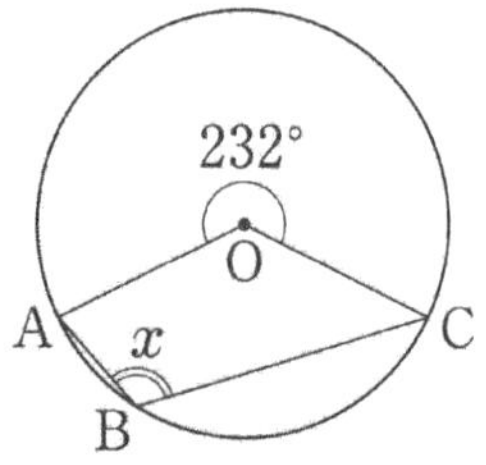

3　右の図において，直線 ℓ は点Pを接点とする円の接線である。この円の中心を作図によって求めなさい。そのとき，求めた点を•で示しなさい。

ただし，作図には定規とコンパスを用い，作図に用いた線は消さずに残しておくこと。

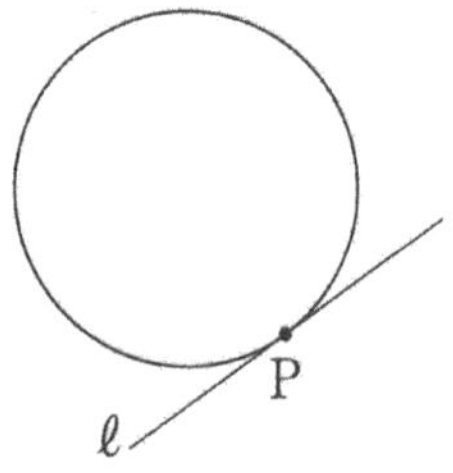

4　次のア～エから，y が x に反比例するものを１つ選び，その記号を書きなさい。

ア　x mLのジュースを５人で均等に分けるときの１人分のジュースの量が y mLである。

イ　面積が50cm²の長方形の縦の長さが x cmであるときの横の長さが y cmである。

ウ　点Pが直線上を毎分 x cmの速さで３分間進んだときの道のりが y cmである。

エ　定価が x 円の品物を定価の20%引きで買ったときの代金が y 円である。

5　１から６までの目が出る大小２つのさいころを同時に１回投げるとき，出た目の数の積が10の倍数となる確率を求めなさい。

ただし，それぞれのさいころについて，どの目が出ることも同様に確からしいものとする。

3 次の問題に答えなさい。

1　玄太さんの学級でクイズ大会を行った。クイズは20問出題され，参加者は，出題されたすべてのクイズに解答する。クイズに正解した場合は1問につき6点が加点され，正解しなかった場合は1問につき2点が減点される。

20問のクイズのうち，x 問に正解したときの最終得点は，次の式で求めることができる。

最終得点を求める式

$6x-2(20-x)$

このとき，次の(1)，(2)に答えなさい。

(1)　20問のクイズのうち，12問に正解したときの最終得点を求めなさい。

(2)　右の表は，クイズ大会の参加者A～Eの最終得点をまとめたものである。

参加者	A	B	C	D	E
最終得点	80	32	−16	112	0

玄太さんは，表を見て，正解数に関わらず，最終得点は，8の倍数になるのではないかと予想した。

「最終得点は，8の倍数になる」という玄太さんの予想が成り立つことを，**最終得点を求める式**を使って説明しなさい。

2　右の図のように，AB＝10cm，BC＝8cm，AC＝6cmである直角三角形ABCがあり，点PはBを出発して，辺BA，AC上をBからCまで動く。点PがBから x cm動いたときの△PBCの面積を y cm²とする。

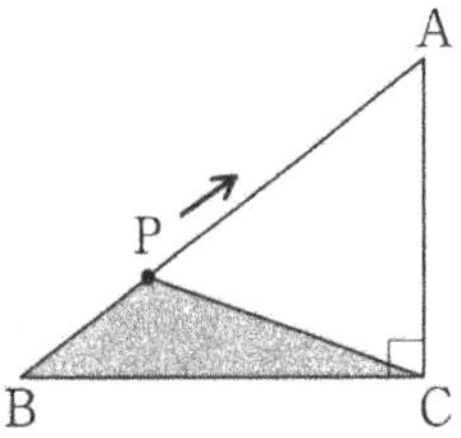

このとき，次の(1)～(3)に答えなさい。

(1)　点PがBから5cm動いたときの△PBCの面積を求めなさい。

(2)　x と y の関係を表すグラフをかきなさい。

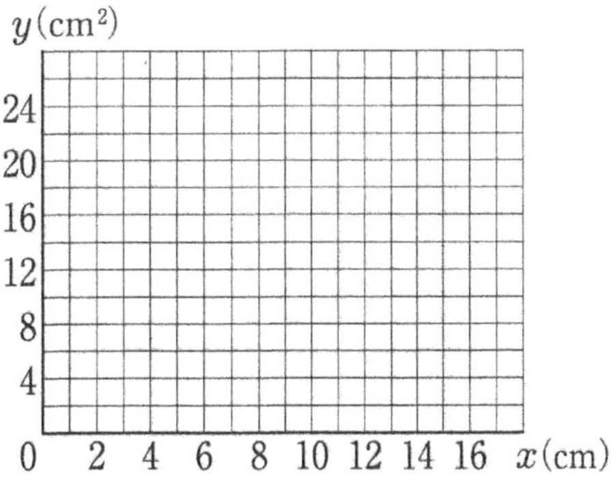

(3)　△PBCの面積が20cm²となる x の値をすべて求めなさい。

4 A中学校の体育祭の大縄跳びでは，3分間に連続で跳んだ最高回数を記録として競う。3年生の桃花さんは，学年生徒会の取り組みとして，当日の結果とは別に，直前2週間の練習も3分間に連続で跳んだ最高回数を記録として何回か取り，それらの記録をもとに3学年の4つの学級の中から1つの学級を特別賞として表彰する企画を考えた。

桃花さんは，各学級の第１週の記録から第２週の記録への伸びに着目し，特別賞の学級の決め方を考えることとした。練習の記録のデータのうち，各学級の第１週の記録16回分をデータ①とし，第２週の記録12回分をデータ②とする。

このとき，次の１，２に答えなさい。

1　右の表は，２組の練習の記録を度数分布表に表したものである。

このとき，次の⑴，⑵に答えなさい。

⑴　右の表における階級の幅を求めなさい。

⑵　右の表において，データ②の方がデータ①よりも相対度数が大きい階級を，次の**ア**～**カ**からすべて選び，その記号を書きなさい。

ア　５回以上10回未満　　**イ**　10回以上15回未満

ウ　15回以上20回未満　　**エ**　20回以上25回未満

オ　25回以上30回未満　　**カ**　30回以上35回未満

２組の練習の記録

記録（回）	度数（回）	
	データ①	データ②
以上　未満		
5 ～ 10	1	0
10 ～ 15	3	2
15 ～ 20	6	5
20 ～ 25	3	2
25 ～ 30	2	2
30 ～ 35	1	1
合計	16	12

2　桃花さんは，特別賞の学級の決め方として，まず平均値に着目し，各学級のデータ②の平均値からデータ①の平均値をひいた値が他の学級より大きい２つの学級を選び，それらの学級について，箱ひげ図を用いて比べることとした。

下の図は，平均値に着目して選んだ１組と４組のデータ①とデータ②をそれぞれ箱ひげ図に表したものである。

このとき，次の⑴，⑵に答えなさい。

⑴　**１組の箱ひげ図**から，１組のデータ①の中央値と１組のデータ②の中央値をそれぞれ求めなさい。

１組の箱ひげ図

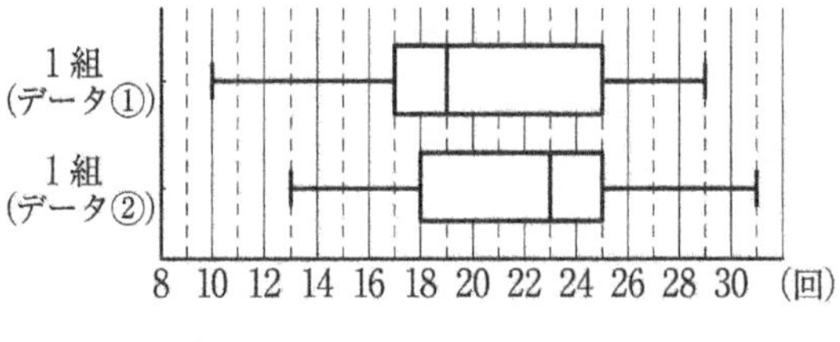

⑵　**４組の箱ひげ図**から，「４組のデータ②は，４組のデータ①より記録が伸びている」と主張することができる。そのように主張することができる理由を，**４組の箱ひげ図**の２つの箱ひげ図の特徴を比較して説明しなさい。

４組の箱ひげ図

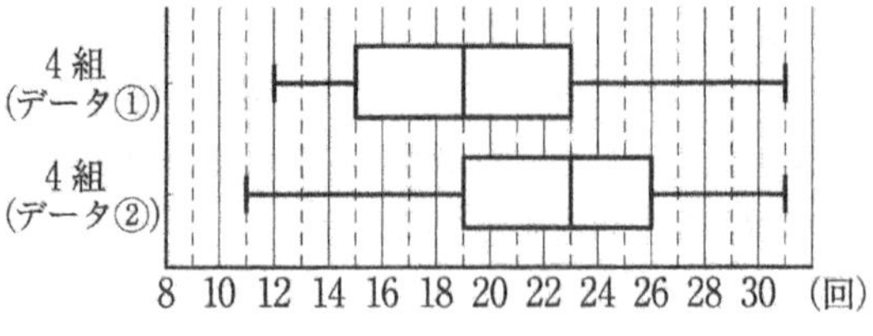

5　次の問題に答えなさい。

1　図1において，①は関数 $y=\frac{1}{3}x^2$ のグラフであり，点A，B，Cは①上にある。点A，B，Cの x 座標はそれぞれ－3，6，9である。

このとき，次の(1)～(3)に答えなさい。

(1)　①の関数 $y=\frac{1}{3}x^2$ において，x の変域が $-3 \leqq x \leqq 6$ であるとき，y の変域を求めなさい。

(2)　直線ACの式を求めなさい。

(3)　△ABCの面積を求めなさい。

図1

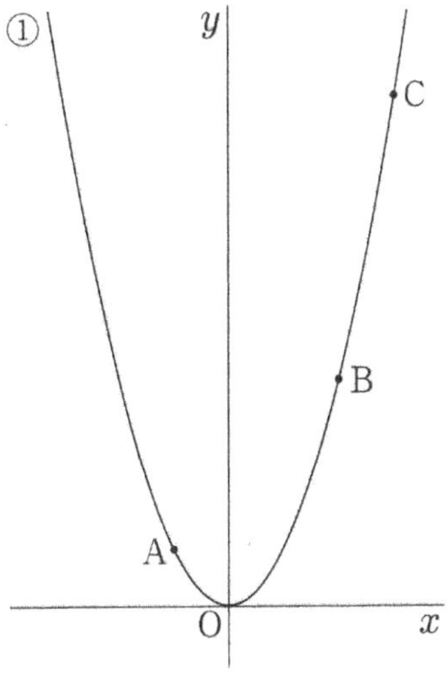

2　図2のように，正方形ABCDの辺BC上に点Eをとり，辺CD上に∠AEF＝90°となるように点Fをとる。ただし，点Eは点B，Cと一致しないものとする。

このとき，次の(1)，(2)に答えなさい。

(1)　△ABE∽△ECFとなることを証明しなさい。

(2)　点Fを通り，直線EFに垂直な直線と辺ADとの交点をGとする。AB＝3cm，BE＝2cmであるとき，AG：GDを最も簡単な整数の比で表しなさい。

図2

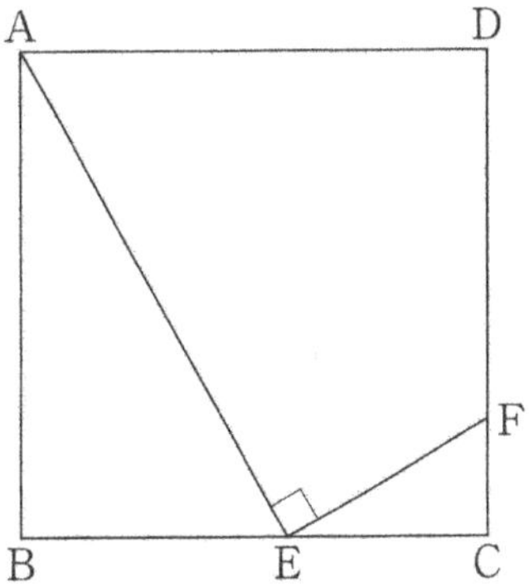

6　次のページの図の一辺の長さが6cmである立方体ABCD－EFGHにおいて，点PはEP＝9cmとなる半直線EF上の点であり，点QはEQ＝9cmとなる半直線EH上の点である。また，点Rは線分AP，BFの交点であり，点Tは線分AQ，DHの交点である。さらに，点Sは線分PQ，FGの交点であり，点Uは線分PQ，GHの交点である。

このとき，次の1～4に答えなさい。

1　線分PQの長さを求めなさい。

2　三角錐《さんかくすい》AEPQの体積と三角錐RFPSの体積をそれぞれ求めなさい。

3　五角形ARSUTの面積を求めなさい。

4　4点A，C，R，Tを頂点とする立体の体積を求めなさい。

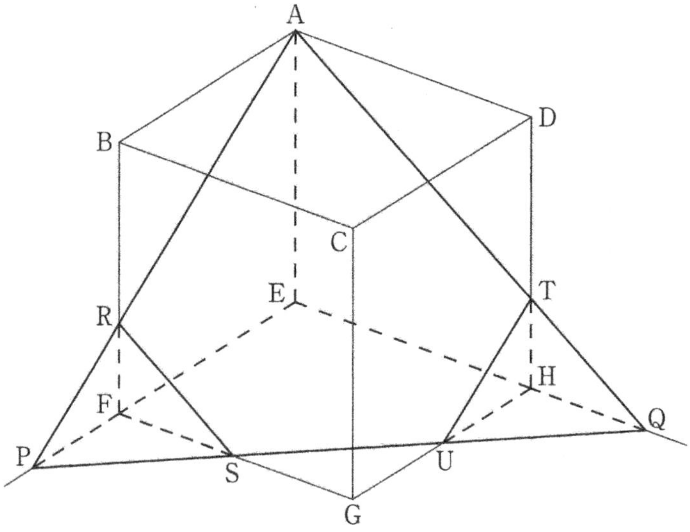
A
B
D
C
E
T
R
H
F
Q
P
S
U
G

＜英語＞

時間　45分　　満点　100点

1　これは英文を聞き取り，その内容について英語の質問に答える問題です。

1から4まで，いろいろな場面での Paul と Lucy の会話を放送し，それぞれの会話に続けて質問をします。質問の答えとして，最も適当なものを**ア**，**イ**，**ウ**，**エ**の中から**一つずつ**選び，その記号を書きなさい。英語は**2回ずつ**放送します。

1

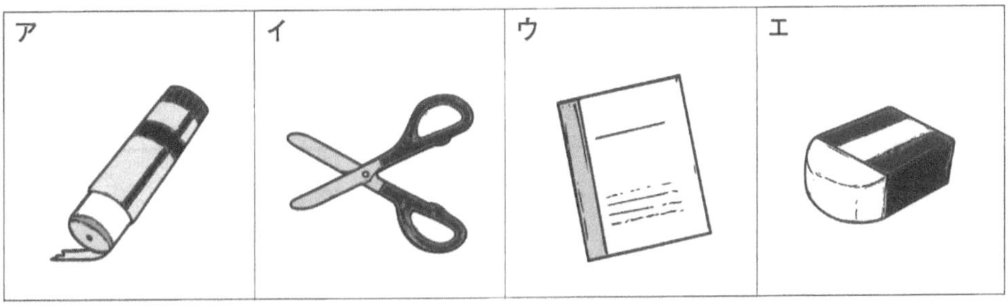

2

3　**ア**　Paul.　**イ**　Lucy.　**ウ**　Paul's father.　**エ**　Lucy's father.

4　**ア**　A bike.　**イ**　A guitar.　**ウ**　A Japanese book.　**エ**　A new bag.

2　これは英文を聞き取り，メモを完成させる問題とイラストを選ぶ問題です。

これから放送するのは，ALT（外国語指導助手）の Ms. Scott が，町で開催される英語イベントについて，授業の中で紹介している場面です。英文の内容に合うように，メモの中の**ア**，**イ**にはそれぞれ適当な**1語の英語**を，**ウ**には適当な**数字**を書きなさい。また，英語イベントに参加する生徒が最初に行うことを，次のページの①～④のイラストの中から**一つ**選び，その記号を書きなさい。英文は**2回**放送します。

〈メモ〉

・This English event will be held (　ア　) month.
・We will enjoy watching a movie after (　イ　).
・(　ウ　) students can join this event.

〈イラスト〉

①

②

③

④

3　これは英文を聞き取り，その内容について英語の質問に答える問題です。

あなたは海外研修旅行先のアメリカで，ある美術館を訪れています。これから放送するのは，その美術館の利用時のルールについて，ツアーガイドが説明している場面です。英文は**1度だけ**放送し，それに続けて英文の内容に関して**二つの質問**をそれぞれ**2回**放送します。質問の答えとして，最も適当なものを**ア**，**イ**，**ウ**の中から**一つずつ**選び，その記号を書きなさい。

Question 1　ア　Because it is important to talk about the rules.
　　　　　　イ　Because it is dangerous to run.
　　　　　　ウ　Because it is special to clean the museum.

Question 2　ア　You can talk on the smartphone in the museum.
　　　　　　イ　You can eat and drink in the museum.
　　　　　　ウ　You can take pictures in the museum.

4　次の文章は，山梨県の同じ中学校に通う，はると（Haruto）とアメリカからの留学生 James との会話です。これを読んで，1から7の問いに答えなさい。
（＊は**注**の語を示す。**図**は会話の中に出てくる山梨県のロゴマークである。）

注	symbol：シンボルマーク　student council：生徒会 pictogram(s)：ピクトグラム　Olympics：オリンピック logo：ロゴマーク　grape(s)：ぶどう　*Takedabishi*：武田菱《たけだびし》

図
YAMANASHI

Haruto: Summer vacation will finish soon.
James: It's too short in Japan. In the U.S., it's about three months.

Haruto: Oh, I didn't know that. We also have a lot of things to do during summer vacation. (1)あなたはもうあなたの宿題を終えましたか。

James: No, I haven't. Some of it is very difficult and new to me.

Haruto: For example?

James: Well, in this school, we have to draw a *symbol for the school festival as a *student council activity. But I'm not [A] at art. Also, in the U.S., I've never made one before. [ⓐ]

Haruto: Don't worry. I think I can help you because my favorite thing to do is drawing. I can tell you about some designs ①(ア it　イ they　ウ which　エ who) will make your symbol better. James, do you know *pictograms?

James: Pictograms? They're the pictures that show things and places like trains and restaurants, right?

Haruto: That's true. It's said that pictograms ②(ア is　イ are　ウ was　エ were) born in Europe, and that they became famous all over the world through the 1964 Tokyo *Olympics because many people could easily understand them.

James: Really? ③(ア Finally　イ Suddenly　ウ However　エ So), when I first saw an *onsen* pictogram in Japan, I didn't understand what it was. I thought it was a warm drink like coffee.

Haruto: I see. Actually, some pictograms have been changed. For example, we now use two kinds of *onsen* pictograms in Japan. One pictogram has people in it. (2) Look at this.

James: Wow! It's easier [B] me to understand it shows an *onsen* when people are drawn in it. I want to draw a school festival symbol that everyone can understand easily like pictograms.

Haruto: [ⓑ] This is the *logo that was made for the 150th birthday of Yamanashi. (3) What ＿＿＿＿＿＿＿＿＿＿ this logo?

James: It's very nice. Can you tell me more about it?

Haruto: Sure. This design shows Yamanashi has a lot of beautiful things [C] as Mt. Fuji, its high mountains, its clean rivers and its delicious *grapes. The shape of this logo comes from **Takedabishi*, a special picture used as the sign of the Takeda Family.

James: That's great. I think it's a logo with a strong message. [ⓒ]

Haruto: I think so, too. I believe the logo can be used all over Yamanashi.

James: I will try to draw the best symbol for our school festival, like the useful pictograms and the wonderful logo of Yamanashi.

1　本文の会話が成り立つように，下線部(1)あなたはもうあなたの宿題を終えましたか。という内容を表す英文を**一つ**書きなさい。

2 A ～ C に当てはまる最も適当な英語を，本文の内容に合うように，**1語ずつ**書きなさい。

3 ⓐ ～ ⓒ に入る最も適当な英文を，**ア～オ**から**一つずつ**選び，その記号を書きなさい。

ア So, I don't know what I should draw.
イ Let me show you another good design.
ウ Then, people don't know what they will see.
エ We should not use the logo of Yamanashi so easily.
オ I hope more people will like Yamanashi when they see it.

4 ①～③の（ ）に当てはまる最も適当な英語を，本文の内容に合うように，**ア～エ**から**一つずつ**選び，その記号を書きなさい。

5 下線部(2) Look at this. の this が表すピクトグラムを**ア～エ**から**一つ**選び，その記号を書きなさい。

ア　イ　ウ　エ

6 本文の会話が成り立つように，下線部(3)に What から始まり，this logo? で終わる適当な英文を**一つ**書きなさい。ただし，What と this logo? も書くこと。

7 本文とほぼ同じ内容になるように，次の①～③の英文の（ ）に当てはまる最も適当な英語を**1語ずつ**書きなさい。

① Summer vacation in the U.S. is (　　　) than in Japan.
② It's said that the 1964 Tokyo Olympics made pictograms (　　　) all over the world.
③ James thinks the logo made for the 150th birthday of Yamanashi has a strong (　　　).

5 次の英文は，高校1年生のまどか（Madoka）が，英語の授業で食品ロス（food loss）について発表したときの原稿です。これを読んで，1から6の問いに答えなさい。なお，本文中の【1】～【5】は発表した原稿の段落番号を表します。
（＊は注の語を示す。）

注

waste：無駄にする	billion：十億	ton(s)：トン（重さの単位）	burn：燃やす
food waste：食品廃棄物	fruit(s)：果物	food bank(s)：フードバンク	
enough：十分な			

Food Loss

【1】Hello, everyone. Today, I'd like to talk about the problem of food loss. I think many of you have heard of it, but through my presentation, I want you to learn more about this problem.

【2】Food loss means *wasting food that we can still eat. Many people know throwing away food is *mottainai*, but I guess many people don't think that food loss is a big problem because there is a lot of food around us. At first, I wasn't interested in this problem, either. However, last week, in social studies class, we learned that there are more than 8 million hungry people in the world, but at the same time over 1.3 *billion *tons of food is thrown away every year. I felt very sad to hear this. After the class, I wanted to know about food loss in Japan. So, I tried to get more information on the Internet. Then, I found a good website. It shows that in Japan in one year, about 6 million tons of food that can still be eaten is thrown away, and about half of it comes from homes. It was very surprising to me. Also, I learned that throwing away food means wasting the water and energy used to make the food, and if we *burn a lot of *food waste, it makes CO_2. So, wasting food is bad for the environment, too.

【3】Why do people waste so much food? For example, in a supermarket, people may buy too much food, but they sometimes forget to eat it. Then it becomes food waste. In a restaurant or at home, people sometimes order or cook too much food, so they don't eat all of it and then they waste it like this. Also, some people want to buy *fruits or vegetables which look good. So, some fruits and vegetables are thrown away just because their color or shape is bad for selling.

【4】So, what can we do to stop food loss? First, we can stop buying too much food. Before going shopping, we should check [　　　]. Second, we can stop ordering or cooking too much food. Then we can eat everything and don't waste food. Third, we can give food to *food banks. Do you know food banks? Food banks collect food which was not sold or eaten. Then they give it to people who don't have *enough food. So, if we have much food which we don't need, by sending it to food banks, we can save people without wasting food.

【5】I believe we all can do something to solve many problems and help many people. I think it is important to start with small things that we can do in our daily lives. <u>One small thing I can do</u> is to join a volunteer activity. So, I have decided to help at a food bank to stop food loss. How about you? Let's do something small to make our lives better. Thank you for listening.

1 次の①，②の問いに答えるとき，本文の内容に合う最も適当なものを**ア**～**エ**から**一つずつ**選び，その記号を書きなさい。

① What does Madoka want her classmates to do through her presentation?

ア She wants them to do their presentation.

イ She wants them to listen to many people.

ウ She wants them to learn more about food loss.

エ She wants them to stop using the Internet.

② How much food loss comes from homes in Japan in one year?

ア About 1 million tons.

イ About 3 million tons.

ウ About 6 million tons.

エ About 8 million tons.

2 次の**ア**～**オ**のうち，本文の内容と合っているものを**二つ**選び，その記号を書きなさい。

ア Food loss means throwing away food that can't be eaten.

イ Madoka wasn't interested in food loss before she learned about it in class.

ウ The problem of food loss can be solved by burning a lot of food waste.

エ Some fruits and vegetables are thrown away because they don't look good and aren't sold.

オ Madoka told everyone to decide to join a volunteer activity to stop food loss.

3 次の**ア**～**オ**は，本文の【1】～【5】のいずれかの段落の内容を表した見出しです。各段落にふさわしい見出しを，**ア**～**オ**から**一つずつ**選び，それぞれ記号で書きなさい。

ア Things that we can do about food loss

イ Examples showing why food loss happens

ウ The beginning of the presentation about food loss

エ Doing something small to solve problems and help people

オ Information about food loss happening in the world and in Japan

4 本文の内容から考えて，本文中の □ に入る最も適当な英語を，次の**ア**～**エ**から**一つ**選び，その記号を書きなさい。

ア how much food we have at home

イ how much information there is on the Internet

ウ how many people sell food at the supermarket

エ how many restaurants are found in our town

5 次の英文は，まどか（Madoka）の発表をもとに，あるクラスメイトがまとめたものです。（A）～（D）に当てはまる最も適当な英語を**1語ずつ**書きなさい。

Madoka taught us that food loss is a very big (A), so now I'm (B) in food loss, too. I learned a lot of food is wasted even in Japan. I think if we don't throw away food and we give it to hungry people, we can save them. Also, I learned wasting food is (C) for the environment. So, I want to do small things to stop food loss. I'll try to buy only food that I need and I want to enjoy eating (D) wasting food.

6　下線部 One small thing I can do について，あなたなら人のため，または社会のために，どのようなことができると思いますか。下の条件に従って書きなさい。

条件　・一つのことについて，具体的に書くこと。
・**35語以上50語以内の英語**で書くこと。文の数はいくつでもよい。
なお，短縮形（I've や isn't など）は１語と数え，符号（，や？など）は語数に含めない。また，記入例のとおり，解答欄に記入すること。
（記入例）　No,　it　isn't.　［３語］

＜理科＞　時間　45分　　満点　100点

1　次の１，２の問いに答えなさい。

1　メダカの血液の流れを調べるために，次の観察を行った。⑴，⑵の問いに答えなさい。

〔観察〕　①　図のように，チャック付きのポリエチレン袋に水と生きているメダカを入れ，チャックを閉めた。

②　ポリエチレン袋を顕微鏡のステージに置き，低倍率で観察して，メダカの位置を調整した。

③　顕微鏡の倍率を150倍にして，メダカの尾びれの部分を観察したところ，毛細血管とその中を流れる赤血球が見えた。

図

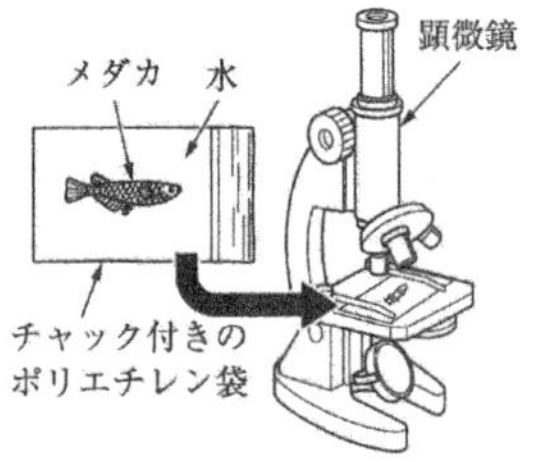

⑴　〔観察〕の結果から，メダカの毛細血管内のようすを模式的に表し，説明したものとして最も適当なものを，次の**ア**～**エ**から**一つ**選び，その**記号**を書きなさい。

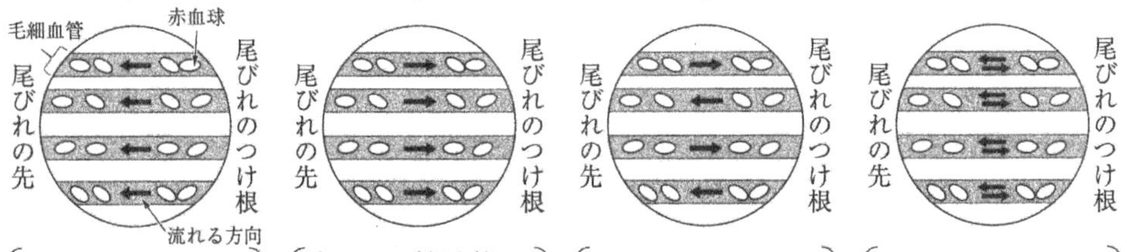

ア　すべての毛細血管で，赤血球が尾びれの先の方向へ流れている。

イ　すべての毛細血管で，赤血球が尾びれのつけ根の方向へ流れている。

ウ　毛細血管によって，赤血球が異なる方向に流れている。

エ　すべての毛細血管で，赤血球が両方向に流れている。

⑵　赤血球に含まれるヘモグロビンのはたらきには，酸素の多いところと少ないところで，どのような違いがあるか，簡潔に書きなさい。

2　ヒトの血液の循環について，⑴～⑶の問いに答えなさい。

⑴　毛細血管から細胞へ養分を運ぶしくみについて述べた文として，最も適当なものを，次の**ア**～**エ**から**一つ**選び，その**記号**を書きなさい。

ア　毛細血管からしみ出した血しょうが，血小板となって養分を運ぶ。

イ　毛細血管からしみ出した血しょうが，組織液となって養分を運ぶ。

ウ　毛細血管からしみ出した組織液が，血しょうとなって養分を運ぶ。

エ　毛細血管からしみ出した組織液が，血小板となって養分を運ぶ。

⑵　細胞は，血液が運んだ酸素を使って養分からエネルギーを取り出し，二酸化炭素と水を放出する。細胞によるこのはたらきを何というか，その**名称**を書きなさい。

⑶　ヒトは血液の循環を通じて，体内で生じた有害なアンモニアを，無害な物質に変えて排出する。このしくみを説明したものとして最も適当なものを，あとの**ア**～**エ**から**一つ**選び，その**記号**を書きなさい。

ア　アンモニアを，肝臓でアミノ酸に変え，じん臓でこし出して排出する。

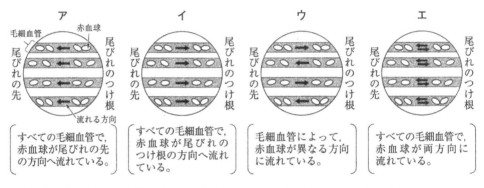

イ　アンモニアを，肝臓で尿素に変え，じん臓でこし出して排出する。

ウ　アンモニアを，じん臓でアミノ酸に変え，肝臓でこし出して排出する。

エ　アンモニアを，じん臓で尿素に変え，肝臓でこし出して排出する。

2　**図1**は，ある年の９月30日９時の天気図であり，**図2**は，同じ年の９月30日６時から10月１日18時までの甲府市の気圧と湿度の変化を表したグラフである。**1**～**5**の問いに答えなさい。ただし，**図1**の㊟は台風を表している。

図1

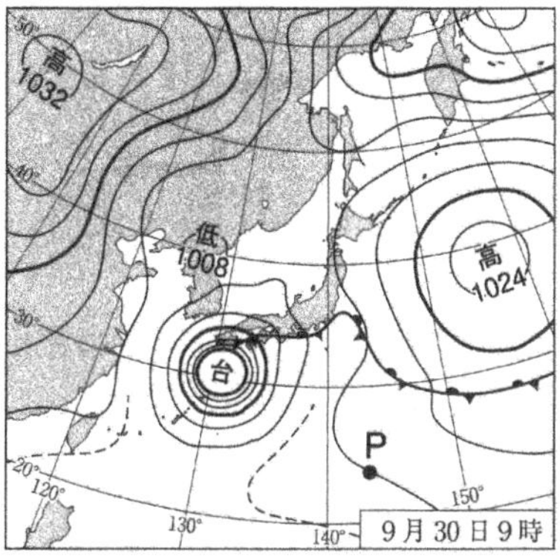

図2

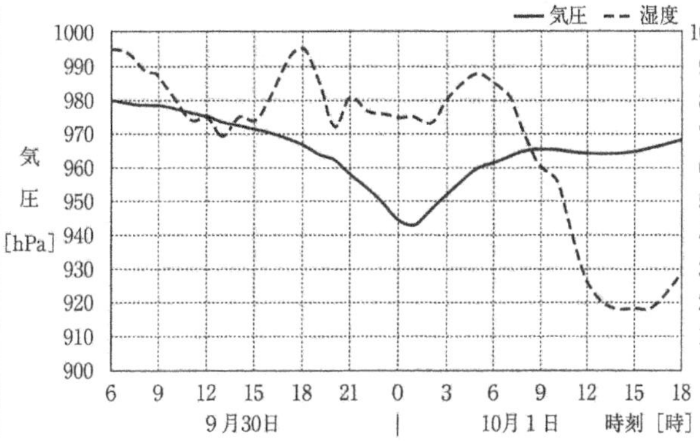

1　**図1**の**P**点における気圧は何hPaか，書きなさい。

図3

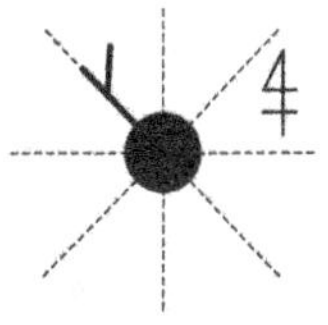

2　**図3**は，９月30日15時の甲府市の気象情報を天気図記号で表したものである。このときの**天気**，**風向**，**風力**をそれぞれ書きなさい。

3　この台風の地表付近での風のふき方を模式的に表したものとして，最も適当なものはどれか。次の**ア**～**エ**から**一つ**選び，その**記号**を書きなさい。

ア

イ

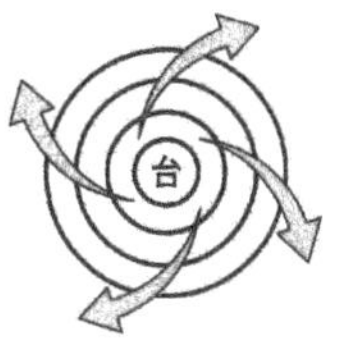

ウ

エ

4　**図2**のグラフから，台風の中心が甲府市に最も近づいたのは何時ごろと考えられるか，最も適当なものを，次の**ア**～**エ**から**一つ**選び，その**記号**を書きなさい。また，そのように考えられる**理由**を簡潔に書きなさい。

ア　９月30日15時から９月30日18時の間

イ　９月30日18時から９月30日21時の間

ウ　10月１日０時から10月１日３時の間

エ　10月１日６時から10月１日９時の間

5　９月30日21時時点で部屋の気温と湿度を測定すると，気温23.0℃，湿度81.0％であった。部屋の湿度を下げるために除湿機を使用したところ，しばらくして，湿度が65.0％に低下した。この部屋の体積を50m³とするとき，除湿されて，部屋の空気から除かれた水の量は何ｇか，求めなさい。なお，それぞれの気温における飽和水蒸気量は**表**のとおりである。ただし，気温は23.0℃で一定で，部屋の中の湿度はどこも均一であり，出入りはなかったこととする。

表

気温 [℃]	20.0	21.0	22.0	23.0	24.0
飽和水蒸気量 [g/m³]	17.3	18.3	19.4	20.6	21.8

3 気体の性質について調べるために，５種類の気体を使って，次の実験を行った。気体**A**～**E**は，**水素**，**窒素**，**塩化水素**，**アンモニア**，**二酸化炭素**のいずれかである。**1**～**5**の問いに答えなさい。

〔**実験１**〕 気体**A**～**E**のにおいを手であおぐようにして確認したところ，気体**A**と気体**E**では，特有の刺激臭がした。

〔**実験２**〕 気体**A**と気体**E**の入った試験管の口に，**図１**のように水でぬらした赤色リトマス紙を近づけたところ，気体**A**の入った試験管では，赤色リトマス紙の色が**青色**に変化したが，気体**E**の入った試験管では，赤色リトマス紙の色は変化しなかった。

図１

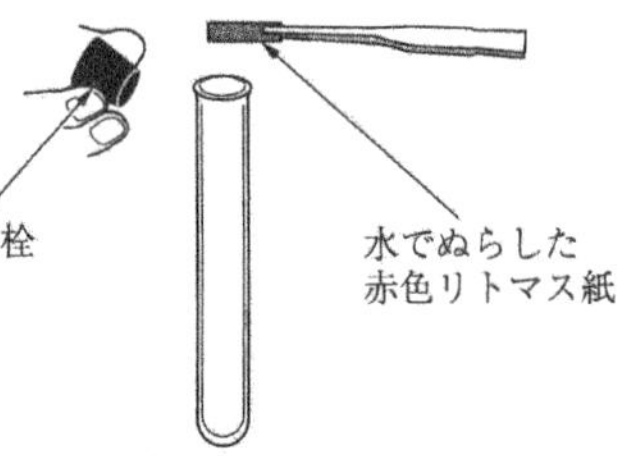

〔**実験３**〕 気体**E**を溶かした水溶液を**図２**のような装置に入れて電気分解したところ，陽極と陰極からそれぞれ気体が発生した。陽極側の水溶液を取り出し，その液を赤インクで着色した水に入れると，水の色が変化した。

図２

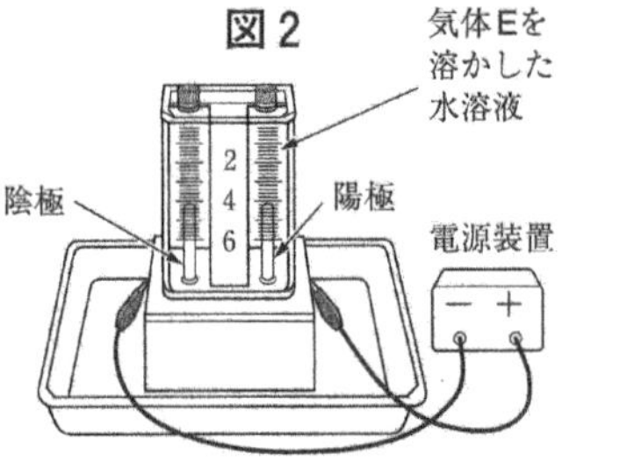

〔**実験４**〕 石灰水の入った試験管に気体**B**，**C**，**D**をそれぞれ入れ，**図３**のように，よく振ったところ，気体**C**を入れた石灰水は白くにごったが，気体**B**，気体**D**を入れた石灰水では変化は見られなかった。

〔**実験５**〕 試験管に気体**B**と気体**D**をそれぞれ入れ，**図４**のように，試験管の口にマッチの火を近づけたところ，気体**D**を入れた試験管では，音を出して燃え，試験管の内側がくもったが，気体**B**を入れた試験管では変化は見られなかった。

図３

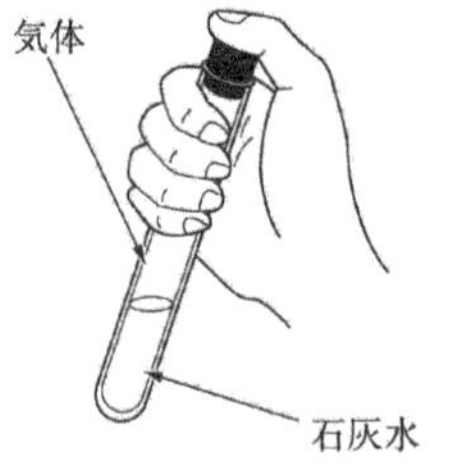

図４

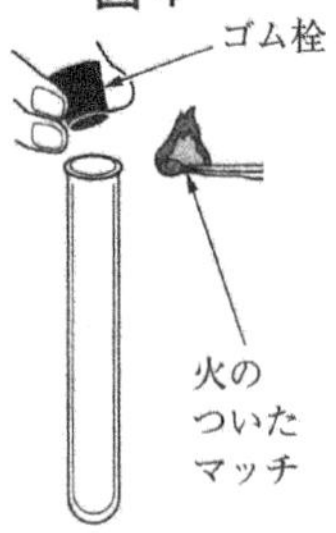

1 気体**A**を試験管に集めるとき，気体**A**は水上置換法ではなく上方置換法で集める。このことから，気体**A**はどのような性質をもっていると考えられるか，簡潔に書きなさい。

2 〔**実験３**〕で，水の色が変化したのは，陽極側で発生した気体のある性質によるものである。それはどのような性質か，最も適当なものを，あとの**ア**～**エ**から**一つ**選び，その記号を書きなさい。

ア　漂白作用がある。　　　　　　　　　イ　水溶液はアルカリ性を示す。
ウ　水溶液は亜鉛などの金属を溶かす。　エ　殺菌作用がある。

3　気体Bは何か，その**化学式**を書きなさい。

4　気体Cについて述べた文として適当なものを，次の**ア～エ**から**すべて**選び，その**記号**を書きなさい。

ア　ロケットの燃料や，燃料電池に利用されている。
イ　固体から直接，気体に変化する性質がある。
ウ　空気中の体積の割合でおよそ78％を占める。
エ　発泡入浴剤を湯に入れたときに発生する。

5　〔**実験5**〕で，気体Dが燃焼したときの化学変化を原子のモデルで表すことにした。このとき，酸素原子を◎，水素原子を○，窒素原子を●，塩素原子を◇，炭素原子を◆のモデルで表すと，どのようになるか。次の式の［ⓐ］と［ⓑ］に当てはまる**モデル**をそれぞれかきなさい。ただし，◎◎は酸素分子のモデルであり，反応の前後で原子の種類と数は変わらないものとする。

［　ⓐ　］　＋　◎◎　→　［　ⓑ　］

4　物体の運動について調べるために次の実験を行った。1～5の問いに答えなさい。ただし，空気の抵抗，運動する台車にはたらく摩擦，記録タイマーの摩擦は考えないものとする。

〔**実験**〕①　**図1**のように，1秒間に50回点を打つ記録タイマーを斜面上部に固定し，記録テープを台車にはりつけた。
記録テープを手で支え，台車を静止させた。

②　記録タイマーのスイッチを入れた後，記録テープから静かに手をはなし，台車が斜面を下りて水平面上をまっすぐに進んでいく運動を記録した。

③　記録テープを，打点が重なり合わずはっきりと判別できる点から，0.1秒ごとに切り離し，記録テープの基準点側から順に**A～I**とし，それぞれの長さを測定した。結果は**表**のようになった。**図2**は，記録テープを台紙にはりつけたものである。ただし，記録テープの打点は省略してある。

図1

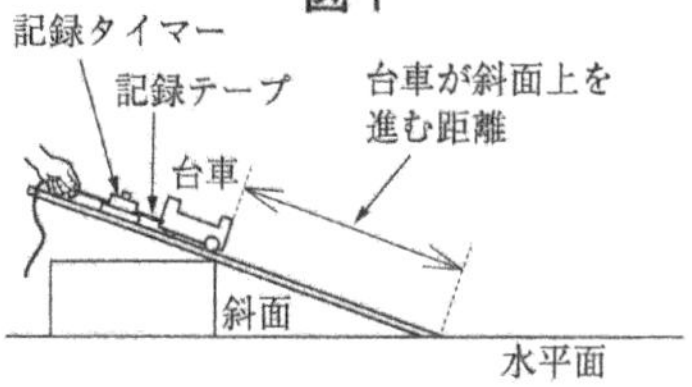

図2

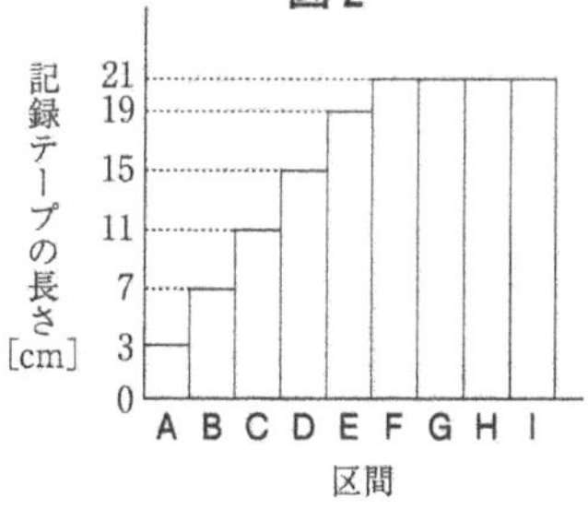

表

区間	A	B	C	D	E	F	G	H	I
記録テープの長さ〔cm〕	3.0	7.0	11.0	15.0	19.0	21.0	21.0	21.0	21.0

1　次のページの**図3**は，記録テープと打点を表している。記録テープを基準点から0.1秒後のところで切り離すとき，どこで切り離せばよいか，基準点に示した線にならって**実線**をかきなさい。

図3

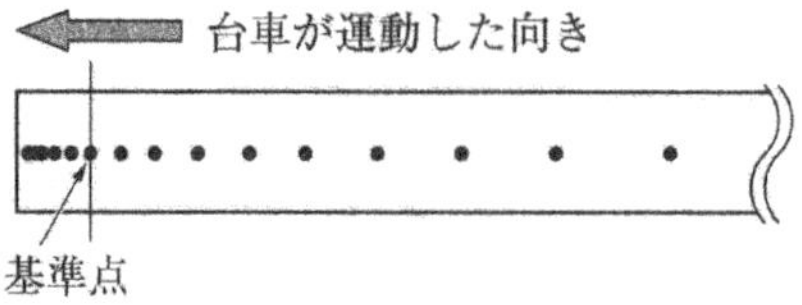

2　〔**実験**〕の②，③について，**表のCとDを合わせた区間の平均の速さ**を求め，**単位**をつけて答えなさい。ただし，**単位は記号**で書きなさい。

3　〔**実験**〕の②，③について，区間Fの直前に，台車が水平面に達したため，区間F～Iでは，区間A～Eと違い，記録テープの長さが変わらなくなり，台車は等速直線運動をした。その**理由**を簡潔に書きなさい。

4　次の □ は，〔**実験**〕で斜面上の台車にはたらく力について述べた文章である。ⓐ，ⓑに当てはまるものを**ア**～**ウ**から**一つずつ**選び，その**記号**をそれぞれ書きなさい。

> 斜面上の台車にはたらく重力をW，垂直抗力をNとし，WとNの大きさを比べると，ⓐ〔**ア**　W＞N　　**イ**　W＝N　　**ウ**　W＜N〕である。また，台車が斜面を下っている間，Wの斜面に平行な分力は，ⓑ〔**ア**　だんだん大きくなった　　**イ**　一定であった　　**ウ**　だんだん小さくなった〕。

5　図1の装置を用いて，台車が斜面上を進む距離は変えずに，斜面の傾きを大きくし，〔**実験**〕と同じ操作を行った。このときの実験結果として最も適当なものを，次の**ア**～**エ**から**一つ**選び，その**記号**を書きなさい。

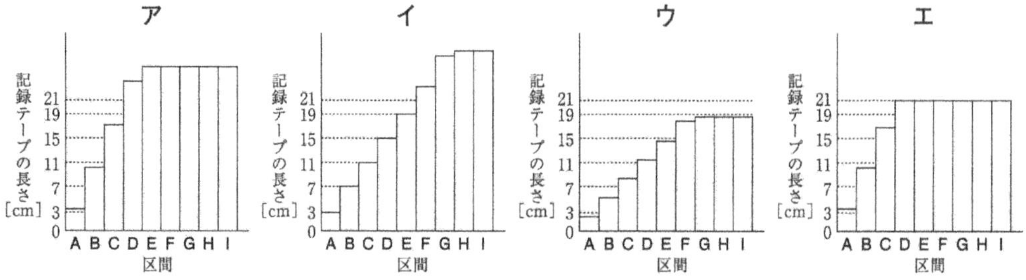

5　陸さんとひなさんは，博物館でシソチョウの化石のレプリカ（複製品）を観察した。その後，二人で観察したことを**ノート**にまとめた。次のページの □ は，二人がまとめた**ノート**の内容について先生と交わした会話の一部である。1～5の問いに答えなさい。

ノート

シソチョウは約1億5千万年前の中生代の地層から発見された。

シソチョウの特徴

①　長い尾をもち，口に歯がある。
②　体全体が羽毛でおおわれている。
③　前あしがつばさになっている。

シソチョウのスケッチ

④　前あしの先につめがある。

シソチョウは，ハチュウ類と鳥類の両方の特徴をもつことから，生物の進化の証拠の一つであると考えられている。

先生：博物館はどうでしたか。
ひな：いろいろな種類の化石を見ることができて面白かったです。
先生：どんな化石がありましたか。
陸　：地質年代ごとに，動物や植物の化石がありました。
ひな：中生代の化石では，［ ⓐ ］の化石がありました。
先生：そうですね。化石を観察することでいろいろな発見ができます。
陸　：シソチョウの化石のレプリカでも，観察すると生物の特徴がよくわかりました。
ひな：**ノート**のシソチョウの特徴のうち［ ⓑ ］はハチュウ類の特徴であり，［ ⓒ ］は鳥類の特徴になります。このことから，シソチョウはハチュウ類と鳥類の両方の特徴をもつことがわかります。
先生：よくまとめました。ハチュウ類と鳥類は<u>体温の変化</u>にも違いがありましたね。また，生物が進化をしたことを示す証拠は，現存する生物にもみられます。
陸　：［ ⓓ ］器官のことですね。博物館にも説明がありました。
先生：そのとおりです。現在と形やはたらきが違っていても，もとは同じ器官にあたると考えられるものです。例えば，ヒトのうでと［ ⓔ ］がそうですね。［ ⓓ ］器官の中には，ヘビの後ろあしのように，はたらきを失ってこん跡のみとなっているものもあります。

1　［ ⓐ ］に当てはまる**語句**を，次の**ア**～**エ**から**一つ**選び，その**記号**を書きなさい。

ア　フズリナ　　**イ**　ナウマンゾウ　　**ウ**　アンモナイト　　**エ**　サンヨウチュウ

2　［ ⓑ ］，［ ⓒ ］に当てはまるものを，**ノート**のシソチョウの特徴①～④からそれぞれ**二つずつ**選び，その**記号**を書きなさい。

3　［　　］中の下線部について，**図**は，ハチュウ類と鳥類の体温と周囲の気温の関係を模式的に表したものである。ハチュウ類の体温の変化に当てはまるものを**X**，**Y**から**一つ**選び，その**記号**を書きなさい。また，そのように考えられる**理由**を，「**周囲の気温**」，「**体温**」という**語句**を使って簡潔に書きなさい。

図

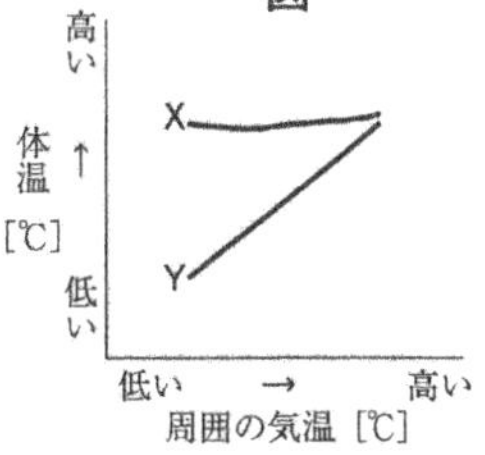

4　［ ⓓ ］に当てはまる**語句**を書きなさい。

5　［ ⓔ ］に当てはまるものを，次の**ア**～**エ**から**一つ**選び，その**記号**を書きなさい。

ア　チョウのはね
イ　コウモリのつばさ
ウ　タコのあし
エ　マグロの尾びれ

6　あとの1，2の問いに答えなさい。

図

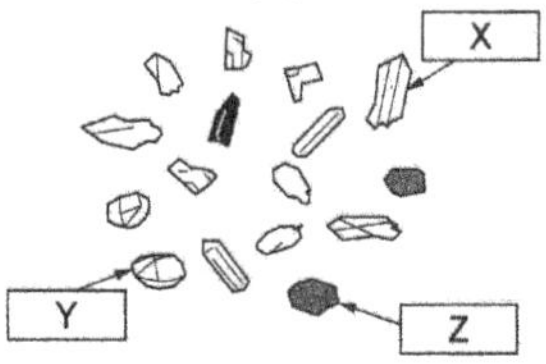

1　はるさんは，火山灰にふくまれる鉱物について調べるために，双眼実体顕微鏡を使って観察を行った。図は，観察した火山灰のスケッチである。□は，観察の中で，はるさんが先生と交わした会話の一部である。(1)～(3)の問いに答えなさい。

> はる：火山灰の色が白かったり，黒かったりするのはなぜですか。
> 先生：よい疑問をもちましたね。その理由を考えてみましょう。
> はる：白い火山灰は，白っぽい色の鉱物でできているからだと思います。
> 先生：では，白い火山灰を双眼実体顕微鏡で観察してみましょう。どのようなものが見えますか。
> はる：白っぽい鉱物がたくさんあります。形が柱状なのは［X］で，形が不規則に割れているのは［Y］だと思います。
> 先生：そのとおりです。見えるのは，白っぽい色の鉱物だけですか。
> はる：よく見ると，黒っぽい色の鉱物が何種類か見えます。その中で，形が板状なのは［Z］だと思います。他にも，かっ色やこい緑色などの鉱物が見えます。
> 先生：そうです。［Z］には，かっ色のものもあり，決まった方向にうすくはがれる特徴もあります。こい緑色に見えるのはカクセン石です。観察結果から，火山灰の色がちがう理由に気づきましたか。
> はる：火山灰の色が白かったり，黒かったりするのは，黒っぽい色の鉱物や白っぽい色の鉱物のふくまれる割合がちがうからなのですね。
> 先生：そのとおりです。疑問をもったことを調べようとする姿勢がすばらしいですね。

(1)　双眼実体顕微鏡について説明しているものとして，最も適当なものを，次の**ア**～**エ**から**一つ**選び，その**記号**を書きなさい。

ア　試料を手に持って，観察するのに適している。
イ　試料をプレパラートにして，観察するのに適している。
ウ　試料を観察すると，立体的に見える。
エ　試料を観察すると，上下左右が逆に見える。

(2)　［X］，［Y］，［Z］に当てはまる鉱物の組み合わせとして，最も適当なものを，次の**ア**～**エ**から**一つ**選び，その**記号**を書きなさい。

ア　X　セキエイ　　Y　チョウ石　　Z　クロウンモ
イ　X　セキエイ　　Y　クロウンモ　　Z　チョウ石
ウ　X　チョウ石　　Y　クロウンモ　　Z　セキエイ
エ　X　チョウ石　　Y　セキエイ　　Z　クロウンモ

(3)　下線部のことを何鉱物というか，その**名称**を書きなさい。

2　火山の噴火について，(1)，(2)の問いに答えなさい。

(1)　次のページの□は，噴火の様子と火山噴出物の特徴について述べた文である。ⓐ，ⓑに当てはまるものを**ア**，**イ**から**一つずつ**選び，その**記号**をそれぞれ書きなさい。

> マグマのねばりけが，ⓐ〔 ア　強い　　イ　弱い 〕火山ほど，火山灰などの火山噴出物の色は黒っぽくなり，ⓑ〔 ア　おだやかな噴火　　イ　激しい噴火 〕になることが多い。

(2)　噴火によって火山灰とともにふき出た軽石や溶岩などには，多くの穴が見られる。次の文はこれらの穴ができている理由を述べたものである。□に入る適当な言葉を書きなさい。

理由：噴火のときにマグマの中から［　　　　　　　　］ため。

7　塩酸と水酸化ナトリウム水溶液を混ぜたときの水溶液の性質を調べるために，次の実験を行った。1～5の問いに答えなさい。

〔**実験**〕①　うすい塩酸とうすい水酸化ナトリウム水溶液を用意し，7つのビーカー**A**～**G**それぞれにうすい塩酸を10.0cm³ずつ入れた。

②　**図1**のように，ビーカー**B**～**G**に，うすい水酸化ナトリウム水溶液5.0cm³，10.0cm³，15.0cm³，20.0cm³，25.0cm³，30.0cm³をそれぞれゆっくり加え，ガラス棒でかき混ぜた。

③　ビーカー**A**～**G**の水溶液に**緑色**のBTB溶液を数滴加えたところ，ビーカー**D**の水溶液が中性であることがわかった。

④　**図2**のように，ビーカー**A**～**G**にマグネシウムリボンを入れたところ，ビーカー**A**～**C**で気体が発生した。**表**はその結果をまとめたものである。

図1

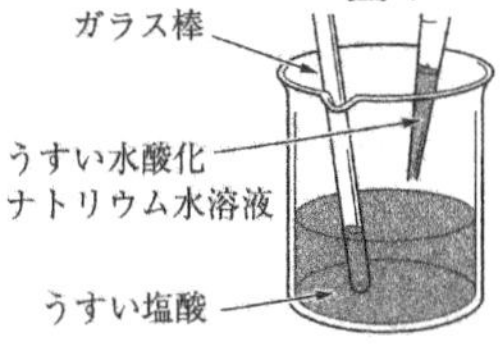

図2

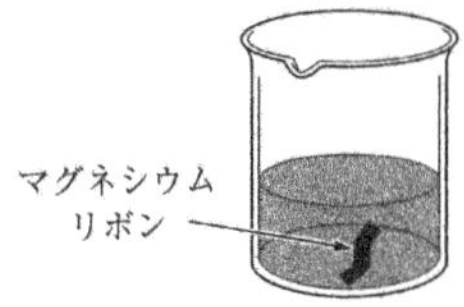

表

ビーカー	A	B	C	D	E	F	G
加えたうすい水酸化ナトリウム水溶液〔cm³〕	0	5.0	10.0	15.0	20.0	25.0	30.0
マグネシウムリボンを入れたときの反応のようす	気体が発生した			反応しなかった			

1　〔**実験**〕の③について，ビーカー**D**の水溶液で，中和によってできた塩を結晶として取り出す方法を簡潔に書きなさい。

2　〔**実験**〕の③について，ビーカー**G**の水溶液にBTB溶液を加えたとき，水溶液は何色に変化したか。最も適当なものを，次の**ア**～**エ**から**一つ**選び，その**記号**を書きなさい。

ア　無色　　**イ**　黄色　　**ウ**　赤色　　**エ**　青色

3　〔**実験**〕の④について，気体が最も勢いよく発生したのは，ビーカー**A**～**C**のどのビーカーの水溶液か。最も適当なものを，次の**ア**～**ウ**から**一つ**選び，その**記号**を書きなさい。

ア　ビーカー**A**　　**イ**　ビーカー**B**　　**ウ**　ビーカー**C**

4　次のページの**図3**は，〔**実験**〕の②で，ビーカー**G**に加えた水酸化ナトリウム水溶液の体積と水溶液中の水素イオンの数との関係を表したものである。なお，塩酸10.0cm³に含まれる水素イオンの数をnとする。このとき，加えた水酸化ナトリウム水溶液の体積と水溶液中の**すべてのイオンの数**との関係のグラフをかきなさい。ただし，塩化水素，水酸化ナトリウム及び生じた塩化ナトリウムは，水溶液中において，すべて電離しているものとする。

図3

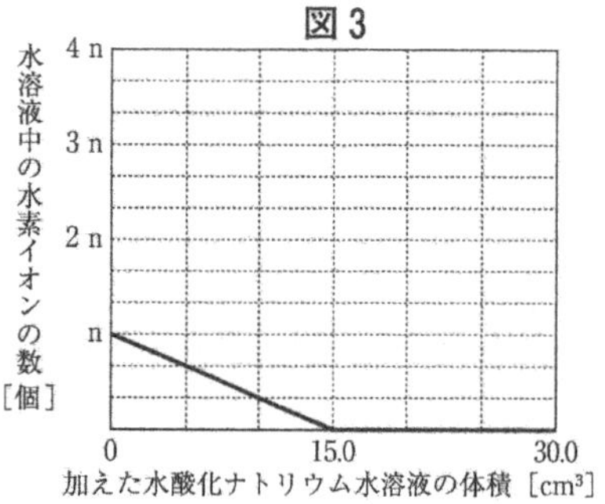

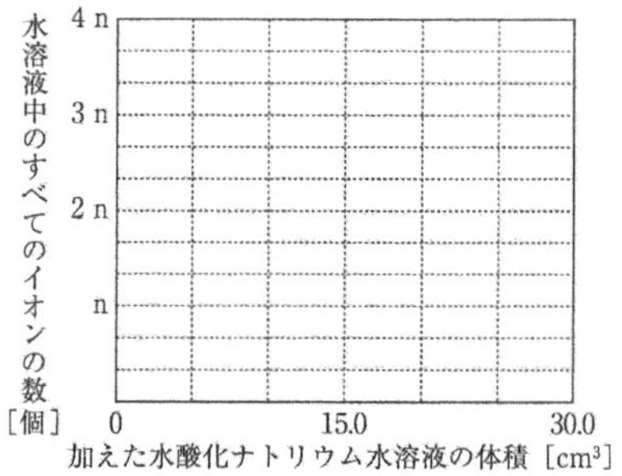

5　実験で使用した水溶液を適切に処理するため，水溶液を中和したい。それぞれのビーカーからマグネシウムリボンを取り出した後，ビーカーE，F，Gの水溶液をすべて混ぜ合わせた。この水溶液を完全に中和するには，実験で用意したうすい塩酸を何cm^3加えればよいと考えられるか，求めなさい。

8　次の1，2の問いに答えなさい。

1　電圧と電流の関係を調べるために，次の実験を行った。(1)～(3)の問いに答えなさい。

〔実験〕　① 3.8Vの電圧を加えると，500mAの電流が流れる2つの豆電球X_1，X_2と，3.8Vの電圧を加えると，760mAの電流が流れる豆電球Yを用意した。

② 豆電球X_1，豆電球X_2，豆電球Y，電源装置，スイッチS_1～S_3，電圧計，電流計を使い，図のような回路をつくった。

③ S_1を入れ，S_2とS_3を切って回路をつくり，電流を流し，電圧計の示す値が5.7Vとなるように電源装置を調整したところ，豆電球X_1と豆電球Yが点灯した。

④ S_2とS_3を入れ，S_1を切って回路をつくり，電流を流し，電圧計の示す値が5.7Vとなるように電源装置を調整したところ，豆電球X_2と豆電球Yが点灯した。

図

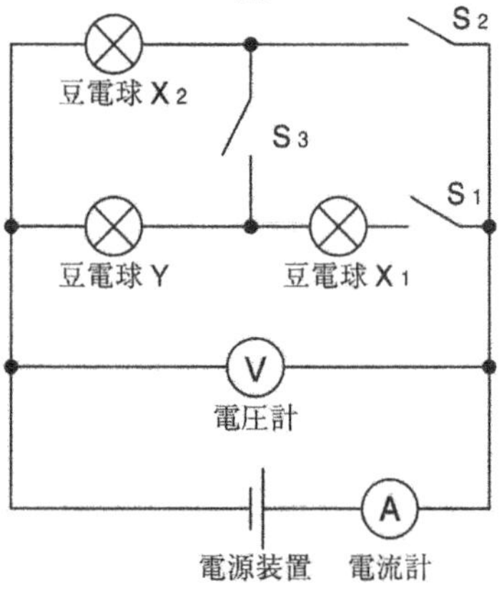

(1)　**〔実験〕**の③について，回路全体の抵抗は何Ωになると考えられるか，求めなさい。

(2)　**〔実験〕**の④について，電流計の示す値は何Aか，求めなさい。

(3)　**〔実験〕**で，最も明るく点灯した豆電球はどれか，次の**ア**～**エ**から**一つ**選び，その記号を書きなさい。

ア　**〔実験〕**③の豆電球X_1

イ　**〔実験〕**③の豆電球Y

ウ　**〔実験〕**④の豆電球X_2

エ　**〔実験〕**④の豆電球Y

2　次のページの□は，えりさんが白熱電球とＬＥＤ電球の違いを調べてまとめた文章である。(1)，(2)の問いに答えなさい。

白熱電球では，電気エネルギーの一部が ① エネルギーになり，残りのほとんどが ② エネルギーになる。ＬＥＤ電球では，明るさが同じくらいの白熱電球より ② エネルギーに変換される量が少なく，消費電力が小さい。

(1) ①，② に当てはまる**語句**を書きなさい。

(2) えりさんの家庭では，消費電力が60Wの白熱電球４個と40Wの白熱電球８個が使われている。60Wの白熱電球４個を10.6WのＬＥＤ電球４個に，40Wの白熱電球８個を8.0WのＬＥＤ電球８個にそれぞれ取り替えた。このとき，ＬＥＤ電球の消費電力の合計は，白熱電球の消費電力の合計の何％になるか，求めなさい。ただし，ＬＥＤ電球は，白熱電球と同じ条件で使用し，表示どおりの電力が消費されるものとする。

＜社会＞　時間　45分　　満点　100点

1　1～3の問いに答えなさい。

1　次の略地図は，緯線と経線が直角に交わる地図である。これに関する(1)，(2)の問いに答えなさい。

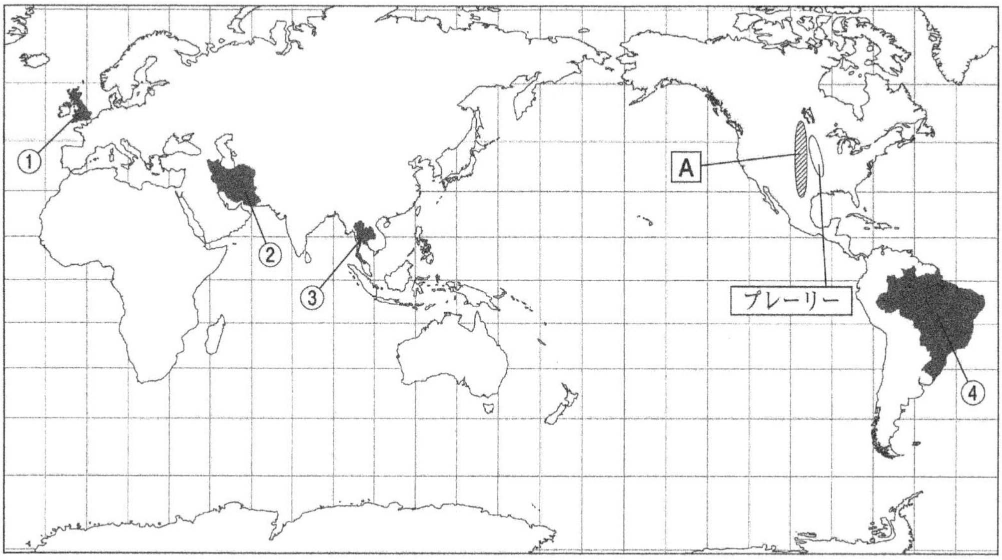

（注）緯線と経線は，15度間隔で示している。

(1)　下のメモは，略地図中の①～④のいずれかの国について，まとめたものである。メモ中の□に当てはまる国の位置を，略地図中の①～④から**一つ**選び，**記号**で書きなさい。また，その国の**首都の名前**を書きなさい。

＜メモ＞

□について

・この国の首都は，赤道と北緯60度の間に位置している。

・この国の首都と東京との時差は，7時間以上ある。

(2)　略地図中のAの平原は，プレーリーの西に位置し，地下水を利用した大規模なかんがい農業がみられ，小麦などが栽培されている。この平原の名前を書きなさい。

2　世界の自然環境，文化，産業に関する(1)～(3)の問いに答えなさい。

(1)　オーストラリアの特色を説明した次のP，Qが正しければ○，誤っていれば×をそれぞれ書きなさい。

P　先住民であるアボリジニ（アボリジニー）の伝統文化がみられる。

Q　内陸では，年間降水量が多く，熱帯雨林がみられる。

(2)　次のページの表は，日本，アルゼンチン，ブラジル，ペルーの森林伐採高と大豆，いも類の生産量（2019年）についてまとめたものであり，表中のa～dは，日本，アルゼンチン，ブラジル，ペルーのいずれかである。dに当てはまる国の名前を書きなさい。

国名	森林伐採高（千㎥）	大豆（千t）	いも類（千t）
a	266 288	114 269	22 249
b	30 349	218	3 278
c	8 578	1	7 193
d	17 884	55 264	2 743

（「世界国勢図会」2021/22より作成）

⑶　中国の自動車生産台数は，世界第１位（2018年）である。中国の自動車生産台数が増加した理由を，次の資料Ⅰ，Ⅱから読み取れることを関連付けて，簡潔に書きなさい。

資料Ⅰ　中国の平均賃金（年額）の推移

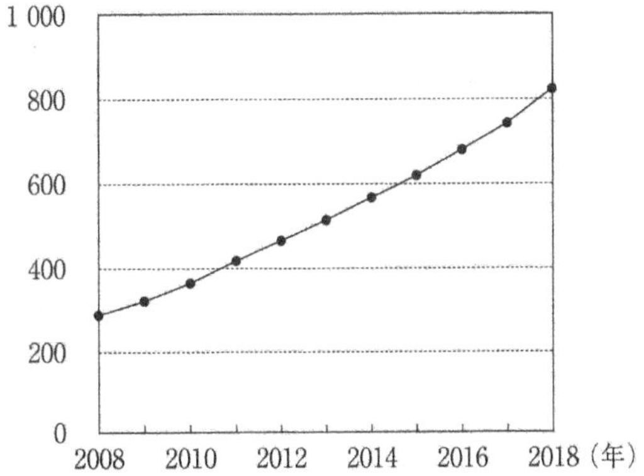

（注）中国の通貨単位は「元」である。

（「中国経済データハンドブック」2021年版より作成）

資料Ⅱ　中国の自動車生産台数と輸出台数

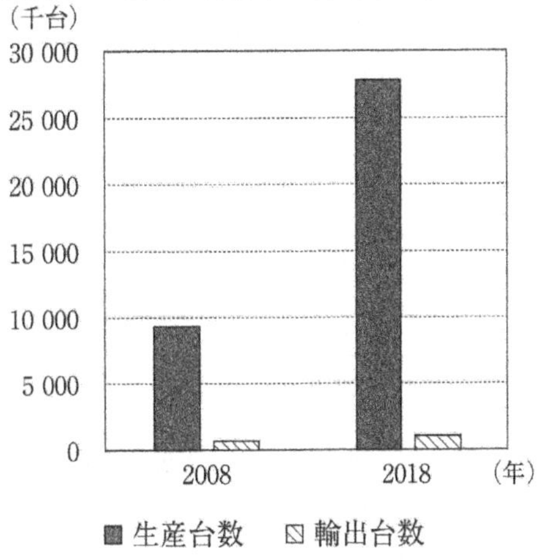

（「日本の自動車工業」2020などより作成）

3　日本の諸地域に関する⑴～⑷の問いに答えなさい。

⑴　次の**ア**～**エ**の雨温図は，高知市，下関市，高松市，松江市のいずれかのものである。高知市の雨温図を**ア**～**エ**から**一つ**選び，記号で書きなさい。

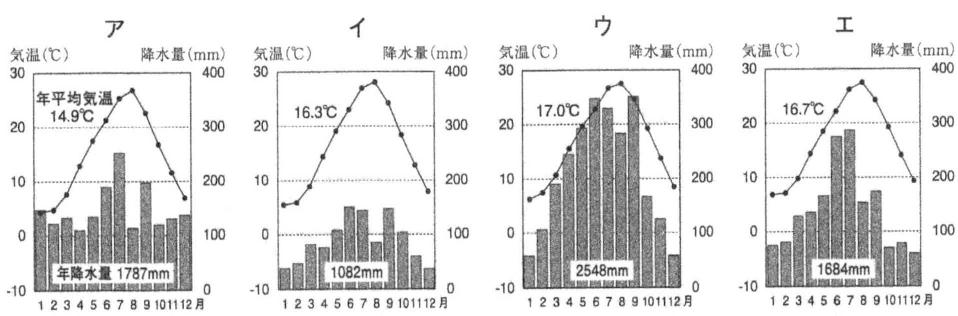

（「理科年表2021」より作成）

⑵　次のページの**ア**～**ウ**のグラフは，鳥取県，広島県，山口県のいずれかの県の製造品出荷額の割合（2018年）を示したものである。それぞれの県を示したグラフを，**ア**～**ウ**から**一つずつ**選び，記号で書きなさい。

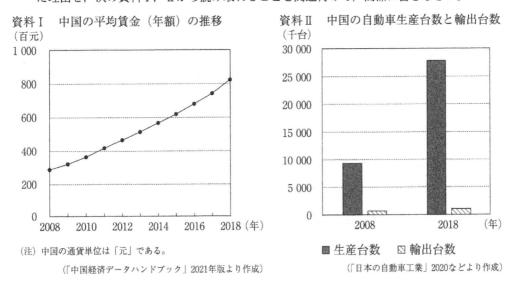

ア (%)

輸送用機械	鉄鋼	生産用機械	食料品	その他
34.8	13.1	9.1	6.6	36.4

イ (%)

化学	石油・石炭製品	輸送用機械	鉄鋼	その他
28.7	16.8	16.7	10.1	27.7

ウ (%)

電子部品	食料品	パルプ・紙	電気機械	その他
20.4	20.2	12.1	11.3	36.0

（「データでみる県勢」2021年版より作成）

(3) 次の表は，豚，乳用牛，肉用牛の都道府県別の飼養頭数（2020年）を示したものである。表中の P と Q には乳用牛か肉用牛のいずれか，あ と い には鹿児島県か栃木県のいずれかが入る。表中の Q ，い に当てはまる語句の組み合わせとして正しいものを，下のア～エから一つ選び，記号で書きなさい。

順位	豚		P		Q	
	都道府県名	飼養頭数（頭）	都道府県名	飼養頭数（頭）	都道府県名	飼養頭数（頭）
1	あ	1 269 000	北海道	524 700	北海道	820 900
2	宮崎県	835 700	あ	341 000	い	52 100
3	北海道	691 600	宮崎県	244 100	熊本県	44 400
4	群馬県	629 600	熊本県	132 300	岩手県	41 600
5	千葉県	603 800	岩手県	91 100	群馬県	33 900

（「データでみる県勢」2021年版より作成）

ア　Q：乳用牛　い：鹿児島県　　イ　Q：乳用牛　い：栃木県
ウ　Q：肉用牛　い：鹿児島県　　エ　Q：肉用牛　い：栃木県

(4) 次の資料Ⅰは，ある地域の現在の略地図である。また，資料Ⅱは，資料Ⅰと同じ地域の北関東自動車道が建設される前の地形図である。これに関する①，②の問いに答えなさい。

資料Ⅰ　現在の略地図

（地理院地図より作成）

資料Ⅱ　建設前の地形図

（国土地理院発行1：25 000地形図「大胡」（1996年）より作成）

① 資料Ⅰ，Ⅱから読み取れることについて述べた文として最も適当なものを，あとのア～エから一つ選び，記号で書きなさい。

ア　インターチェンジ（ＩＣ）は，北関東自動車道とＪＲ両毛線が交差する地点より東側にある。

イ　北関東自動車道は，標高200m以上の台地を削って建設された。

ウ　神社は，北関東自動車道の建設によって現在の場所に移された。

エ　工業団地は，田と畑であったところにできた。

②　次の文章は，ある工場の輸送ルートの見直しについて述べたものである。文章中の［X］に当てはまる**内容**を，下の資料Ⅲから読み取れることをもとにして簡潔に書きなさい。また，［Y］に当てはまる**語句**を書きなさい。

> 群馬県太田市にある工場では，北関東自動車道の開通によって，製品を輸出するための港を東京港から常陸《ひたち》那珂《なか》港（茨城県）に変更した。変更したことにより，［　　X　　］された。その結果，陸上輸送で消費する燃料が削減され，地球温暖化の原因でもある［　Y　］の排出量が減少した。

資料Ⅲ　群馬県太田市から東京港と常陸那珂港への所要時間と距離

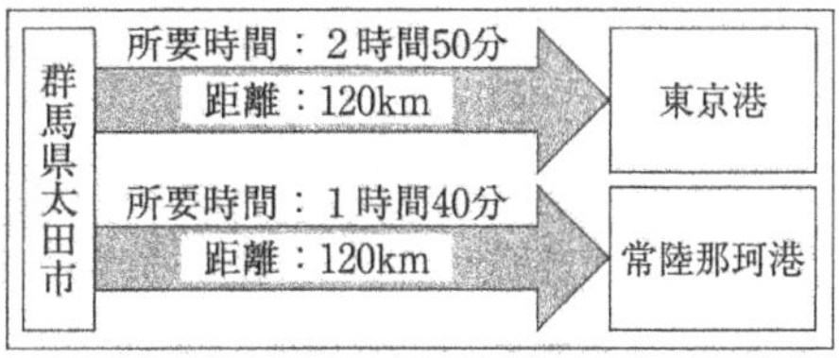

（国土交通省資料より作成）

2　1，2の問いに答えなさい。

1　次の表は，日本の飛鳥時代から江戸時代までの「人々の信仰や文化」についてまとめたものである。これに関する⑴～⑹の問いに答えなさい。

時代	人々の信仰や文化に関する主なことがら
飛鳥	日本で初めて仏教の影響を受けた文化が栄えた。
奈良	神話や国の成り立ちを記した［　①　］や日本書紀という歴史書がまとめられた。
平安	②戦乱などによる社会不安から，死後に極楽浄土へ生まれ変わることを願う信仰が流行した。
鎌倉	新しい仏教の教えが，民衆や武士などに広まった。
室町	農村の祭りなどで演じられた田楽や猿楽などの芸能をもとに，③能（能楽）が完成した。
戦国／安土桃山	④16世紀前半に南蛮人と呼ばれた人々がやってきて，南蛮文化が栄えた。
江戸	幕府がキリスト教を禁止し，⑤ヨーロッパ船の来航する港も制限した。
	新しい世の中への期待と不安で，民衆による⑥「ええじゃないか」の騒ぎが各地で起こった。

⑴　［①］に当てはまる，奈良時代にまとめられた歴史書の名前を書きなさい。

⑵　下線部②に関連して，平安時代に起きた戦乱について述べた次の**ア**～**エ**の文を，年代の古い順に並べ，記号で書きなさい。

ア　平将門《たいらのまさかど》は関東地方で，藤原純友《ふじわらのすみとも》は瀬戸内地方などで，それぞれ反乱を起こした。

イ　坂上田村麻呂《さかのうえのたむらまろ》を征夷大将軍とする朝廷軍が蝦夷《えみし》の拠点を攻め，東北地方への支配を広げた。

ウ　保元の乱によって武士の力が強まり，平治の乱によって平清盛《たいらのきよもり》が勢力を伸ばした。

エ　東北地方で相次いだ戦乱を源義家《みなもとのよしいえ》らが平定し，源氏は関東の武士との結びつきを強めた。

⑶　下線部③の合間に演じられ，民衆の生活や感情をこっけいに表現した喜劇を何というか，

書きなさい。

⑷　下線部④に起きたできごとを，次の**ア**～**エ**から**一つ**選び，記号で書きなさい。

ア　ピューリタン革命がイギリスで起こる　　**イ**　ルターが宗教改革を始める

ウ　明が中国を統一する　　**エ**　コロンブスが西インド諸島に着く

⑸　下線部⑤に関連して，右の図は，1641年における日本とその周辺の国や地域との貿易，使節の往来などの結びつきを模式的に表したものである。図中の**ア**～**エ**は，蝦夷地《えぞち》，清，朝鮮，琉球《りゅうきゅう》のいずれかであり，図中の━━は結びつきを示している。琉球に当たるものを，**ア**～**エ**から**一つ**選び，記号で書きなさい。

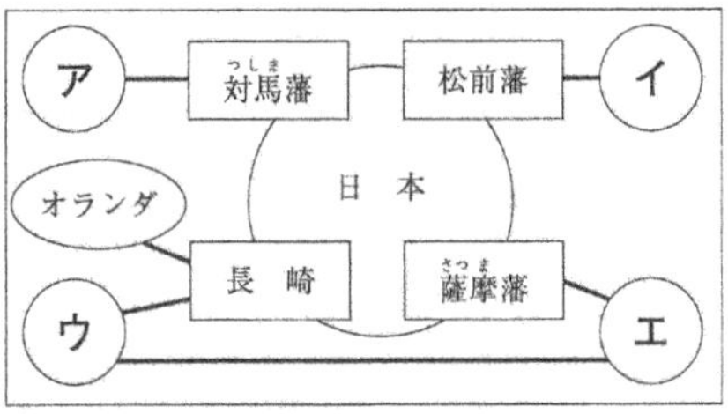

⑹　下線部⑥が起きた年に，杉浦譲《すぎうらゆずる》（現在の甲府市出身）は，渋沢栄一《しぶさわえいいち》らとパリ万国博覧会使節として渡欧した。次の資料は，先に帰国した杉浦が渋沢に宛てた手紙の一部である。資料中の**大変革**について述べた下の文の □ に当てはまる内容を，簡潔に書きなさい。

資料

> 御国《おくに》は**大変革**仰《おお》せ出され，以後世論紛々として，どんな時世になるのか推測し難《がた》くて心配している。

（高橋善七《たかはしぜんしち》「初代駅逓正《えきていのかみ》 杉浦譲 ある幕臣からみた明治維新」より）

大変革について述べた文

> 15代将軍の徳川慶喜《とくがわよしのぶ》は，前土佐藩主の山内豊信《やまうちとよしげ》らのいったん政権を手放すべきであるという進言を受け入れ，新たな政権のなかで □ しようとして，1867年，政権を朝廷に返した。

2　次の**A**～**E**の写真の人物は，日本の内閣総理大臣を務めた人物である。これに関する⑴～⑸の問いに答えなさい。

A

B

C

D

E

⑴　**A**らは，1882年にヨーロッパに派遣され，君主の権力が強いドイツ（プロイセン）の憲法を中心に調査を行った。そのときのドイツの首相で，富国強兵を推し進めた人物の名前を書きなさい。

⑵　1918年，立憲政友会総裁で衆議院議員の**B**は，内閣総理大臣として内閣を組織した。**B**内閣が**本格的な政党内閣**と言われる理由を，次のページの資料Ⅰ，Ⅱから読み取れることを関連付けて簡潔に書きなさい。

資料Ⅰ　B内閣発足時の衆議院の政党別議席数と割合

政党名	議席数	割合（%）
立憲政友会	164	43.0
憲政会	118	31.0
立憲国民党	37	9.7
その他	62	16.3
合計	381	100.0

（「議会制度百年史」より作成）

資料Ⅱ　B内閣発足時の各大臣の所属議院等と所属政党

大臣名	所属議院等	所属政党
内閣総理大臣	衆議院	立憲政友会
外務大臣	（外交官）	（所属政党なし）
内務大臣	衆議院	立憲政友会
大蔵大臣	貴族院	立憲政友会
陸軍大臣	（陸軍軍人）	（所属政党なし）
海軍大臣	（海軍軍人）	（所属政党なし）
司法大臣	衆議院	立憲政友会
文部大臣	衆議院	立憲政友会
農商務大臣	貴族院	立憲政友会
通信《ていしん》大臣	衆議院	立憲政友会

（「日本史要覧」より作成）

⑶　**C**は1929年に内閣総理大臣に就任した。右の資料Ⅲにおいて，1930～1932年のグラフはどのように推移したか，次の条件に従って簡潔に書きなさい。

【条件】
・1929年にニューヨークで起こった株価の暴落をきっかけに，世界中に広がったできごとに触れること。
・**「銀行数」，「五大銀行が保有する預金の割合」**という語句を使うこと。

資料Ⅲ　「銀行数」と「五大銀行が保有する預金の割合」の推移

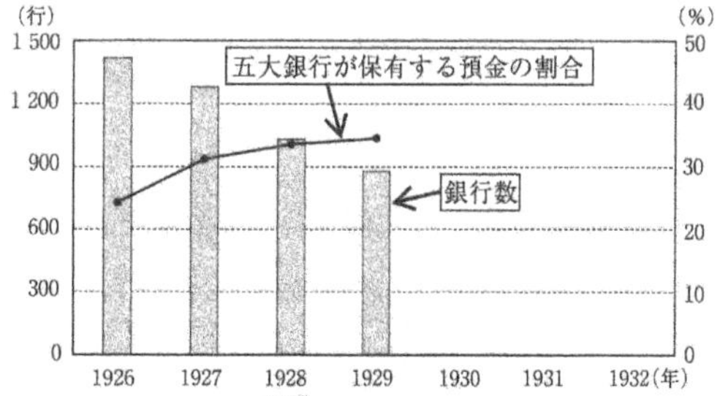

（注）五大銀行は三井，三菱《みつびし》，住友，安田，第一。

（「近現代日本経済史要覧」より作成）

⑷　次の文章は，**D**が1932年に殺害された当時の日本国内の様子を述べたものである。この文章の［　　］に当てはまるできごとを，**漢字４字**で書きなさい。

> 前年に起こった［　　　］をきっかけに，日本国内では軍部への支持が高まり，政治の変化を求める世論が高まった。こうした風潮のなか，五・一五事件により，政党内閣の時代は終わりを告げた。

⑸　**E**らが1951年に出席したサンフランシスコ講和会議について述べた文として**誤っているもの**を，次の**ア**～**エ**から**一つ**選び，記号で書きなさい。

ア　この講和会議は，朝鮮戦争が開始された後にアメリカで開かれた。
イ　この講和会議は，日本国内で平和条約をめぐる意見の対立があるなか開かれた。
ウ　この講和会議で，日本は国際連合への加盟が認められ，国際社会に復帰した。
エ　この講和会議で，日本は48か国とサンフランシスコ平和条約を結び，独立を回復した。

3　１～４の問いに答えなさい。

1　日本の三権に関する⑴～⑶の問いに答えなさい。

⑴　内閣の役割やしくみについて説明した文として正しいものを，次のページの**ア**～**エ**から**一つ**選び，記号で書きなさい。

ア　内閣は，国政調査権をもっている。

イ　内閣は，国会が決議した法案を拒否することができる。

ウ　内閣は，内閣総理大臣と国務大臣で組織され，すべて国会議員の中から選ばれる。

エ　内閣は，内閣総理大臣とすべての国務大臣が出席する閣議で重要事項を決定する。

(2)　右の表は，内閣総理大臣を指名した際の衆議院と参議院での投票結果である。この結果，両院で異なる議員が指名され，その後の両院協議会でも意見が一致しなかった。最終的に，内閣総理大臣として指名されたのが**P**議員であった。**P**議員が指名された理由を，**憲法上の規定**をふまえて簡潔に書きなさい。

	P議員	Q議員
衆議院での投票数	338票	117票
参議院での投票数	106票	133票

（「衆議院第168回国会本会議第２号」「参議院公報第168回国会第11号」より作成）

(3)　衆議院議員総選挙が実施される際に，あわせて実施される国民審査では，右のような投票用紙を用いている。国民審査とはどのような制度か，簡潔に書きなさい。

×				×を書く欄
○谷○之	○山○子	○崎○郎	○本○男	裁判官の氏名

（総務省ウェブサイトより作成）

2　私たちと社会に関する(1)，(2)の問いに答えなさい。

(1)　次の表は，公共の福祉によって人権等が制限された事例をまとめたものの一部である。表中の［a］，［b］に当てはまる語句として最も適当なものを，下の**ア**～**エ**から**一つずつ**選び，それぞれ記号で書きなさい。

事　例	制限された人権等
公務員のストライキの禁止	労働基本権
他者の名誉を傷つける行為の禁止	［a］
不備な建築の禁止	［b］

ア　財産権　　**イ**　参政権

ウ　身体の自由　　**エ**　表現の自由

(2)　右の図は，政府の役割と国民負担の関係を示したものである。次のⅠ，Ⅱの考え方を位置付けるところとして最も適当なものを，図中の**ア**～**エ**から**一つずつ**選び，それぞれ記号で書きなさい。

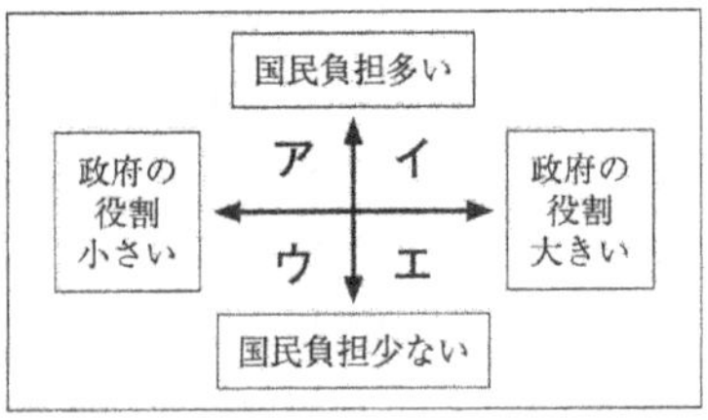

Ⅰ　個人が所得をより自由に使えるように税負担などを減らすことで，経済的に豊かな生活を送ることができるようになるならば，行政サービスの範囲が縮小されてもやむを得ない。

Ⅱ　政府が社会保障や生活保護などの多様な行政サービスを提供することで，国民が安心した生活を送ることができるようになるならば，税負担などが増加してもやむを得ない。

3　経済に関する⑴，⑵の問いに答えなさい。

⑴　右のグラフは，需要・供給と価格の関係について示したものである。グラフを参考にして，マグロの価格が下がる状況として最も適当なものを，次の**ア**～**エ**から**一つ**選び，記号で書きなさい。ただし，**ア**～**エ**以外の状況は考えないものとする。

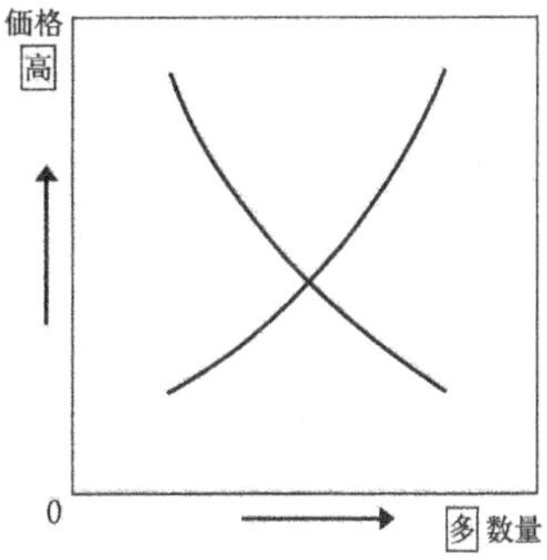

ア　マグロの漁獲制限の取り決めにより漁獲量が減った。

イ　マグロが世界的に不漁となり供給量が減った。

ウ　マグロ料理が世界的に流行し消費量が増えた。

エ　マグロの養殖技術が開発され供給量が増えた。

⑵　次の文章は，日本とアメリカの為替相場（為替レート）について述べたものである。これに関する下の①，②の問いに答えなさい。

> 円とドルの為替相場（為替レート）は，2012年に1ドル＝80円程度であった状況から，2019年では1ドル＝110円前後で推移するようになった。この7年間で円の価値がドルに対して［ A ］，一般的に輸出が中心の日本の企業には［ B ］な状況となった。

①　上の文章中の［ A ］，［ B ］に当てはまる語句の組み合わせとして正しいものを，次の**ア**～**エ**から**一つ**選び，記号で書きなさい。

ア　A：上がり　B：有利　　**イ**　A：上がり　B：不利

ウ　A：下がり　B：有利　　**エ**　A：下がり　B：不利

②　下の文章中の［ C ］に当てはまる内容を，「**円**」，「**ドル**」，「**交換**」という語句をすべて使って簡潔に書きなさい。

> 一般的に，円高になると日本からアメリカに旅行する人は増加する。その理由は［ C ］からである。

4　次の文章は，国際社会についてまとめたものである。これに関する⑴，⑵の問いに答えなさい。

> 国際社会はグローバル化が進み，地域統合（地域主義）の動きが世界各地で見られるようになった。
>
> ヨーロッパでは1993年にＥＵが発足し，多くの加盟国が共通通貨ユーロを導入して経済面での統合が進んだ。その後，外交や安全保障などでも共通の政策によって統合を強める努力が続いてきた。しかし，2009年，ＥＵ加盟国であるX〔**ア**　トルコ　**イ**　ギリシャ　**ウ**　シリア〕の財政赤字の発覚をきっかけにユーロが市場の信用を失って，ＥＵ全体に債務危機が広がった。また，2016年には国民投票によりY〔**ア**　イギリス　**イ**　ドイツ　**ウ**　イタリア〕がＥＵからの離脱を決定し，2020年に離脱した。ＥＵ内では，他国の財政を支えることや難民への対応などをめぐって，意見の対立が生じている。
>
> アジア・太平洋地域の地域統合（地域主義）では，ＡＰＥＣの開催やＴＰＰの調印など

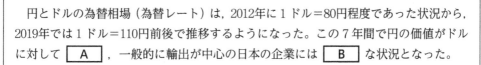

があり，日本は両方に参加している。
　近年では多くの国が参加する地域統合（地域主義）だけでなく，特定の国や地域との間で自由貿易協定や経済連携協定が結ばれ，貿易の自由化などを進める努力も続けられている。

(1)　文章中のX，Yの〔　〕に当てはまる国の名前を**一つずつ**選び，それぞれ記号で書きなさい。

(2)　文章中の下線部に関連して，アジアにおいて1967年に発足し，現在，10か国が加盟している組織の**略称**を**アルファベット**で書きなさい。

4　ある学級では，自然災害や防災をテーマに学習を行った。これに関する**1**～**3**の問いに答えなさい。

1　1班は，日本における過去の火山災害に関心をもち，右の資料を作成している。これに関する(1)，(2)の問いに答えなさい。

1707年	富士山で噴火が起こる
1783年	ⓐ浅間山で噴火が起こる
1787年	ⓑ寛政の改革が始まる

(1)　資料中の下線部ⓐに関連して，1班は学習する中で使った次の図をもとにして，下の文章をまとめた。これに関する①，②の問いに答えなさい。

図　火山灰などの降下に関する記録が残された地点

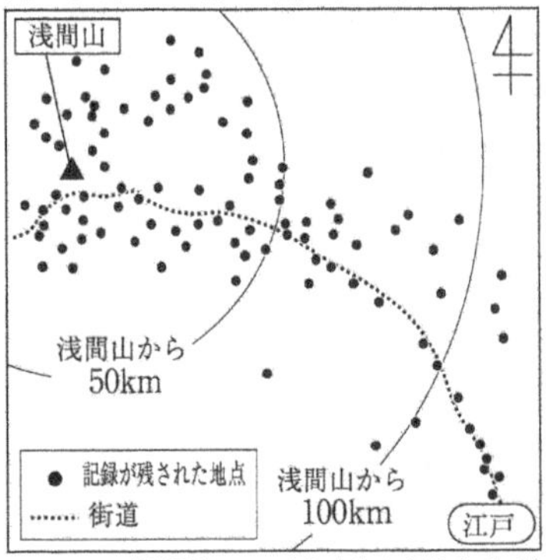

（内閣府ウェブサイトなどより作成）

　1783年5月から8月にかけて起きた浅間山の噴火については，火山灰などの降下を記述した当時の記録が多く残されている。
　記録が残された地点は，浅間山から50km圏内の地域やX〔**ア**　中山道《なかせんどう》　**イ**　東海道　**ウ**　奥州街道（奥州道中）〕に沿った地域に多い。
　火山灰などが□と呼ばれる風で東の方へと流され，比較的人口の多い地域に飛散したり堆積したりしたため，多くの記録が残されたとみられている。なお，□はジェット気流とも呼ばれる。
　また，1782～87年には，この噴火や長雨，冷害などの影響により，Y〔**ア**　享保　**イ**　天明　**ウ**　天保〕の飢饉《ききん》が起こった。

①　文章中のX，Yの〔　〕に当てはまる語句を**一つずつ**選び，それぞれ記号で書きなさい。

②　文章中の□には同じ語句が入る。□に当てはまる語句を書きなさい。

(2)　資料中の下線部ⓑについて述べた文として正しいものを，あとの**ア**～**エ**から**一つ**選び，記号で書きなさい。

ア　公事方御定書を制定して，裁判の基準にした。

イ　物価の上昇をおさえようとして，株仲間を解散させた。

ウ　朱子学を重んじ，幕府の学校で朱子学以外の儒学を禁止した。

エ　大名の参勤交代を一時的に軽減するかわりに，米を献上させる制度を定めた。

2　次の文章は，2班が防災に関する日本の国際的な取り組みについてまとめたものの一部である。これに関する⑴～⑶の問いに答えなさい。

> 日本は，国際的な防災協力に取り組んでいる。
>
> 例えば，世界の16％の火山がある [あ] では，人々は火山の恩恵を受ける一方で脅威にもさらされてきた。[あ] には，日本の協力で建設された様々な防災施設があり，人々の命や資産を守っている。
>
> 日本は，2015年に国際連合のサミットで採択された [い] な開発目標（ＳＤＧｓ）の達成に向けた取り組みや<u>政府開発援助（ＯＤＡ）</u>を通じて，自国の課題の解決はもとより，防災をはじめ様々な分野で，発展途上国への支援も行っている。日本には，国際社会の一員として積極的な国際協力が期待されている。

⑴　文章中と右の表中の [あ] に当てはまる国の名前を，下の**ア**～**エ**から**一つ**選び，記号で書きなさい。

表　地熱発電の発電量上位５か国（2018年）

順位	1	2	3	4	5
国名	アメリカ	あ	フィリピン	ニュージーランド	トルコ

（「世界国勢図会」2021/22より作成）

ア　インドネシア　　**イ**　ガーナ

ウ　インド　　**エ**　フランス

⑵　文章中の [い] に当てはまる語句を書きなさい。

⑶　2班は，文章中の下線部について調べたことを説明するために，下のメモを作成した。メモ中の [う] に当てはまる内容を下の**ア**～**エ**から**一つ**選び，**記号**で書きなさい。また，メモ中の〔　〕の中から適切な語句を一つ選び，記号で書きなさい。

<メモ>

1．説明すること

日本のＯＤＡは，アジア地域に対する援助が中心である。

2．説明に必要な情報と，その情報を表すグラフ

情　報：[　う　]

＊2010～19年度の各年度の実績をもとにする。

グラフ：〔**X**　棒グラフ　　**Y**　帯グラフ〕

（注）アジア地域は，アジア州から中東を除いた地域のことである。

ア　日本国民一人当たりのＯＤＡ負担額

イ　日本のアジア地域に対するＯＤＡの援助額

ウ　日本のＯＤＡの援助総額における地域別割合

エ　日本のＯＤＡの援助総額における教育，医療などの分野別割合

3　次のページの文章は，3班が災害への備えについて学習したことや次のページの資料を参考にしてまとめている提案の一部であり，[　　] は，3班がこれまでの社会科での学びを振り返り，提案に加えることにした内容である。これに関する⑴～⑶の問いに答えなさい。

資料　日本の資産，人口，面積の様子

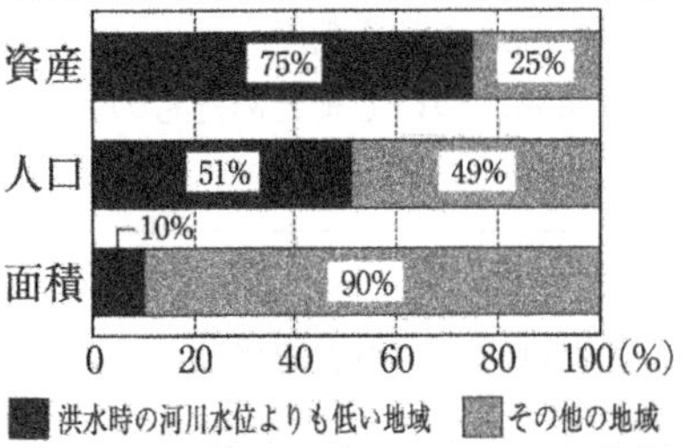

（国土交通省ウェブサイトより作成）

＜３班がまとめている提案の一部＞

私たちは，洪水の被害を軽減するために，洪水で大きな被害を受けることが予想される地域を，高台などの比較的安全なところに移転することを提案したい。

日本は弓状に連なった島国で，国土面積の約４分の３が山地であり，北海道，本州，四国，九州では，島を縦断するように中央に標高の高い山がそびえている。そのため，日本の川には，大陸に見られる川に比べて□という特色があり，これにより急流となる川が多く見られる。さらに，日本は年間降水量が世界平均を上回っており，梅雨や台風の時期に降水量が多く，洪水時に河川の流量が平常時に比べて極端に増加する。近年，豪雨の回数も増加傾向にあり，洪水が起こる危険は高まっている。

＜提案に加えることにした内容＞

一方で，地域を移転せず生活を続けた方がよいという意見もある。

現在の土地の利用や人口の分布，地域がもつ機能や地域が形成されてきた歴史的な経緯などから，洪水の危険があったとしても，防災や減災に関する取り組みを進めることで，生活を続けられるのではないかという意見だ。

洪水の被害を軽減するための取り組みは様々だと思うが，資料のような状況も踏まえると，地域の移転により，洪水の被害対象を減らすことは，人々の命や資産を守る上で効果的だと思うので，その利点や課題についてさらにていねいに調べていきたい。

(1)　文章中の□に当てはまる内容を，「**距離**」，「**傾き**」という語句を使って簡潔に書きなさい。

(2)　資料について述べた次のＰ，Ｑが正しければ○，誤っていれば×をそれぞれ書きなさい。

Ｐ　洪水時の河川水位よりも低い地域には，日本の４分の１の資産がある。

Ｑ　洪水時の河川水位よりも低い地域は，その他の地域に比べて人口密度が高い。

(3)　３班は，**現代社会の課題を追究するときにどのような考えを大切にするとよいか**を話し合い，提案に□の内容を加えた。３班が内容を加えた理由を，簡潔に書きなさい。

ている。

イ　さまざまな色彩を表す言葉を用いることで、不安とやりがいを感じながらグラウンド整備に臨む主人公の心の動きを表現している。

ウ　擬人法を用いて水を生き物のように描くことで、常に水の様子を気にかけている主人公の仕事に対する真剣な思いを表現している。

エ　さまざまな登場人物の視点から同じ場面を描くことで、向上心をもってグラウンド整備に励む主人公の成長の様子を表現している。

六　本文には、「俺」が先輩社員から声をかけられたり、指導を受けたりしながら働く様子が書かれている。**あなたが、家族や先生、上級生などの年長者から声をかけてもらったり、教えてもらったりしたことの中で、印象に残っていることは何か。**また、**それに対してどのようなことを考えたか。**次の1、2の条件に従って書きなさい。（**解答用紙Ⅱ**に書きなさい。）

条件
1　**あなたの経験を具体的に書くこと。**
2　**二百四十字以内で書くこと。**

きない。祈っても意味はない。

3祈る暇があったら、準備をし、行動するしかない。自分たちの力でつくりかえていくのは、あくまでグラウンドの最善の状況なのだ。

（朝倉宏景《あさくらひろかげ》『あめつちのうた』による。）

（注）＊真夏……甲子園球場で働いている友人。
＊接収……ここでは、甲子園球場が戦中戦後に工場や演習場として転用されていたこと。
＊島……「俺」を指導してくれるベテラン社員。
＊三浦……「傑」の高校のマネージャー。
＊イレギュラー……ボールが不規則に弾むこと。去年の夏の大会で、「傑」が大けがを負う原因となった。
＊トンボ……グラウンド整備のための道具。
＊長谷……「俺」より一歳年上の社員。

一 a気後れ、b歴然と とあるが、どのような意味か。「気後れ」は次の**ア**から**エ**までの中から、「歴然と」は次の**カ**から**ケ**までの中から、最も適当なものをそれぞれ**一つ**選び、その記号を書きなさい。

a「気後れ」
ア 迷うこと　**イ** 後悔すること
ウ ひるむこと　**エ** あきらめること

b「歴然と」
カ はっきりと　**キ** しだいに
ク いきなり　**ケ** 知らぬ間に

二 1左右にホースを振りながら、水しぶきを散らした とあるが、この後に描かれている試合前の散水作業において、「俺」はどのようなことに気をつけて散水を行っているか。次の**ア**から**エ**までの中から、**適当でないもの**を**一つ**選び、その記号を書きなさい。

ア 試合中の太陽の動きを想定して、場所によって水を落とす量を調節すること。
イ 風で水が流されることがないように、全身を使ってホースを操作すること。
ウ 選手たちに水がかからないようにしながら、全体に水を行き渡らせること。
エ 落下する水がかたよらないように、ホースの角度や扱い方を変えること。

三 2そんな負の感情を振り払うように、ホースの角度を一気に上げた とあるが、「俺」はどのような思いでいるか。**弟**と**仕事**という**二つ**の言葉を使って、**三十字以上、四十字以内**で書きなさい。

四 3祈る暇があったら、準備をし、行動するしかない。自分たちの力でつくりかえていくのは、あくまでグラウンドの最善の状況なのだ とあるが、次の［　］は、この部分を説明した文である。［A］、［B］にはそれぞれどのような言葉が入るか。［A］は本文中の言葉を使って**五字**で、［B］は**選手**という言葉を使って、**十五字以上、二十字以内**で書きなさい。

> 自分たちにできることは、［A］に注意して、どのような場合にも対応できるようにし、［B］ことだと改めて自らに言い聞かせている。

五 本文の表現の仕方について述べたものとして、最も適当なものはどれか。次の**ア**から**エ**までの中から**一つ**選び、その記号を書きなさい。

ア 球場の過去や未来を想像する場面を織り交ぜることで、現在の平和な世の中と自分の仕事に喜びを感じる主人公の心情を表現し

百年先も、かわらず土と天然芝のグラウンドを守れているのだろうか。

二百年先、多くのＡＩが働く世界でも、人間のグラウンドキーパーが土を均《なら》し、水をまいているのだろうか。

三百年先、人々がビール片手にナイターを観る、平和な世の中がつづいているのだろうか。

たぶん大丈夫だと、何の根拠もなく考えた。

土が水を吸って黒々と輝き、芝が青く力強く育ち、空に虹がかかる。どんなに世界が進化しても、球児たちはユニフォームを泥だらけにして白球を追いかける。

内野全体が、しっとりと湿り気を帯びて落ちついた。

バルブが閉まる。ちょろちょろと勢いをなくした水を左右に散らしながら、ホースをたたんでいく。

急いで裏手へと引きあげた。傑のことは振り返らなかった。

この場所は、選手たちが輝く場所だ。傑たちが主役になる舞台だ。グラウンドキーパーは、その戦いの場を整える。

少しはプロの仕事に近づけただろうか？

父さんが応援に駆けつけるのは、九日後の日曜日に行われる準決勝だ。それまでは、必ず勝ち残ると傑は気合いじゅうぶんらしい。

控え室でモニターを見ていた。

鋭い金属音が鳴り、ゴロが地を這《は》う。小刻みにバウンドを繰り返しながら、ショートの傑に迫りくる。

俺は机の上に置いた両手を握りしめた。肩に力が入った。

去年の夏の大会の＊イレギュラーが頭をよぎりかけた。しかし、ゴロはそのまま規則的に弾み、傑のグラブにおさまった。

傑がボールを握りながら、ステップを踏み込む。正確なスローイングがファーストのミットに突き刺さった。試合終了だ。

つめていた息を吐き、胸をなで下ろした。やはり、ゴロが飛ぶとどうしても注目し、身構えてしまう。

勝利の感慨にひたる間もなく、控え室を出て、整備の準備に入る。＊トンボをたずさえて、裏の通路に待機していると、聞き慣れた徳志《とくし》館《かん》高校の校歌が聞こえてきた。思わず口ずさむ。

じわじわと、よろこびがわいてくる。おめでとう、傑と、心のなかでつぶやいた。

三対一。接戦だったが、徳志館高校は夏の雪辱をはらし、無事勝利をおさめた。次は、五日後の二回戦に登場する予定だ。

「浮かれてる場合ちゃうぞ」となりに立つ＊長谷《はせ》さんが、低い声で言った。

「選手の笑顔によりそえとは言うたけど、お前が笑えとは一言も言うてへんぞ」

「わかってます」顔を引き締めた。

「雨、風、太陽を感じるんや。周囲の状況をよく観察するんや。もうすぐ、雨雲が来るぞ」

「それも、確認しています」

「なら、ええわ」

それっきり、長谷さんは黙りこんだ。

週間天気予報がたしかに気がかりだった。今までは、気持ちのいいほどの晴れがつづいていたのだが、三日後あたりを境に、曇りや傘のマークが目立ちはじめた。太陽のマークはほとんど見当たらなかった。

天気ばかりは、歴戦のグラウンドキーパーでも、どうすることもで

下半身で踏ん張りをきかせる。

ホースを振りつづける。細かいしぶきが絶えず風に流され、落下していく。水分を欲しているかわいた土が、しだいに黒く湿り気を帯びて輝いていく。

散水は「土を落ちつける」作業だと言われている。たしかに、先ほどの第一試合で荒れ、かわいた表面が、潤いを与えることで、しっとりと落ちつきを取り戻していくのがわかる。土が落ちついてくると、なぜか俺の心も徐々に落ちつき、余裕が生まれていった。

一塁のファウルゾーンが遠く感じられる。ベンチ前では監督を中心にして、選手たちが試合直前の円陣を組んでいた。

背番号の入った選手たちの背中が見える。その足元ぎりぎりのところまで水を落とさなければならない。少しでも手元がくるえば、彼らを水浸しにしかねない。

しかし、風で押し戻される分も考えなければならない。躊躇《ちゅうちょ》していては、落下してくる水にかたよりが生じてしまう。今度はホースを水平に近く下げ、思いきりよく、手際よく、水しぶきを落としていく。

まき終わった一塁側から、石灰で白いラインを引く作業がはじまった。散水はホームベース付近を終えて、三塁方面へ差しかかる。前傾姿勢を保ちながら、そろそろと後ろ歩きで立ち位置をかえていく。

三塁のベンチ前に、傑《けつ》が立っていた。正月以来の再会だ。

「兄ちゃん！」野球少年のように、バットを肩に担《かつ》ぎ、歯を見せて笑う。試合前のまっさらな純白のユニフォームが、太陽の光を反射してまぶしい。

少しだけ微笑《ほほえ》み返して、すぐに視線をそらした。自分のまく水の量と粒の大きさ、グラウンドのコンディションに集中する。

ふと、風がやんだ。たえず強風にかき消されていた土のにおいが、鼻をくすぐる。

雨上がりのようなにおいに包まれて、子どものころの情景がよみがえった。庭先に、空気でふくらませる子ども用プールを出してよく遊んだ。無邪気に水をかけあって、はしゃいでいた。

六歳くらいまでは、傑への嫉妬の感情などこれっぽっちも感じていなかったはずだ。両親にちやほやされる弟を見ても、とくにうらやましいとは思わなかった。

それは、傑がまだ小さかったからだ。

傑が五歳くらいになると、b歴然と運動神経の差があらわれはじめた。そのころからだ。なんで、三歳上の俺よりも遠くにボールが投げられるんだと、おのれの体の貧弱さを呪い、傑の恵まれた才能をねたんだ。

2そんな負の感情を振り払うように、ホースの角度を一気に上げた。白い水柱も、天に突き上がった。

「あっ！」傑がバットの先で、宙をさした。かたわらのチームメートに話しかける。「虹だ！」

俺も一瞬、頭上を見上げた。水のアーチの先に、光のアーチがかかっていた。

「すげえ！　きれい！」制服姿の＊三浦《みうら》君も、手でひさしをつくり、頭上を振り仰ぐ。

ぼんやりしている。それでも、赤、オレンジ、黄色、緑、青、藍、紫と、色の階調がはっきりと見てとれる。観客たちがいっせいにスマホのレンズをこちらに向けた。

この先、ずっと高校野球という文化がつづいていくのだろうかと、鮮やかな虹を視界の端にとらえながら、あらぬことを考えた。たぶん、真夏さんの曾《そう》祖父の話を思い出したからかもしれない。

〔古文〕*孟宗《まうそう》は、いとけなく（幼く）して父におくれ、一人の母を養へり（養っていた）。母年老いて、つねに病みいたはり（わずらい）、食の[1]味はひ（先立たれ）も、度《たび》ごとに変《かは》りければ（食事のたびごとに変わったので）、よしなき（不可能な）ものを望めり。冬のことなるに、竹の子をほしく思へり。すなはち（そこで）、孟宗、竹林に行き求むれども、雪深き折（季節）なれば、など（どうして）かたやすく得《う》べき（得られようか）。「ひとへに（ひたすらに）、天道《てんだう》の（天の）御《おん》あはれみを頼み奉る《たてまつ》（申し上げます）」とて、[2]祈りをかけて、おほきに悲しみ、竹に寄り添ひけるところに、にはかに大地開けて、竹の子あまた生ひ出《い》で侍《はべ》りける。おほきに喜び、すなはち（すぐに）取りて帰り、あつもの（吸い物）につくり、母に与へ侍りければ、母、これを食して、そのまま病《やまひ》もいえて、齢《よはひ》を延べたり。これ、ひとへに、孝行の深き心を感じて、天道より与へ給へり。

（『御伽草子《おとぎぞうし》』による。漢詩の書き下し文と現代語訳を加えた。）

（注）＊孟宗……中国の三国時代の政治家。

一 [1]味はひ を、**音読**するとおりに**すべてひらがな**で書きなさい。（現代かなづかいで書くこと。）

二 [2]祈りをかけて、おほきに悲しみ とあるが、次の □ は、孟宗が祈りをかけて悲しんでいる理由を述べた文である。[A]、[B] にはそれぞれどのような言葉が入るか。[A] は**五字以内**で書きなさい。[B] は**十五字以上、二十字以内**で具体的に書きなさい。

> [A] をかなえるために竹林に入ったが、[B] から。

三 天意平安を報ず とあるが、天が孟宗に与えた「平安」とはどのようなことか。古文の内容に基づき、**二十五字以上、三十字以内**で具体的に書きなさい。

五 次の文章を読んで、後の**一**から**六**までの問いに答えなさい。（＊は**注**を示す。）

> 甲子園《こうしえん》球場のグラウンド整備を行う仕事をしている「俺」は、会社の「お家芸」として観客が注目している、試合前の散水作業で、初めてホースの先頭を持たせてもらった。

客席のほうを見なければよかったと、さっそく後悔した。みずからの作業がネットにアップされるかもしれないと思うと、緊張と[a]気後れで背中が丸まりかける。

＊真夏《まなつ》さんのひいおじいさんの話を意識して思い出した。空襲と＊接収でぼろぼろになった甲子園球場を想像した。現在のきれいな土と芝を見渡した。

ぐっと姿勢を正し、ホースを腰のあたりに構えた。バルブが開き、ホースから水柱が噴出する。

[1]左右にホースを振りながら、水しぶきを散らした。しばらく晴天がつづいている。第二試合で日光があたる箇所、逆に日陰になるところを計算して、水分を落とす量を調節した。

「風強いぞ」二番手についた＊島《しま》さんの声が背後から飛んだ。「だいぶ流されてんで」

ライトからレフトへの突風が吹き抜ける。センターポールに立った国旗の日の丸がはっきり見えるほど、はためいている。

「はい！」俺はホースの角度をぐっと上げた。腕の力だけではなく、

た文章の一部である。また、後の【まとめ】は、本文と【資料】で鑑賞している内容についてまとめたものである。[B]、[C]にはどのような言葉が入るか。[B]は**五字以上、十字以内**で【資料】の中からさがし、抜き出して書きなさい。[C]は、**助詞**という言葉を使って、**十五字以上、二十字以内**で書きなさい。

【資料】

よく晴れて雪が好きな木嫌ひな木

解けやすさ、解けにくさ。雪と木の相性を「好き」「嫌ひ」という言葉で作者は表現した。雪の解けにくい木は、すなわち「雪が好きな木」。雪の解けやすい木は「嫌ひな木」、ということだと思う。

自然現象でたまたまそうなった風景も、こう表現されると、なんだか楽しくなる。絵本の一ページを、見ているようだ。単純な擬人化だけれど、その単純さが、かえって効果的だと思う。雪を前にすると、誰もが多少、童心に返る。作者もまた、単純明快な表現を、余裕を持って楽しんでいるのではないだろうか。「好きな木嫌ひな木」というリズムの軽快さ、「き」音の繰り返しなど、いずれも句の雰囲気を引き立てていて印象深い。

ところで「雪が」の「が」は、主語を表しているのだろうか、それとも、希望や好悪《こうお》の対象を示しているのだろうか。前者だとすると「雪が木のことを好いている」という意味になるし、後者だとすると「雪のことを好いている木」という意味になる。

しばらく考えて、どちらでもいいな、と思った。いや、どちらともいい、と言うべきか。この場合、雪と木は、相思相愛なのだから。

（俵万智《たわらまち》「童心の一句」による。）

【まとめ】

○　本文で述べられている、言葉の選択について、【資料】では、「好き」「嫌ひ」という言葉を用いたことによる効果を述べている。

○　本文には、俳句の鑑賞を音楽を聴くことにたとえた部分があるが、【資料】では、[B]や、同じ音の繰り返しという、俳句の音の特徴を取り上げて鑑賞している。

○　本文では、助詞が一字変わるだけで俳句の趣も変わってしまうことを挙げて、作者の才能を称賛している。一方、【資料】の文章では、[C]ことで、俳句の趣が広がることを発見している。

四　次の文章を読んで、後の**一**から**三**までの問いに答えなさい。なお、漢詩と古文は、同じ出来事について書かれたものである。（**＊**は**注**を、古文の点線部は**現代語訳**を表す。）

〔漢詩〕

泪《なんだ》滴《したた》って朔風《さくふう》寒し　　泪滴ツテ朔風寒シ
蕭々《せうせう》たる竹数竿《すがん》　　蕭々タル竹数竿
須臾《しゅゆ》春筍《しゅんしゅん》に出づ　　須臾春筍ニ出ヅ
天意平安を報ず　　天意報ズ二平安一

（漢詩の現代語訳）

涙がしたたり落ちて北風が寒く感じられる
ものうびしげに竹が数本生えている
わずかな間に春の竹の子が生え出てきた
天が孝心に報いるために、平穏無事を与えたのだ

集中しきれないのです。

話は逸《そ》れますが、「葛城の山懐に寝釈迦かな」と「葛城の山懐の寝釈迦かな」とでは大きく違います。「の」であれば、句の最初から寝釈迦を予期したような書きぶりになる。「に」とすれば、出会いがしらのように寝釈迦が現れる。助詞の一字にも、青畝の才が現れています。

また、「葛城の山懐に寝釈迦かな」には、動詞・形容詞・形容動詞・副詞がありません。名詞以外は二つの助詞と切れ字の「かな」だけで出来ています。言葉の塊として、あまりにもシンプルかつピュアです。それゆえ飽きる余地がない、とも言えます。

（岸本尚毅《きしもとなおき》『十七音の可能性』による。一部省略がある。）

（注）＊大和の国……奈良県の旧国名。
＊涅槃……釈迦が亡くなったこと。
＊入滅の釈迦の像……横たわる釈迦の周囲に、死を悲しむ弟子や動物が描かれた絵画のこと。涅槃像、涅槃図などという。
＊下五……俳句の五・七・五の下《しも》の部分。上五、中七も同様。
＊伽藍……寺の建物。
＊知悉……知り尽くすこと。
＊渾然一体……別々にあったものが溶け合って一つにまとまるさま。
＊所以……理由。
＊然らしめている……そうさせている。
＊天来の妙趣……天から得たようにすぐれたおもむき。

一　[A] に入る言葉は何か。次の**ア**から**エ**までの中から最も適当なものを**一つ**選び、その記号を書きなさい。

ア　ところが　**イ**　さらに　**ウ**　そして　**エ**　したがって

二　[1]意識に残っています　とあるが、どのように思っているということか。**十五字以上、二十字以内**で本文中からさがし、**始めと終わりの三字**を抜き出して書きなさい。

三　[2]読者にとって、はじめて読む俳句は「時間的」であり、何度も読み慣れた俳句は「空間的」なのです　とあるが、このことについて、次の（1）、（2）の問いに答えなさい。

（1）　はじめて読む俳句が「時間的」であるとはどのようなことか。説明として最も適当なものを、次の**ア**から**エ**までの中から**一つ**選び、その記号を書きなさい。

ア　俳句の情景が思い浮かばなかったり、予想と異なる言葉が現れたりして、一瞬のように感じられるということ。

イ　極めて短い時間で読み下すため、俳句の内容を理解したり、言葉を味わったりすることは難しいということ。

ウ　自分の経験を思い返したり、わからなかった部分を考え直したりしながらゆっくりと味わっていくということ。

エ　出会った言葉の情景を一つ一つ想像したり、次に現れる言葉に期待したりしながら読み進めていくということ。

（2）　何度も読み慣れた俳句が「空間的」であるとはどのような状態か。**読者**という言葉を使って、**三十字以上、四十字以内**で書きなさい。

四　[3]この句の付加価値の大部分は「寝釈迦」という言葉を選択したことにあります　とあるが、筆者は「寝釈迦」という言葉の選択にどのような効果があると考えているか。**十五字以上、二十字以内**で書きなさい。

五　次の**【資料】**は、山梨県生まれの俳人・飯田《いいだ》龍太《りゅうた》の俳句を鑑賞し

に、上《かみ》五まで読んで中《なか》七に期待する瞬間や、上五中七まで読んで下五に期待する瞬間があるのです。

「葛城の山懐」のあとには「寝釈迦」が現れます。この句をはじめて読む読者は、そこで戸惑います。はじめに山が見えた。その「山懐」にいきなり寝釈迦が現れる。テレビカメラのズームアップであれば、まず山全体が見え、接近し、山襞が見え、山肌が見えて来る。山あいに寺の＊伽藍《がらん》が見えて来る。その中の御堂の一つが見えて来る。お堂の中に入る。そこでやっと寝釈迦とご対面です。

A 十七音の俳句では、お寺もお堂も省き、いきなり核心の「寝釈迦」に至る。読者は、突然現れた寝釈迦に戸惑いつつ、そこまでに辿《たど》って来た「葛城の山懐」をたぐり寄せる。そこで「なるほど、葛城山の山懐のお寺にある寝釈迦だな」と納得する。そう納得するまでのわずかな間に、もしかすると、お寺もお堂もすっ飛ばして、山懐にお釈迦様がそのままドーンと寝そべっている情景が浮かんだかもしれない。そこに「葛城」という地名の持つ古代的なイメージがかぶさって来る。「懐」という、人懐かしい言葉の響きも余情を添えます。「葛城の山懐」から、「寝釈迦」へと読み下す一瞬のうちに、一句のイメージは、大和盆地の風景から釈迦入滅のシーンへ変容します。その過程で、読者は、妙《たえ》なる言語時間を体験することでしょう。

この句を繰り返して読み、暗記・暗誦《あんしょう》するほどになると「葛城の山懐に寝釈迦かな」の全貌が頭に入っています。文字を見なくても、電車の吊革《つりかわ》を持ったまま「葛城の山懐に寝釈迦かな」を思い浮かべることが出来る。「葛城」の時点で既に「寝釈迦」を予想している。最初に読んだときの、上から下へ一語一語辿ってゆく妙味《みょうみ》は再現できません。しかし、この句を隅々まで＊知悉《ちしつ》したあとは、一句の全体像が同時に見えて来ます。そこに別の楽しみが生じます。「葛城の山懐に寝釈迦かな」のすべての言葉が、同時に読者の中に入って来る。そのとき読者の脳裏には、「葛城」という地名、「葛城山」という山、実景としての「山」、その「山懐」、「山懐」にある「寝釈迦」、「葛城」にある「寝釈迦」、「懐」にある「寝釈迦」といった具合に、言葉と言葉、イメージとイメージが＊渾然《こんぜん》一体となった言語空間が現れます。

喩《たと》えて言えば、2読者にとって、はじめて読む俳句は「時間的」であり、何度も読み慣れた俳句は「空間的」なのです。音楽に喩えましょう。ある曲をはじめて聴くときは、耳で旋律を追い、次々に聞こえて来る旋律に感心します。何度も聴くうち、さほど意識しなくても旋律が耳に入って来るようになる。次の音や次の旋律を予想しながら聴くようになる。やがて、旋律だけでなく、和音や楽器の音色などを耳が捉えるようになる。第一楽章を聴きながら第四楽章を思い浮かべることもある。それでも飽きが来ない。というより、聴けば聴くほど味わい深い。その＊所以《ゆえん》は何でしょうか。

評論家が聴きどころを説明することは出来ます。しかし、なぜそのような作品が生まれたかは、方法論だけでは説明しきれません。方法論とは別次元の天与の「何か」が＊然《しか》らしめていると思わざるを得ないのです。「葛城の山懐に寝釈迦かな」のどこに＊天来の妙趣が宿っているのでしょうか。「葛城の山懐」から「寝釈迦」への飛躍にあると思います。「山懐」という言葉を見つけたのも手柄ですが、3この句の付加価値の大部分は「寝釈迦」という言葉を選択したことにあります。「葛城の山懐に涅槃かな」や「葛城の山懐の涅槃寺」では寝釈迦が見えて来ない。「葛城の山懐に涅槃像」としても「寝釈迦」ほどの迫力はない。涅槃像には寝釈迦以外の諸々《もろもろ》が描かれているので、寝釈迦に

号を書きなさい。

ア　山梨県には自然や歴史を生かした観光資源がたくさんあること。

イ　山梨県にはこれまでもたくさんの観光客が訪れていること。

ウ　新しい道路の開通により、観光への効果が期待されていること。

エ　新たな名物となる食べ物を作るのがよいということ。

二　【話の内容】の2のまとまりで、Aさんが①と②の二つの資料を用いる意図は何か。次の**ア**から**エ**までの中から最も適当なものを**一つ**選び、その記号を書きなさい。

ア　二つの資料の情報を比較することで、旅行に対する観光客の意識の推移を明確にするため。

イ　二つの資料の情報を整理することで、人気のある観光資源を多様な観点から紹介するため。

ウ　二つの資料の情報を関連付けることで、観光客の意識を捉えて主張の根拠とするため。

エ　二つの資料の情報を続けて示すことで、旅行についての調査結果の正確さを強調するため。

三　練習を終えた後、Aさんは、【話の内容】の4のまとまりの――線の部分が、提案する内容と合っていないことに気づき、話す内容を変えることにした。あなたがAさんなら、この部分をどのように話すか。次の**1**、**2**の条件に従って、**三十字以上、四十字以内**で書きなさい。

条件
1　Aさんの提案内容を踏まえること。
2　③の資料の内容を使うこと。

三　次の文章を読んで、後の**一**から**五**までの問いに答えなさい。（*は**注**を示す。）

これは、俳人・阿波野青畝《あわのせいほ》の代表作と言われる一句について述べた文章である。句の中の「寝釈迦《ねしゃか》」とは、釈迦が亡くなる時の姿のことであり、お寺では陰暦二月十五日にその絵画を掲げて法要を行う。

葛城《かつらぎ》の山懐《やまふところ》に寝釈迦《ねしゃか》かな　阿波野青畝

*大和《やまと》の国の葛城山。その山懐に寺がある。ちょうど*涅槃《ねはん》の法要の日である。寺のお堂に*入滅《にゅうめつ》の釈迦の像がある、という句です。

まず、この句をはじめて読む人が、上から下へ読み下すところを想定します。最初に「葛城」という文字が目に入る。音読であれば「カツラギ」という音が聞こえる。その時点では「カツラギ」が何かは判然としない。地名か人名か山の名か。わからないなりに、古代的な響きのある固有名詞だろうという察しはつきます。

続いて「山懐」という文字、音読であれば「ヤマフトコロ」という音声が現れる。直前の「葛城」が1意識に残っていますから、「葛城」と「山」はすぐに結びつく。そうか、大和の国の葛城山か、と思う。「山懐」は、山に囲まれた、奥まったところです。そういう辞書的な意味は知らなくても、着物の懐とか懐中という連想は働きますから、おのずから、山襞《ひだ》の窪《くぼ》みのような地形が思い浮かぶ。この時点で「葛城の山懐」という言葉のイメージはあらかた見えて来ます。しかしまだ、句の正体はわからない。「山懐に」の「に」が気を持たせます。

さて、このあと何が現れるのだろうかと期待しながら読者は*下《しも》五に進みます。わずか十七音を読み下す時間は一瞬です。その一瞬の間

らのことから、山梨県の新しい名物となる、おいしい食べ物を開発することで、観光客を増やすことができるのではないかと考えました。

[3] それでは、どのような食べ物を作ればよいでしょうか。私は、山梨県の特産としてよく知られている、ぶどうや桃を使った食べ物を作ることを考えています。果物は、子供から大人まで広く楽しむことができるため、家族連れで何度も来県してもらえると思います。

[4] 最後に、③の資料をご覧ください。これは、私が先日目にした新聞記事の一部です。この記事で取り上げられているフルーツサンドのような、見ばえのよい食べ物を作り、インターネット上で話題になれば、山梨県を訪れる楽しみがまた一つ増えると思います。以上で、私の提案を終わります。ありがとうございました。

【使用する資料】

①

旅行についての調査結果

旅行の動機

1位	旅先のおいしいものを求めて
2位	日常生活から解放されるため
3位	思い出をつくるため
4位	保養、休養のため
5位	家族の親睦のため

公益財団法人日本交通公社『旅行年報２０２１』より作成。

②

旅行についての調査結果

旅行先(都道府県)別の最も楽しみにしていたこと
（全体の上位３つの項目を比較）

	全体	山梨県
温泉に入ること	20.9%	21.4%
おいしいものを食べること	20.8%	16.0%
自然景観を見ること	11.1%	13.8%

公益財団法人日本交通公社『旅行年報２０２１』より作成。

③

県産果物　新たな展開

山梨県内でフルーツサンドの専門店が相次いで出店している。見ばえのよさや手軽さで、行列ができることもあるという。県産の果物を使ったり、断面の果物の形に趣向を凝らしたりして、インターネット上でも話題となっている。

この人気を受け、「一時の流行でなく、果物の新しい楽しみ方として今後定着するとよい。県内だけでなく、県外の方にもおいしさを味わってほしい」と期待する関係者も多い。

○○新聞（○月○日付）より

一　【話の内容】の[1]のまとまりで、Aさんが最も伝えたいことは何か。次の**ア**から**エ**までの中から最も適当なものを**一つ**選び、その記

＜国語＞

時間　五五分　満点　一〇〇点

一　次の一から三までの問いに答えなさい。

一　次のアからオまでの――線の漢字の読みをひらがなで書きなさい。（現代かなづかいで書くこと。）

ア　素朴な疑問をもつ。　イ　顕著な効果が見られる。

ウ　見事な演技に喝采を送る。　エ　儀式を厳かに執り行う。

オ　床にワックスを掛けて艶を出す。

二　次のアからオまでの――線のひらがなを漢字で書きなさい。（丁寧に漢字だけを書くこと。）

ア　きちょうな経験をする。

イ　新しいニュースがはいしんされる。

ウ　めんみつな計画を立てる。

エ　年賀状がとどく。

オ　かるたのふだを並べる。

三　次は、「草」、「雲」という文字をそれぞれ行書で書いたものである。〇で囲んだⅠ、Ⅱの部分の、行書の特徴の組み合わせとして最も適当なものはどれか。□のアからエまでの中から一つ選び、その記号を書きなさい。

ア	Ⅰ	点画の省略	Ⅱ	点画の省略
イ	Ⅰ	筆順の変化	Ⅱ	点画の省略
ウ	Ⅰ	点画の省略	Ⅱ	筆順の変化
エ	Ⅰ	筆順の変化	Ⅱ	筆順の変化

二　Aさんのクラスでは、「山梨県への観光客をさらに増やすには」というテーマで、地域の大人に話すことを想定して、プレゼンテーションの学習を行っている。Aさんは、集めた資料を用いて話すこととし、練習を行った。次の【話の内容】、【使用する資料】を読んで、後の一から三までの問いに答えなさい。

【話の内容】（1～4の番号は、話の中のそれぞれのまとまりを示す。）

1　山梨県には、富士山に代表される豊かな自然や、武田家にまつわる史跡などの観光資源が多くあり、これまでもたくさんの方が来県してくださっています。また最近では、新しい道路が開通したことにより、観光への効果が期待されています。私は、今後さらに観光客を増やすとともに、また来たいと思ってもらえるような方策として、新たな名物となる食べ物を作ることを提案します。

2　①の資料をご覧ください。私は、旅行というと、景勝地や史跡などの観光名所を訪れたり、遊園地やテーマパークで遊んだりすることを思い浮かべていましたが、この調査によると、旅行の動機として、旅先のおいしいものを求める人が最も多いことがわかります。一方、②の資料にあるとおり、山梨県を訪れた旅行者の中で、おいしいものを食べることを楽しみにしていた人の割合は、全体と比べると低い数値となっています。これ

MEMO

大切なことはメモしておこうネ！

2022年度

解答と解説

《2022年度の配点は解答用紙集に掲載してあります。》

＜数学解答＞

1　1　-8　2　$\frac{7}{5}$　3　27　4　$4\sqrt{3}$　5　$-3x^2y$　6　$13x-2y$

2　1　$x=\frac{-9\pm\sqrt{17}}{4}$　2　116度　3　図1　4　イ　5　$\frac{1}{6}$

3　1　(1)　56点　(2)　解説参照　2　(1)　12cm^2　(2)　図2　(3)　(xの値)$\frac{25}{3}$，11

4　1　(1)　5回　(2)　ウ，オ，カ　2　(1)　データ①　19回　データ②　23回
(2)　解説参照

5　1　(1)　$0\leqq y\leqq 12$　(2)　$y=2x+9$　(3)　54　2　(1)　解説参照
(2)　(AG：GD)13：14

6　1　$9\sqrt{2}$ cm　2　三角錐AEPQ　81cm^3　三角錐RFPS　3cm^3　3　$\frac{21\sqrt{17}}{2}$cm^2
4　48cm^3

図1

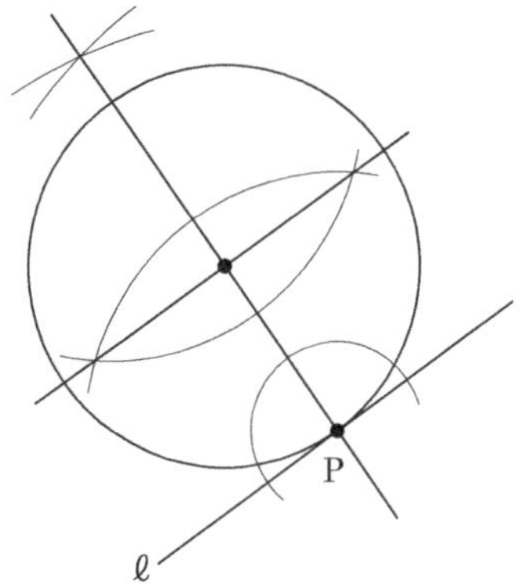

図2

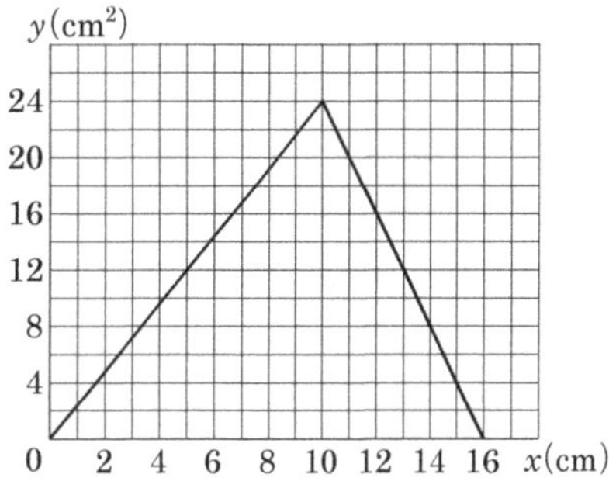

＜数学解説＞

1　(数・式の計算，平方根)

1　異符号の2数の和の符号は絶対値の大きい方の符号で，絶対値は2数の絶対値の大きい方から小さい方をひいた差だから，$4-12=(+4)+(-12)=-(12-4)=-8$

2　四則をふくむ式の計算の順序は，乗法・除法→加法・減法となる。$\frac{4}{5}\div(-4)+\frac{8}{5}=\frac{4}{5}\times\left(-\frac{1}{4}\right)+\frac{8}{5}=-\frac{1}{5}+\frac{8}{5}=\frac{-1+8}{5}=\frac{7}{5}$

3　$(-6)^2-3^2=(-6)\times(-6)-3\times3=36-9=27$

4　$\frac{9}{\sqrt{3}}=\frac{9\times\sqrt{3}}{\sqrt{3}\times\sqrt{3}}=\frac{9\sqrt{3}}{3}=3\sqrt{3}$ だから，$7\sqrt{3}-\frac{9}{\sqrt{3}}=7\sqrt{3}-3\sqrt{3}=(7-3)\sqrt{3}=4\sqrt{3}$

5　異符号の2数の積の符号は負で，絶対値は2数の絶対値の積だから，$\frac{1}{6}xy\times(-18x)=-\left(\frac{1}{6}xy\times18x\right)=-\left(\frac{xy}{6}\times\frac{18x}{1}\right)=-3x^2y$

6　分配法則を使って，$7(2x-y)=7\times2x+7\times(-y)=14x-7y$だから，$7(2x-y)-(x-5y)=14x-$

$7y-x+5y=14x-x-7y+5y=(14-1)x+(-7+5)y=13x-2y$

2 (2次方程式，角度，作図，比例関数，確率)

1　**2次方程式$ax^2+bx+c=0$の解は，$x=\dfrac{-b\pm\sqrt{b^2-4ac}}{2a}$**で求められる。問題の2次方程式は，$a=2$，$b=9$，$c=8$の場合だから，$x=\dfrac{-9\pm\sqrt{9^2-4\times2\times8}}{2\times2}=\dfrac{-9\pm\sqrt{81-64}}{4}=\dfrac{-9\pm\sqrt{17}}{4}$

2　点Bを含まない方の$\overset{\frown}{AC}$に対する**中心角と円周角の関係**から，$\angle x=\dfrac{1}{2}\angle AOC=\dfrac{1}{2}\times232=116(°)$

3　(着眼点)　**接線と接点を通る半径は垂直に交わる**ので，円の中心は接点Pを通る接線ℓの垂線上にある。(作図手順)次の①～④の手順で作図する。　①　点Pを中心とした円を描き，接線ℓ上に交点をつくる。　②　①でつくったそれぞれの交点を中心として，交わるように半径の等しい円を描き，その交点と点Pを通る直線(接点Pを通る接線ℓの垂線)を引き，円との交点をQとする。③　点P，Qをそれぞれ中心として，交わるように半径の等しい円を描く。　④　③でつくった交点を通る直線(線分PQの**垂直二等分線**)を引き，接点Pを通る接線ℓの垂線との交点に●印を書く。(ただし，解答用紙には点Qの表記は不要である。)

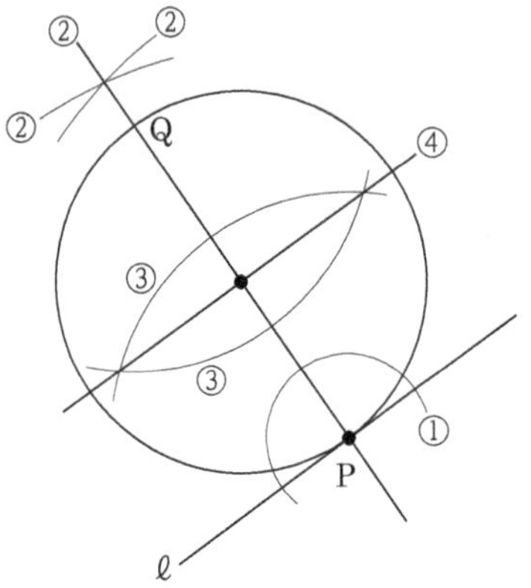

4　xmLのジュースを5人で均等に分けるときの1人分の量がymLであるとき，(1人分の量)＝(全体の量)÷(人数)より，$y=x\div5=\dfrac{x}{5}=\dfrac{1}{5}x$だから，**$y$は$x$に比例する**。面積が50cm^{2}の長方形の縦の長さが$x$cmであるときの横の長さが$y$cmであるとき，$x\times y=50$(cm^2)より，$y=50\div x=\dfrac{50}{x}$だから，**yはxに反比例する**。点Pが直線上を毎分$x$cmの速さで3分間進んだときの道のりが$y$cmであるとき，**(道のり)＝(速さ)×(時間)**より，$y=x\times3=3x$だから，yはxに比例する。定価がx円の品物を定価の20％引きで買ったときの代金がy円であるとき，$y=x\times\left(1-\dfrac{20}{100}\right)$より，$y=\dfrac{80}{100}x$だから，$y$は$x$に比例する。

5　大小2つのさいころを同時に1回投げるとき，全ての目の出方は6×6＝36(通り)　このうち，出た目の数の積が10の倍数，即ち，10，20，30のいずれかになるのは，大きいさいころの出た目の数をa，小さいさいころの出た目の数をbとしたとき，$(a,\ b)=(2,\ 5)$，$(5,\ 2)$，$(4,\ 5)$，$(5,\ 4)$，$(5,\ 6)$，$(6,\ 5)$の6通り。よって，求める確率は$\dfrac{6}{36}=\dfrac{1}{6}$

3 (式の値，式による証明，動点，関数とグラフ，グラフの作成)

1　(1)　20問のクイズのうち，12問に正解したときの最終得点は，最終得点を求める式$6x-2(20-x)$に$x=12$を代入して，$6\times12-2(20-12)=6\times12-2\times8=72-16=56$より，56点である。

(2)　(説明)　(例)最終得点を求める式より，$6x-2(20-x)=8x-40=8(x-5)$　$x-5$は整数だから，$8(x-5)$は8の倍数である。したがって，最終得点は，8の倍数になる。

2　(1)　点PがBから5cm動いたとき，点Pは辺BA上にある。点Pから辺BCへ垂線PHを引くと，PH//ACだから，**平行線と線分の比の定理**より，PH：AC＝PB：AB　$PH=\dfrac{AC\times PB}{AB}=\dfrac{6\times5}{10}=3$(cm)　よって，$\triangle PBC=\dfrac{1}{2}\times BC\times PH=\dfrac{1}{2}\times8\times3=12$(cm^2)

(2)　$0\leqq x\leqq10$のとき，点Pは辺BA上にあるから，(1)と同様に考えると，$PH=\dfrac{AC\times PB}{AB}=\dfrac{6\times x}{10}$

$=\frac{3x}{5}$(cm)より，$y=\triangle \mathrm{PBC}=\frac{1}{2}\times \mathrm{BC}\times \mathrm{PH}=\frac{1}{2}\times 8\times \frac{3x}{5}=\frac{12}{5}x$…①　$10\leqq x\leqq 16$のとき，点Pは辺AC上にあり，$\mathrm{PC}=(\mathrm{AB}+\mathrm{AC})-(\mathrm{AB}+\mathrm{AP})=(10+6)-x=16-x$(cm)だから，$y=\triangle \mathrm{PBC}=\frac{1}{2}\times \mathrm{BC}\times \mathrm{PC}=\frac{1}{2}\times 8\times (16-x)=(-4x+64)$…②　ここで，$x=0$のとき，①より$y=\frac{12}{5}\times 0=0$　$x=10$のとき，①より$y=\frac{12}{5}\times 10=24$　$x=16$のとき，②より$y=-4\times 16+64=0$だから，xとyの関係を表すグラフは，点(0, 0)，(10, 24)，(16, 0)を線分で結んだ折れ線となる。

(3)　(2)のグラフより，△PBCの面積が20cm²となるのは，$0\leqq x\leqq 10$のときと，$10\leqq x\leqq 16$のときがある。$0\leqq x\leqq 10$のとき，(2)①に$y=20$を代入して，$20=\frac{12}{5}x$　$x=20\times \frac{5}{12}=\frac{25}{3}$　$10\leqq x\leqq 16$のとき，(2)②に$y=20$を代入して，$20=-4x+64$　$4x=64-20=44$　$x=11$

4 (資料の散らばり・代表値)

1 (1)　資料を整理するために用いる区間を**階級**，区間の幅を**階級の幅**という。2組の練習の記録を5回ごとに区切って整理してあるから，この5回が階級の幅である。

(2)　**相対度数$=\frac{\text{各階級の度数}}{\text{度数の合計}}$**　各階級の相対度数をそれぞれ求めると，5回以上10回未満の階級が(データ①，データ②)$=\left(\frac{1}{16}=0.0625,\ \frac{0}{12}=0\right)$，10回以上15回未満の階級が(データ①，データ②)$=\left(\frac{3}{16}=0.1875,\ \frac{2}{12}=0.1666\cdots\right)$，15回以上20回未満の階級が(データ①，データ②)$=\left(\frac{6}{16}=0.3750,\ \frac{5}{12}=0.4166\cdots\right)$，20回以上25回未満の階級が(データ①，データ②)$=\left(\frac{3}{16}=0.1875,\ \frac{2}{12}=0.1666\cdots\right)$，25回以上30回未満の階級が(データ①，データ②)$=\left(\frac{2}{16}=0.1250,\ \frac{2}{12}=0.1666\cdots\right)$，30回以上35回未満の階級が(データ①，データ②)$=\left(\frac{1}{16}=0.0625,\ \frac{1}{12}=0.0833\cdots\right)$である。

2 (1)　**箱ひげ図**とは，右図のように，**最小値**，**第1四分位数**，**第2四分位数(中央値)**，**第3四分位数**，**最大値**を箱と線(ひげ)を用いて1つの図に表したものである。これより，1組のデータ①と②の中央値はそれぞれ19回と23回である。

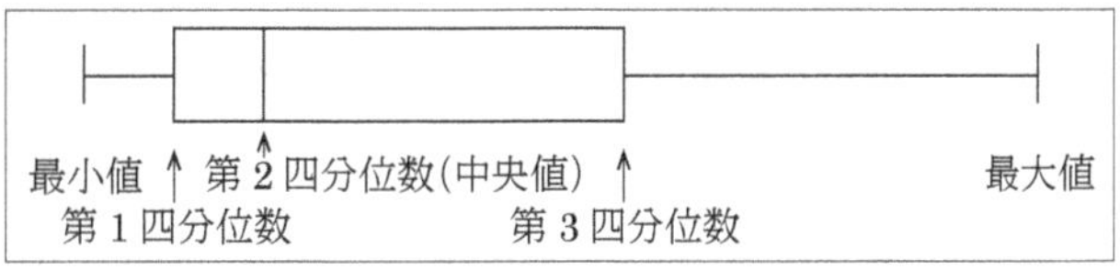

(2)　(説明)　(例1)2つの箱ひげ図の箱の横の長さがほぼ同じで，4組のデータ②の箱の方が4組のデータ①の箱より右にあるから，4組のデータ②は，4組のデータ①より記録が伸びている。(例2)第1四分位数，第2四分位数，第3四分位数をそれぞれ比べると，4組のデータ②の方が4組のデータ①よりどれも大きいから，4組のデータ②は，4組のデータ①より記録が伸びている。

5 (図形と関数・グラフ，相似の証明，線分の長さの比)

1 (1)　xの**変域**に0が含まれているから，yの最小値は0　$x=-3$のとき，$y=\frac{1}{3}\times(-3)^2=3$　$x=6$のとき，$y=\frac{1}{3}\times 6^2=12$　よって，yの最大値は12　yの変域は，$0\leqq y\leqq 12$

(2)　点A，Bの座標は，(1)よりA(−3, 3)，B(6, 12)　また，点Cのy座標は$y=\frac{1}{3}\times 9^2=27$より，その座標はC(9, 27)　直線ACの傾き$=\frac{27-3}{9-(-3)}=2$　これより，直線ACの式を$y=2x+$

bとおくと，点Aを通るから，$3=2\times(-3)+b$　$b=9$　よって，直線ACの式は$y=2x+9$

(3)　点Bを通りy軸に平行な直線を引き，直線ACとの交点をDとすると，点Dのx座標は点Bのx座標と等しく6，点Dのy座標は直線ACの式に$x=6$を代入して，$y=2\times6+9=21$　よって，D(6, 21)　△ABC＝△CBD＋△ABD＝$\frac{1}{2}$×DB×(点Cのx座標－点Bのx座標)＋$\frac{1}{2}$×DB×(点Bのx座標－点Aのx座標)＝$\frac{1}{2}$×DB×(点Cのx座標－点Aのx座標)＝$\frac{1}{2}\times(21-12)\times\{9-(-3)\}=54$

2　(1)　(証明)　(例)△ABEと△ECFにおいて，仮定より∠ABE＝∠ECF…①　**三角形の内角の和は180°だから**∠BAE＋∠AEB＋90°＝180°　∠BAE＝90°－∠AEB…②　点B，E，Cは1つの直線上にあるから∠CEF＋∠AEB＋90°＝180°　∠CEF＝90°－∠AEB…③　②，③より，∠BAE＝∠CEF…④　①，④より，2組の角がそれぞれ等しいから△ABE∽△ECF

(2)　△ABE∽△ECFとEC＝BC－BE＝3－2＝1(cm)より，$\mathrm{CF}=\mathrm{EC}\times\frac{\mathrm{BE}}{\mathrm{AB}}=1\times\frac{2}{3}=\frac{2}{3}$(cm)
仮定の∠EFG＝90°より，(1)と同様にして，△ECF∽△FDGであり，よって，△ABE∽△FDGであるから，$\mathrm{DG}=\mathrm{FD}\times\frac{\mathrm{BE}}{\mathrm{AB}}=(\mathrm{CD}-\mathrm{CF})\times\frac{\mathrm{BE}}{\mathrm{AB}}=\left(3-\frac{2}{3}\right)\times\frac{2}{3}=\frac{14}{9}$(cm)　以上より，AG：GD＝(AD－GD)：GD＝$\left(3-\frac{14}{9}\right):\frac{14}{9}=13:14$

6　(相似な立体，線分の長さ，体積，切断面の面積)

1　△EPQはEP＝EQ＝9cmの**直角二等辺三角形で，3辺の比は1：1：$\sqrt{2}$**だから，PQ＝EP×$\sqrt{2}$＝$9\sqrt{2}$(cm)

2　三角錐AEPQの底面を△EPQと考えると，高さはAEだから，(三角錐AEPQの体積)＝$\frac{1}{3}$×△EPQ×AE＝$\frac{1}{3}\times\left(\frac{1}{2}\times\mathrm{EP}\times\mathrm{EQ}\right)\times\mathrm{AE}=\frac{1}{3}\times\left(\frac{1}{2}\times9\times9\right)\times6=81$(cm³)　RF//AEより，平行線と線分の比の定理を用いると，RF：AE＝FP：EP　$\mathrm{RF}=\frac{\mathrm{AE}\times\mathrm{FP}}{\mathrm{EP}}=\frac{\mathrm{AE}\times(\mathrm{EP}-\mathrm{EF})}{\mathrm{EP}}=\frac{6\times(9-6)}{9}=2$(cm)　三角錐RFPSの底面を△FPSと考えると，高さはRFであり，△FPSはFP＝FS＝3cmの直角二等辺三角形であるから，(三角錐RFPSの体積)＝$\frac{1}{3}$×△FPS×RF＝$\frac{1}{3}\times\left(\frac{1}{2}\times\mathrm{FP}\times\mathrm{FS}\right)\times\mathrm{RF}=\frac{1}{3}\times\left(\frac{1}{2}\times3\times3\right)\times2=3$(cm³)

3　RS//AQより，△RPS∽△APQで，**相似比は**RP：AP＝FP：EP＝3：9＝1：3だから，**面積比は相似比の2乗に等しく**，△RPS：△APQ＝$1^2:3^2=1:9$　同様にして，TU//APより，△TUQ∽△APQで，相似比はTQ：AQ＝HQ：EQ＝3：9＝1：3だから，△TUQ：△APQ＝$1^2:3^2=1:9$　△APEに**三平方の定理**を用いると，$\mathrm{AP}=\sqrt{\mathrm{AE}^2+\mathrm{EP}^2}=\sqrt{6^2+9^2}=3\sqrt{13}$(cm)　これより，△APQはAP＝AQ＝$3\sqrt{13}$cmの二等辺三角形である。点Aから線分PQへ垂線AOを引くと，**二等辺三角形の頂角からの垂線は底辺を2等分する**から，$\mathrm{PO}=\frac{\mathrm{PQ}}{2}=\frac{9\sqrt{2}}{2}$(cm)　△APOに三平方の定理を用いると，$\mathrm{AO}=\sqrt{\mathrm{AP}^2-\mathrm{PO}^2}=\sqrt{(3\sqrt{13})^2-\left(\frac{9\sqrt{2}}{2}\right)^2}=\frac{3\sqrt{34}}{2}$(cm)　以上より，(五角形ARSUTの面積)＝△APQ－△RPS－△TUQ＝△APQ－$\frac{1}{9}$△APQ－$\frac{1}{9}$△APQ＝$\frac{7}{9}$△APQ＝$\frac{7}{9}\times\frac{1}{2}\times\mathrm{PQ}\times\mathrm{AO}=\frac{7}{9}\times\frac{1}{2}\times9\sqrt{2}\times\frac{3\sqrt{34}}{2}=\frac{21\sqrt{17}}{2}$(cm²)

4　RP：AP＝TQ：AQ＝1：3より，RT//PQだから，△ART∽△APQで，相似比はAR：AP＝(3－1)：3＝2：3，面積比は△ART：△APQ＝$2^2:3^2=4:9$である。線分EGと線分PQの交点をIとする。図形の対称性からPQ⊥△ACIであることを考慮すると，(三角錐CAPQの体積)＝(三角錐CAPIの体積)＋(三角錐CAQIの体積)＝$\frac{1}{3}$×△ACI×PI＋$\frac{1}{3}$×△ACI×QI＝$\frac{1}{3}$×△ACI×(PI＋QI)＝$\frac{1}{3}$×

$\triangle ACI \times PQ = \frac{1}{3} \times \left(\frac{1}{2} \times AC \times CG\right) \times PQ = \frac{1}{3} \times \left(\frac{1}{2} \times 6\sqrt{2} \times 6\right) \times 9\sqrt{2} = 108\,(\mathrm{cm}^3)$　4点A，C，R，Tを頂点とする立体，つまり，三角錐CARTは底面を△ARTと考えると，三角錐CAPQと頂点Cを共有し，それぞれの底面が同一平面上にある。これより，体積比は底面積比に等しい。以上より，(4点A，C，R，Tを頂点とする立体の体積)＝(三角錐CARTの体積)＝(三角錐CAPQの体積)× $\frac{\triangle ART}{\triangle APQ} = 108 \times \frac{4}{9} = 48\,(\mathrm{cm}^3)$

＜英語解答＞

1　1 イ　2 ウ　3 ア　4 ウ

2　ア next　イ lunch　ウ 20　イラスト ②

3　Question 1 イ　Question 2 ウ

4　1 (例)Have you finished your homework yet?　2 A good　B for　C such　3 ⓐ ア　ⓑ イ　ⓒ オ　4 ① ウ　② エ　③ ウ　5 エ　6 (例)What do you think of this logo?　7 ① longer　② famous　③ message

5　1 ① ウ　② イ　2 イ・エ　3【1】ウ　【2】オ　【3】イ　【4】ア　【5】エ　4 ア　5 A problem　B interested　C bad　D without　6 (例)I can read books to children at my local library. It holds an event for children on Sundays, and students read books to children there. So, I want to join the event and share interesting books with them. I hope I can help children feel reading is fun.

＜英語解説＞

1・2・3 (リスニング)

放送台本の和訳は，54ページに掲載。

4 (会話文問題：和文英訳，語句補充，文挿入，指示語，条件英作文)

(全訳)　はると：夏休みがもうすぐ終わるね。

ジェイムズ：日本は短すぎるね。アメリカでは約3か月だよ。

はると　　：ええ，知らなかった。夏休みにはやることもたくさんあるんだよ。(1)あなたはもうあなたの宿題を終えましたか？

ジェイムズ：まだ終わってないよ。僕にはとても難しかったり，新しかったりするのもあるよ。

はると　　：例えば？

ジェイムズ：ええと，この学校では生徒会の活動として学園祭のためのシンボルマークを描かないといけないよね。でも僕はアートは A 得意 じゃないんだ。それに以前アメリカでそれを作ったことは一度もない。ⓐ ア　だから何を描くべきかわからないよ。

はると　　：心配しないで。僕の好きなことは絵を描くことだから手伝えると思う。きみのシンボルマークをより良くする①(ような)いくつかのデザインについて教えてあげられるよ。ジェイムズ，ピクトグラムを知ってる？

ジェイムズ：ピクトグラム？　ものや電車やレストランのような場所を表す絵だよね？

はると　　：その通り。ピクトグラム②(は)ヨーロッパで生まれて，多くの人たちが簡単に理解できるから1964年の東京オリンピックを通して世界中で有名になったと言われているよ。

ジェイムズ：本当？　③(でも)日本で最初に温泉のピクトグラムを見たとき，それが何かわからなかったよ。コーヒーみたいな温かい飲み物だと思った。

はると　　：なるほど。実はいくつかのピクトグラムは変更されているんだよ。例えば今日本では温泉のピクトグラムが2種類ある。1つはその中に人が入ってるもの。(2)これを見て。

ジェイムズ：わあ！　中に人が描かれていると温泉を表していることがB僕にはよりわかりやすく理解できるよ。ピクトグラムのようにみんながより分かりやすく理解できる学園祭のシンボルマークを描きたいな。

はると　　：ⓑもう1つのいいデザインを見せてあげるね。これは山梨の150周年記念を表すのに作られたロゴマークなんだ。(3)このロゴマークについてどう思う？

ジェイムズ：とてもいいね。これについてもっと教えてくれる？

はると　　：もちろん。このデザインは(山梨の)高い山である富士山や，きれいな川，美味しいぶどうCのようなたくさんの美しいものが山梨にあることを表しているんだよ。このロゴマークの形は，武田家の家紋として使われていた特別な絵である武田菱に由来してるんだ。

ジェイムズ：それは素晴らしいね。強いメッセージのあるロゴマークだと思う。ⓒより多くの人たちがこれを見て山梨を好きになってくれたらと思うよ。

はると　　：僕もそう思う。このロゴマークは山梨中で使われると信じているよ。

ジェイムズ：役立つピクトグラムと素晴らしい山梨のロゴマークのような学園祭のための一番いいシンボルマークを描くようにがんばるよ。

1 「あなたはもう～しましたか」は現在完了形**<Have you ＋動詞の過去分詞形～ yet?>**で表すことができる。yet は疑問文で「もう」の意味となる。

2 A **be good at ～「～が得意だ」**文脈からアートが苦手であることが読み取れる。 B **<It is＋形容詞＋for＋人＋to＋動詞の原形～>**で「(人)にとって～することは(形容詞)だ」の意味を表現できる。 C such as ～「～のような」

3 ⓐ 空欄直前の発話内容からシンボルマークを描くことに不安を感じているのが読み取れる。 ⓑ 空欄直前までピクトグラムの話をしていたが直後に山梨のロゴマークを紹介しているので，他のことを話し始めることがわかる。 ⓒ 山梨のロゴマークの話が続いている。直後にはそのロゴが広く使われることを話しているのでオがふさわしい。エ「山梨のロゴマークはそう簡単に使うべきではない」は前後の内容と合わない。

4 ① 先行詞がものの時に使える関係代名詞which を用いて I can tell you about some designs. と Some designs will make your symbol better. の2文を1文にしている。ここでは先行詞は some designs。 ② 主語が複数の名詞で過去の文なので were がふさわしい。 ③ 直前のはるとの発話ではピクトグラムはわかりやすいという内容だが，ジェイムズの発話③の直後ではわかりづらいという反対の内容なのでウ「しかし」がふさわしい。

5 直後の温泉のピクトグラムについての描写から選ぶ。

6 直後にジェイムズが感想を述べているので，「あなたはどう思いますか？」と聞いていると考える。「どう思う？」の表現はHow「どのように」は使わずに What do you think of ～? で表現する。

7 ①「アメリカの夏休みは日本のよりも(長い)」1つ目のジェイムズの発話参照。**<形容詞・副詞の比較級+ than ～>で「～よりも(形容詞・副詞)だ」**の表現。 ②「1964年の東京オリンピックがピクトグラムを世界中で(有名)にしたと言われている」5つ目のはるとの発話参照。**<make +人・もの+形容詞>で「(人・もの)を(形容詞)にする」**と表現できる。 ③「ジェイムズは山梨の150周年のために作られたロゴマークは強い(メッセージ)を持っていると思っている」最後から2つ目のジェイムズの発話参照。

5 (長文読解問題・スピーチ：英問英答，内容真偽，文挿入，語句補充，条件英作文)

(全訳) 【1】 みなさん，こんにちは。今日は食品ロス問題について話したいと思います。みなさんの多くがこのことについて聞いたことがあると思いますが，私のプレゼンテーションを通してこの問題をもっと知って欲しいと思います。

【2】 食品ロスはまだ食べられる食品を無駄にすることを意味します。多くの人が食品を捨てることはもったいないと知っていますが，私たちの周りにはたくさんの食品があるので多くの人たちは食品ロスが大問題だとは思っていないと思います。最初は私もこの問題に興味がありませんでした。しかし先週社会の授業で，世界には8百万人以上のお腹を空かせた人がいて，しかし同時に13億トンを超える食品が毎年捨てられていると学びました。私はこれを聞いて悲しくなりました。授業のあと日本の食品ロスについて知りたくなりました。それでインターネットでもっと情報を探そうとしました。そしていいウェブサイトを見つけました。日本では一年間に6百万トンのまだ食べられる食品が捨てられており，そのうちの半分が家庭から出ているとありました。私にはとても驚くべきことでした。また食品を捨てることは，その食品を作るために使われた水やエネルギーを無駄にしており，もしたくさんの食品廃棄物を燃やすと二酸化炭素を生み出すことも知りました。それなので食品を無駄にすることは環境にも悪いのです。

【3】 なぜ人はこんなに多くの食品を無駄にするのでしょうか？例えばスーパーマーケットで食品を多く買いすぎるのかもしれませんが，時々それを食べ忘れます。そしてそれが食品廃棄物となります。レストランや家では食品を頼みすぎたり作りすぎたりするので，全ては食べず，このように無駄にするのです。また見た目のいい果物や野菜を買いたい人もいます。すると果物や野菜の中には色や形が売るのによくないという理由で捨てられてしまうものもあります。

【4】 では食品ロスを止めるために私たちに何ができるでしょうか？まず，食品を買いすぎるのをやめることができます。買い物に行く前に，家にどれだけの食品があるかを確認するべきです。次に食品を多く注文したり作りすぎたりするのをやめることができます。そうすれば私たちは全て食べることができて食品を無駄にしません。3つ目は，私たちはフードバンクに食品をあげることができます。フードバンクを知っていますか？ フードバンクは売られなかったり食べられなかったりした食品を集めています。そしてそれを十分な食料のない人たちに渡します。それなのでもし必要のない食品をたくさん持っていたら，フードバンクへ送ることで食品を無駄にすることなく人を救うことができます。

【5】 多くの問題を解決し，多くの人を助けるために私たちはみんな何かができると信じています。日々の生活で私たちができる小さなことから始めるのが大切だと思います。私ができる1つの小さなことはボランティア活動に参加することです。それなので私は食品ロスを止めるためにフードバンクでお手伝いをすることに決めました。あなたはどうですか？ 私たちの生活をよりよくするために何か小さなことをしましょう。聞いてくれてありがとうございました。

1 ①「まどかは彼女のプレゼンテーションを通してクラスメイトに何をしてもらいたいですか」ウ「彼女は彼らに食品ロスについてもっと知ってもらいたい」第1段落参照。 ②「日本で1年間にどれくらいの食品ロスが家庭から出ていますか」イ「約3百万トン」第2段落第9文参照。

2　ア 「食品ロスは食べられない食品を捨てることを意味する」(×)　第2段落第1文参照。　イ 「まどかは授業で習うまでは食品ロスに興味がなかった」(○)　第2段落第3～6文参照。　ウ 「食品ロス問題は多くの食品廃棄物を燃やすことで解決できる」(×)　第2段落最後の2文参照。
エ 「果物や野菜の中には見た目が悪くて売れないので捨てられるものがある」(○)　第3段落最終文参照。　オ 「まどかはみんなに食品ロスを止めるボランティア活動への参加を決心するように言った」(×)第5段落参照。

3 【1】ウ 「食品ロスについてのプレゼンテーションの冒頭」beginning「始まり，冒頭」から最初の段落とわかる。　【2】オ 「世界と日本で起こっている食品ロスについての情報」第2段落では数字を含めた食品ロスの説明がされている。　【3】イ 「食品ロスが起こる理由を表す例」第3段落では第1文が「なぜ」と問う文で始められ例が挙げられている。　【4】ア 「食品ロスについて私たちができること」第4段落ではできることが3つ挙げられている。　【5】エ 「問題を解決し人を助けるためになにか小さなことをすること」第5段落では小さなことを積み重ねることが大事と述べられている。

4　買いすぎないように買い物前に確認できることを考える。　イ 「インターネットにどれだけ多くの情報があるか」　ウ 「スーパーで何人の人が食品を売っているか」　エ 「私たちの町でいくつのレストランが見られるか」は内容と合わない。

5　A 「まどかは私たちに食品ロスは大きな(問題)だと教えてくれた」第2段落第1，2文参照。
B 「それなので今私も食品ロスに(興味がある)」**be interested in ～「～に興味がある」**第2段落第3～6文参照。　C 「また，私は食品を無駄にすることは環境にも(悪い)ことを学んだ」第2段落最終文参照。　D 「私は必要な食品だけ買うように心掛け，食品を無駄にする(ことなく)食べることを楽しみたい」第4段落参照。without「～なしに」。

6　**身近な問題について，知っている単語を使って自分の意見を書けるように練習をしておくこと。**解答例の英文は「地元の図書館で子どもたちに本を読むことができます。毎週日曜日に子どもたち向けのイベントが行われ，生徒たちはそこで子どもたちに本を読んでいます。それなので私はそのイベントに参加し，彼らと面白い本を共有したいです。子どもたちが読書が楽しいと感じられるよう手伝うことができたらいいと思います」という意味。

2022年度英語　リスニングテスト

〔放送台本〕

1　これは英文を聞き取り，その内容について英語の質問に答える問題です。

1から4まで，いろいろな場面での Paul と Lucy の会話を放送し，それぞれの会話に続けて質問をします。質問の答えとして，最も適当なものをア，イ，ウ，エの中から一つずつ選び，その記号を書きなさい。英語は2回ずつ放送します。

1　Lucy:　Hi, Paul. I want to make a special card for my brother.
Paul:　You are very kind, Lucy.
Lucy:　But I don’t have anything to use to cut the paper.
Paul:　Oh, here you are. You can use mine.
Lucy:　Thank you.
Question:　What will Lucy use?

2 Paul: I'm hungry, Lucy. Let's eat lunch at this restaurant.
Lucy: Nice idea, Paul. I heard the hamburgers and pizza are delicious here.
Paul: OK. I will have a hamburger. How about you, Lucy?
Lucy: I want a pizza and orange juice.
Paul: All right. I will have milk.
Question: What is Paul going to have at this restaurant?

3 Lucy: Paul, have you ever thought about your future job?
Paul: Yes, I want to be a teacher. But my father wants me to be a doctor. How about you, Lucy?
Lucy: Well, I'm still thinking.
Paul: You can sing very well.
Lucy: Thank you. One of my dreams is to be a singer. I also want to be a writer.
Question: Who wants to be a teacher?

4 Paul: Lucy, what shall we buy for Mr. Brown as a birthday present?
Lucy: Well, he likes bikes and guitars. He always carries an old bag. Also, he wants to read Japanese books.
Paul: Bikes and guitars are too expensive. We can't buy them.
Lucy: Paul, I heard the bag is his favorite. We should not give him a new one.
Paul: So, just one of the things you said is left.
Lucy: Yes, let's go and buy it.
Question: Which present are they going to buy for Mr. Brown?

〔英文の訳〕

1 ルーシー：こんにちは，ポール。兄[弟]に特別なカードを作りたいの。
ポール　：とても優しいね，ルーシー。
ルーシー：でも紙を切るのに使うものが何もないの。
ポール　：ああ，どうぞ。僕のを使って。
ルーシー：ありがとう。
質問　　：ルーシーは何を使いますか？
答え　　：イ

2 ポール　：お腹が空いたよ，ルーシー。このレストランでランチを食べよう。
ルーシー：いい考えね，ポール。ここのハンバーガーとピザが美味しいって聞いたよ。
ポール　：オーケー。じゃあハンバーガー食べるよ。きみはどうする，ルーシー？
ルーシー：私はピザとオレンジジュースがいいな。
ポール　：わかった。僕は牛乳を飲むよ。
質問　　：ポールはこのレストランで何を食べますか？
答え　　：ウ

3 ルーシー：ポール，将来の仕事について考えたことある？
ポール　：うん，僕は先生になりたい。でも父は僕に医者になって欲しいんだ。きみはどう，ルーシー？

ルーシー：そうねえ，まだ考え中なの。
ポール　：きみは上手に歌えるよね。
ルーシー：ありがとう。夢の1つは歌手になることなの。作家にもなりたい。
質問　　：先生になりたいのは誰ですか？
答え　　：ア

4 ポール　：ルーシー，ブラウンさんに誕生日プレゼントは何を買おうか？
ルーシー：そうね，彼は自転車とギターが好きだよね。いつも古いカバンを持っている。それから彼は日本語の本も読みたいと思っているね。
ポール　：自転車とギターは高すぎるね。僕たちには買えないね。
ルーシー：ポール，彼がカバンを気に入っていると聞いたのよ。新しいのをあげない方がいいと思う。
ポール　：じゃあ，きみが言った物のうち一つが残ったね。
ルーシー：うん，それを買いに行こう。
質問　　：彼らはブラウンさんにどのプレゼントを買いに行くつもりですか？
答え　　：ウ

〔放送台本〕

2 これは英文を聞き取り，メモを完成させる問題とイラストを選ぶ問題です。

これから放送するのは，ALT（外国語指導助手）の Ms. Scott が，町で開催される英語イベントについて，授業の中で紹介している場面です。英文の内容に合うように，メモの中のア，イにはそれぞれ適当な1語の英語を，ウには適当な数字を書きなさい。また，英語イベントに参加する生徒が最初に行うことを，①～④のイラストの中から一つ選び，その記号を書きなさい。英文は2回放送します。

Hello. Now, I'll tell you about an English event that will be held in our town next month.

In the morning, we're going to have a quiz game about Canada. So, if you join this event, you need to learn about Canada on the Internet before coming to the event. For lunch, we'll make curry and rice. After that, we'll enjoy watching a movie together and singing songs in English. When you get home, you'll write about your experience at this event.

Oh! I forgot. Twelve students from junior high school and eight students from high school can join this event. If you want to join us, please tell me soon.

〔英文の訳〕

こんにちは。さて，来月この町で開催される英語イベントについてお話します。

午前中，私たちはカナダについてのクイズゲームをします。それなのでもしこのイベントに参加するなら，イベントに来る前にインターネットでカナダについて学ぶ必要があります。昼食はカレーライスを作ります。その後一緒に映画を見て英語で歌を歌います。家に帰ったらこのイベントでの経験について書きます。

ああ！忘れていました。中学校から12名と高校から8名がこのイベントに参加します。参加したい場合は，すぐ私に教えてください。

<メモ>

・この英語イベントは(ア　来)月開催されます。

・私たちは(イ　昼食)のあとに映画を見て楽しみます。
・(ウ　20)名の学生がこのイベントに参加します。
<イラスト>②

〔放送台本〕
3　これは英文を聞き取り，その内容について英語の質問に答える問題です。

あなたは海外研修旅行先のアメリカで，ある美術館を訪れています。これから放送するのは，その美術館の利用時のルールについて，ツアーガイドが説明している場面です。英文は1度だけ放送し，それに続けて英文の内容に関して二つの質問をそれぞれ2回放送します。質問の答えとして，最も適当なものをア，イ，ウの中から一つずつ選び，その記号を書きなさい。

Hello, everyone. Now I'd like to tell you the rules of this art museum. First, you can't run in the museum. It is dangerous to do so here, so please walk slowly. Second, people want to look at pictures in a quiet room, so you must not make any big sounds. Of course, don't use your smartphone to talk with your friends, either. Third, please don't eat or drink in the museum. It is very important to keep the museum clean. Finally, in this museum, usually, you can't take pictures. But today is a special day for this museum, so you can take pictures today only. Now, please enjoy the museum.

Question 1: Why do you have to walk slowly in this museum?
Question 2: What can you do in this museum today only?

〔英文の訳〕
みなさん，こんにちは。この美術館のルールをお伝えしたいと思います。まず，美術館内を走ることはできません。ここでそうするのは危険ですので，ゆっくり歩いてください。次に，みなさん静かな部屋で絵を見たいと思っていますので，大きな音は出してはいけません。もちろん友達と話すためスマートフォンも使わないでください。3つ目は美術館内で飲食はしないでください。美術館を清潔に保つことはとても大切なのです。最後に，この美術館では通常写真を撮ることができません。しかし，今日はこの美術館の特別な日なので，今日のみ写真を撮ることができます。ではこの美術館を楽しんでください。

質問1：なぜこの美術館内ではゆっくり歩かなくてはなりませんか？
答え　：イ　走るのは危険だから。
質問2：今日だけこの美術館でできることは何ですか？
答え　：ウ　美術館で写真を撮れる。

＜理科解答＞

1　1　(1)　ウ　(2)　(例)酸素が多いところでは，酸素と結びつき，酸素が少ないところでは，酸素を離すはたらき　2　(1)　イ　(2)　呼吸　(3)　イ

2　1　1012〔hPa〕　2　(天気)　雨　(風向)　北西　(風力)　1　3　エ　4　(記号)　ウ　(理由)　(例)10月1日1時ごろの気圧が一番低いから　5　164.8〔g〕

図1
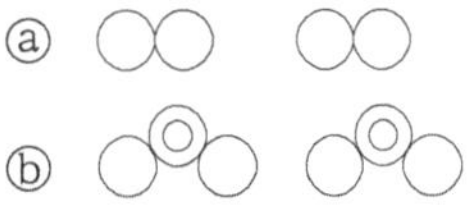

3　1　(例)水に溶けやすく，空気より軽い性質　　2　ア
3　N_2　　4　イ，エ　　5　ⓐ，ⓑ　前ページ図1

4　1　右図2　　2　130　(単位)cm/s　　3　(例)台車の運動の向きに力がはたらいていないから　　4　ⓐ　ア　　ⓑ　イ
5　ア

図2

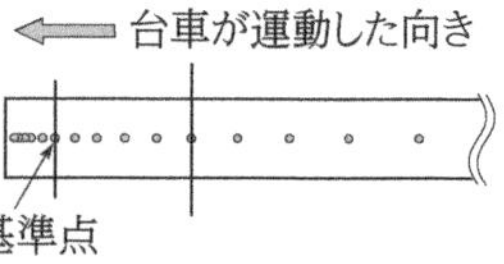

5　1　ウ　　2　ⓑ　①，④　　ⓒ　②，③
3　(記号)　Y　　(理由)　(例)ハチュウ類は変温動物で，グラフYは周囲の気温の変化にともなって体温が変化するようすを示しているから
4　相同(器官)　　5　イ

6　1　(1)　ウ　　(2)　エ　　(3)　有色(鉱物)
2　(1)　ⓐ　イ　　ⓑ　ア　　(2)　(例)気体が抜け出た

7　1　(例)水を蒸発させる　　2　エ　　3　ア　　4　右図3
5　20.0(cm^3)

図3

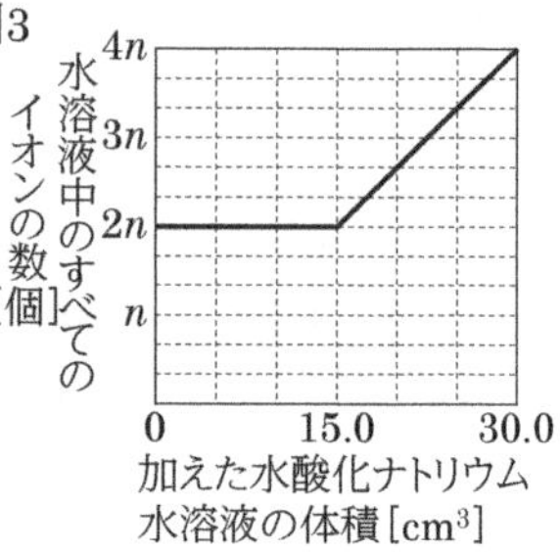

8　1　(1)　12.6(Ω)　　(2)　1.89(A)　　(3)　エ
2　(1)　①　光　　②　熱　　(2)　19(%)

＜理科解説＞

1　(血液循環)

1　(1)　尾びれの先端に向かう血液が流れる血管と，尾びれの先端から体の中心方向へ向かう血液が流れる血管の2種類が見られる。　(2)　ヘモグロビンは，酸素の多いところで酸素と結びつき，酸素の少ないところで酸素を放す性質がある。

2　(1)　**血しょう**が毛細血管からしみ出ると**組織液**とよばれるようになる。養分は，血しょう(組織液)にとけこんで運ばれる。　(2)　細胞の呼吸，細胞による呼吸，内呼吸などともよばれる。　(3)　細胞の呼吸によってアミノ酸を分解したことにより生じるアンモニアは人体に有害なため，肝臓で無害な尿素に変えてから，じん臓でこし出し，排出される。

2　(気象)

1　等圧線は，4hPaおきに引かれている。

2　●は雨を表す天気記号である。風向は，矢が立っている方位を読む。

3　台風は発達した熱帯低気圧であることから，中心には**上昇気流**が生じている。地表では，**反時計回りに空気がふきこむ**。

4　台風は熱帯低気圧であるから，中心付近の気圧が最も低い。よって，最も低い気圧が観測されたとき，台風が最も近くにあることを表している。

5　除湿前の空気1m^3中にふくまれる水蒸気量は，20.6[g/m^3]×0.81＝16.686[g/m^3]　除湿後の空気1m^3中にふくまれる水蒸気量は，20.6[g/m^3]×0.65＝13.39[g/m^3]　よって，除湿機によって取り除かれた水の量は，(16.686－13.39)[g]×50[m^3]＝164.8[g]

3　(気体の性質)

1　水上置換法で集めることができない気体は，**水にとけやすい**という性質をもつ。このような気体の場合，空気と比べた重さを利用する。空気よりも軽い気体の場合は，上方置換法で集める。

2　気体Eは刺激臭があり水溶液がアルカリ性を示さないため，塩化水素である。塩化水素の水溶

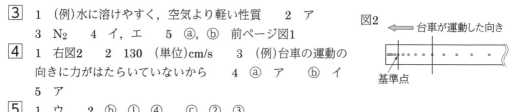

液を電気分解すると，陽極に塩素，陰極に水素が発生する。塩素は漂白作用をもつため，赤インクを脱色する。

3 〔実験1〕～〔実験4〕までで，気体Aはアンモニア，気体Cは二酸化炭素，気体Eは塩化水素であることがわかる。〔実験5〕で気体Dが水素とわかる。よって，気体Bは残りの窒素となる。

4 気体Cは二酸化炭素である。アは水素，ウは窒素についての内容である。

5 気体Dは水素である。**水素＋酸素→水**の反応が起こる。

4 (運動とエネルギー)

1 1秒間に50打点する記録タイマーの場合，1打点が$\frac{1}{50}$秒を表す。よって，0.1秒間に打つ打点数は，0.1〔s〕÷$\frac{1}{50}$〔s〕＝5〔打点〕

2 CD間(11.0＋15.0＝26.0〔cm〕)を移動するのにかかった時間は，0.1〔s〕×2＝0.2〔s〕　よって，26.0〔cm〕÷0.2〔s〕＝130〔cm/s〕

3 物体に対し，運動の向きに力がはたらかないか，力がはたらいていてもつり合っている場合，物体は速さが増加せずに一定の速さで運動を続ける**等速直線運動**を行う。

4 重力Wが，斜面に平行な方向と斜面を垂直に押す方向に分解されることから，「**重力W＞斜面を垂直に押す力**」となる。垂直抗力Nの大きさは斜面を垂直に押す力と同じ大きさになるため，「**重力W＞垂直抗力N**」となる。また，斜面に平行な重力の分力は，斜面の角度が一定であるならば，その大きさも変化しない。

5 斜面で運動する距離は変えずに傾きだけを大きくすると，重力の大きさは変わらないが，斜面に平行な分力は大きくなる。よって，台車が斜面を下っていくときの速さのふえ方が大きくなる。また，運動を始める高さが高くなることから，水平面に達したときの台車の速さが斜面の角度が低いときよりも速くなる。

5 (動物の分類と進化)

1 フズリナ・サンヨウチュウは古生代，ナウマンゾウは新生代の化石である。

2 ハチュウ類の動物の多くには長い尾があり，前あしにはつめがある。鳥類の動物は体表が羽毛でおおわれており，前あしが空を飛ぶためのつばさになっている。

3 ハチュウ類は，周囲の温度の変化とともに体温も変化する。鳥類は，周囲の温度によらず，体温を一定に保つことができる。

4 相同器官は，現在のはたらきはそれぞれ異なるが，基本的な骨格が似ている器官である。

5 セキツイ動物の相同器官では，はたらきや名称が異なっていても基本的な骨格が似ている。チョウやタコは無セキツイ動物なので骨格をもたない。マグロはセキツイ動物であるが，うでと尾びれは骨格が異なるため，相同器官にはあたらない。

6 (火成岩)

1 (1) 双眼実体顕微鏡は両目で観察するため，観察物が立体的に見える。 (2) 白っぽく柱状に割れる鉱物は**チョウ石**，白っぽく不規則に割れるのは**セキエイ**，決まった方向にうすく板状にはがれる有色鉱物は**クロウンモ**である。 (3) 鉱物には，無色や白色の「無色鉱物」，黒色や褐色などの「有色鉱物」がある。

2 (1) 火山噴出物の色が黒っぽい場合は，マグマに有色鉱物が多くふくまれている。有色鉱物を多くふくむマグマのねばりけは弱いため，噴火のようすはおだやかになる。 (2) マグマには大量の水蒸気がふくまれているので，噴火とともに水蒸気が空気中へ放出されたところは穴となって残る。

7 (酸・アルカリ，中和)

1　ビーカーDの水溶液は完全に中和して中性になり，塩化ナトリウム水溶液となっている。よって，水を蒸発させると，塩の塩化ナトリウムが結晶となって現れる。

2　ビーカーDで完全に中和しており，そこへさらに水酸化ナトリウム水溶液を加えていることから，水溶液はアルカリ性を示す。BTB溶液は，アルカリ性で青色を示す。

3　マグネシウムを酸性の水溶液に加えた場合，酸性が強いほど反応が激しくなる。よって，水酸化ナトリウム水溶液をまったく加えていないビーカーAの水溶液が，最も酸性が強く，気体が盛んに発生する。

4　塩酸中の塩化水素は，$HCl \rightarrow H^+ + Cl^-$のように，水素イオンの数と塩化物イオンの数が等しくなるように電離しているので，加えた水酸化ナトリウム水溶液の体積が0cm^{3}であるならば，水溶液中に存在するイオンは，H^+がn個，Cl^-はn個，合計2n個である。水酸化ナトリウム水溶液中の水酸化ナトリウムは，$NaOH \rightarrow Na^+ + OH^-$のように電離しているので，Na＋と$OH^-$はつねに同数存在している。そのため，水溶液中に$Na^+$と$OH^-$を1個ずつ(合計2個)加えても，水溶液中の$H^+$1個と$OH^-$1個の合計2個が水に変化して無くなるため，水溶液中のイオンの総数に変化はない。このように，**完全に中和するまではイオンの数は増加しない**が，完全に中和したあとは，H^+1個とOH^-1個の合計2個のイオンによって水ができる反応がなくなるため，水溶液中のイオンの総数はうすい水酸化ナトリウム水溶液の体積が増加するとともに増え続ける。

5　うすい塩酸10.0cm^{3}に対し，うすい水酸化ナトリウム水溶液15.0cm^{3}を加えると，完全に中和することから，体積の比が，HCl：NaOH＝10.0：15.0＝2：3になるように，混合すればよい。E，F，Gで使用した合計のHClの体積は，10.0×3＝30.0〔cm^3〕　NaOHの体積は20.0＋25.0＋30.0＝75.0〔cm^3〕　75.0cm^{3}のうすい水酸化ナトリウム水溶液と完全に中和するうすい塩酸の体積をxとすると，2：3＝x：75.0　x＝50.0〔cm^3〕　よって，追加で加えるうすい塩酸の体積は，50.0－30.0＝20.0〔cm^3〕

8 (電流と回路)

1 (1)　豆電球X_1，X_2の抵抗は，3.8〔V〕÷0.5〔A〕＝7.6〔Ω〕　豆電球Yの抵抗は，3.8〔V〕÷0.76〔A〕＝5〔Ω〕　③では，豆電球X_1とYの**直列回路**となっているので，回路の全抵抗は，2つの抵抗の和で求められる。7.6＋5＝12.6〔Ω〕　(2)　④では，豆電球X_2とYの**並列回路**になっている。それぞれの豆電球に3.8Vの電圧が加わったときの各抵抗に流れる電流を求めると，豆電球X_2…5.7〔V〕÷7.6〔Ω〕＝0.75〔A〕　Y…5.7〔V〕÷5〔Ω〕＝1.14〔A〕　よって，電流計の示す値はこの合計となり，0.75＋1.14＝1.89〔A〕　(3)　それぞれの豆電球が消費した電力を求める。③の回路で流れた電流は，5.7〔V〕÷12.6〔Ω〕＝0.45…〔A〕　X_1の消費する電力は，0.45…〔A〕×(0.45…×7.6)〔V〕＝1.539…〔W〕より，およそ1.5W。同様にYの消費する電力は，0.45…〔A〕×(0.45…×5)〔V〕＝1.01…〔W〕より，およそ1.0W。④の回路でX_2，Yの豆電球が消費した電力を求める。X_2が消費する電力は，(5.7÷7.6)〔A〕×5.7〔V〕＝4.275〔W〕　同様にYの豆電球が消費する電力は，(5.7÷5)〔A〕×5.7〔V〕＝6.498〔W〕　より**多くの電力を消費した豆電球が最も明るく光る**ので，④の回路の豆電球Yとなる。

2 (1)　白熱電球は，消費した電気エネルギーの約10％が光エネルギーに変換されるが，それ以外はすべて熱エネルギーに変換される。LED電球では，白熱電球と同じ明るさに保つために必要な電力自体が少なく，消費した電気エネルギーの約30～50％が光エネルギーに変換されるため，消費する電気エネルギーから目的とするエネルギーへの変換効率がよいとされている。
(2)　取り替える前の合計の消費電力は，60〔W〕×4＋40〔W〕×8＝560〔W〕　取り替えた後の合計の消費電力は，10.6〔W〕×4＋8.0〔W〕×8＝106.4〔W〕　よって，106.4〔W〕÷560〔W〕×100＝19〔％〕

＜社会解答＞

1　1　(1)　(記号)　①　(首都の名前)　ロンドン　(2)　グレートプレーンズ
2　(1)　P　○　Q　×　(2)　d　アルゼンチン　(3)　(例)国民の所得が増大して需要が高まり，国内販売向けの生産が増えたため。　3　(1)　ウ　(2)　鳥取県　ウ　広島県　ア　山口県　イ　(3)　イ　(4)　①　エ　②　X　(例)工場から港までの所要時間が短縮　Y　温室効果ガス

2　1　(1)　古事記　(2)　イ→ア→エ→ウ　(3)　狂言　(4)　イ　(5)　エ
(6)　(例)主導権を維持[幕府勢力の地位を確保]　2　(1)　ビスマルク
(2)　(例)衆議院第一党である立憲政友会の党員が，大部分の大臣を占めていたため。
(3)　(例)世界恐慌の影響で，銀行数は減り続け，五大銀行が保有する預金の割合はさらに大きくなった。　(4)　満州事変　(5)　ウ

3　1　(1)　エ　(2)　(例)衆議院の議決が優先されるため。　(3)　(例)国民が最高裁判所の裁判官をやめさせるかどうかを審査する制度。　2　(1)　a　エ　b　ア
(2)　Ⅰ　ウ　Ⅱ　イ　3　(1)　エ　(2)　①　ウ　②　(例)同じ額の円をより多くのドルと交換できる　4　(1)　X　イ　Y　ア　(2)　ASEAN

4　1　(1)　①　X　ア　Y　イ　②　偏西風　(2)　ウ　2　(1)　ア　(2)　持続可能　(3)　情報　ウ　グラフ　Y　3　(1)　(例)山から海までの距離が短く，傾きが急である　(2)　P　×　Q　○　(3)　(例)異なる意見を尊重するため。

＜社会解説＞

1　**(地理的分野－世界の地理・日本の地理に関する問題)**

1　(1)　赤道と北緯60度の間に位置する都市は，①・②・③である。**時差が7時間以上ある都市は，経度にすると7×15＝105(度)以上離れた地点にある都市**ということになる。地図上の経線は15度ごとに描かれているので，経線7本分以上離れている都市は，①・④である。これらを併せて判断すれば良い。①は**イギリスの首都**である。　(2)　**ロッキー山脈の東側と中央平原の間を南北に広がる台地状の大平原**で，ロッキー山脈から流れ出る河川によって形成された多くの堆積平野の総称のことである。

2　(1)　P　**アボリジニは**，ヨーロッパ人が渡来した1788年以前から**オーストラリア大陸に住んでいた**文字を持たない**先住民**のことであるので，Pは正しい。　Q　オーストラリア大陸の中央には，アボリジニの聖地であるウルル(エアーズロック)があるが，その周辺には砂漠が広がっているので，Qは誤りである。　(2)　大豆の生産量に注目すれば良い。生産量上位の国は，アメリカ・ブラジル・アルゼンチンであることから判断すれば良い。　(3)　資料Ⅰから中国の平均賃金が上昇していることが分かる。また，資料Ⅱから自動車の生産台数は増加しているが輸出量に

大きな変化がないことが分かる。これらを併せて，所得の上昇に伴い自動車の購入が増加したことが分かるはずである。

3 (1) **高知市は太平洋側の気候**に分類されるので，**夏場の降水量が多い**雨温図を選べば良い。アは冬場の降水量が多い日本海側の気候である松江市，イは降水量が少ない瀬戸内の気候である高松市，残ったエは下関市である。 (2) 広島県は自動車工業が盛んな広島市があることから，アとなる。山口県は化学工業が盛んな周南があることから，イとなる。残ったウが鳥取県である。 (3) 北海道の割合が高い方が乳牛，少ない方が肉牛である。また，肉牛の2位は鹿児島県，乳牛の2位は栃木県である。これらを併せて判断すれば良い。 (4) ① 資料Ⅱで，田(ıı)・畑(∨)であった場所が資料Ⅰでは工業団地になっていることが読み取れるので，エは正しい。資料Ⅰから，ICは北関東自動車道とJR上毛線の交差する地点より西側にあることが読み取れるので，アは誤りである。資料Ⅰから，北関東自動車道が建設された場所の標高は90m前後であることが読み取れるので，イは誤りである。資料Ⅰ・Ⅱを比較すると，神社のある場所は移動していないことが読み取れるので，ウは誤りである。 ② X 資料Ⅲから，距離は同じであるが所要時間が1時間10分ほど短くなっていることが読み取れる点に注目してまとめれば良い。
Y 地球温暖化の原因物質とあることから，温室効果ガスと判断できるはずである。

2 **(歴史的分野－各時代の特色に関する問題)**

1 (1) **稗田阿礼**が暗誦していた内容を**太安万侶**がまとめ，712年に出された**日本最古の歴史書**である。 (2) アは**931年から947年に起こった承平・天慶の乱**，イは**坂上田村麻呂が征夷大将軍に任命されたのは797年**，ウは**保元の乱が1156年**，**平治の乱が1159年**，エは**1051年から1062年の前九年の役**と**1083年から1087年の後三年の役**のことである。 (3) 狂言は猿楽から発展した日本の伝統芸能で，言葉や仕草によって滑稽な内容を表現するものである。 (4) アは1642年から1660年，イは1517年，ウは1368年，エは1492年のことであることから判断すれば良い。 (5) 1609年に薩摩藩が琉球王国の首里城を陥落させ，琉球王国の尚寧王が降伏したことで琉球は薩摩藩の支配を受けることになったことから判断すれば良い。 (6) 大政奉還に関して，「いったん政権を手放す」とあることから，最終的には自らが中心になるつもりでいることが分かるので，そこに注目してまとめれば良い。

2 (1) ドイツ統一を実現するために軍備拡張を強行する演説を行ったことから**鉄血宰相**と呼ばれた，ドイツ統一の中心人物である。 (2) 資料Ⅰから，Bの原敬が総裁を務めていた立憲政友会が衆議院の第一党であったこと，資料Ⅱから，内閣発足時の大臣は，陸軍・海軍・外務大臣を除いたすべての大臣が立憲政友会出身であったことが読み取れる。これらを併せて説明すれば良い。 (3) **1929年**に起きたのは**世界恐慌**である。資料Ⅲから，その影響で銀行数が減ったことと五大銀行が保有する預金の割合が増えたことが読み取れる。これらを併せて説明すれば良い。 (4) 1932年の前年とあることから，1931年に柳条湖事件をきっかけに行われた満州事変であると判断できる。 (5) 日ソ共同宣言を受けて**日本が国際連合に加盟したのは1956年12月**であるので，ウは誤りである。

3 **(公民的分野－三権分立・社会のしくみ・経済・国際社会などに関する問題)**

1 (1) **閣議は全会一致**で内閣の意思を決定するものである。**国政調査権は国会**が持つものであることから，アは誤りである。**国会は国権の最高機関**であり，**内閣に拒否権はない**ことから，イは誤りである。**国務大臣は過半数が国会議員であれば良い**ことから，ウは誤りである。 (2) **日本国憲法第67条**の規定にある**衆議院の優越**を説明すれば良い。 (3) 国民が司法に関わる手段として**最高裁判所の裁判官を対象**にして行われるもので，**×が過半数を超えた裁判官は罷免**される制度である。

2 (1) a　名誉を傷つけるとあることから，表現の自由が認められているからといって特定の人物を誹謗中傷するような出版物は許されないことに注目すれば良い。　b　建築とあることから，個人の所有物すなわち財産であることに注目すれば良い。　(2)　Ⅰ　税負担を減らすとあることから，ウ・エのどちらかであることが分かる。行政サービスが縮小されるとあることから，ア・ウのどちらかであることが分かる。これらを併せて判断すれば良い。　Ⅱ　多様な行政サービスの提供とあることから，イ・エのどちらかであることが分かる。税負担が増加するとあることから，ア・イのどちらかであることが分かる。これらを併せて判断すれば良い。

3 (1) **左上から右下に向かっているのが需要曲線，右上から左下に向かっているのが供給曲線**である。価格が下がる原因は，需要が少ない場合か供給が多い場合のどちらかである。この条件を満たすのは，供給が増えているエだけである。アは供給が減少，イは供給が減少，ウは需要が増加しているので，いずれも価格が上昇することになる。　(2)　①　2012年は100円で約1.25ドルを得ることができたが，2019年は100円で約0.9ドルしか得ることができないので，ドルに対する円の価値は低下していることが分かる。この変化は，輸入にはマイナスだが輸出にはプラスであることが分かる。これらを併せて判断すれば良い。　②　円高とは，ドルに対する円の価値が上がること，すなわち少ない円でドルと交換できる点に注目し，説明すれば良い。

4 (1) X　2009年に財政赤字が発覚したのはギリシャである。**トルコとシリアはEU加盟国ではない。**　Y　2020年にEUを離脱したのはイギリスである。　(2)　**東南アジア諸国連合**のことである。

4 (総合問題－自然災害や防災を切り口にした問題)

1 (1) ①　X　**浅間山が群馬県と長野県にまたがる山**であることに注目すれば良い。**中山道は江戸の日本橋から京都の三条大橋を内陸経由で結んでいる**街道である。**近江の草津で東海道と合流**している。イは太平洋側の街道，ウは東北地方の福島県白河に向かう街道である。　②　北緯約20度から60度の範囲を西から東に向かって吹く風のことである。アは1716～1736年，イは1781～1789年，ウは1830～1844年であることから判断すれば良い。　(2)　**寛政の改革は，1787～1793年**にかけて，**老中松平定信**が主導した改革である。ウの**寛政異学の禁は代表的な政策**のひとつである。アの**公事方御定書**とエの**上米の制は江戸幕府8代将軍徳川吉宗による享保の改革**の政策，イの**株仲間の解散**は**老中水野忠邦による天保の改革**の政策である。

2 (1) 日本と同様に環太平洋火山帯に位置していることから判断すれば良い。　(2)　Sustainable Development Goals，すなわち，**持続可能な開発目標**から考えれば良い。　(3)　情報　アジア地域への援助が中心であることを説明するためには，援助総額に対する地域ごとの割合に注目すれば良いので，ウが正しいことが分かるはずである。　グラフ　割合を表すグラフは，円グラフと帯グラフがふさわしい。このことから，選択肢を判断すれば良い。

3 (1) そもそも国土が狭いので，大陸の川と比べると日本の川の距離は短くなることが分かる。中央に高い山がそびえているとあることから，日本の川の傾きは急になることが分かる。これらを併せて説明すれば良い。　(2)　P　資料から，4分の3の資産があることが分かるので，Pは誤りである。　Q　10%の面積に51%の人口が集中していることから，Qは正しい。　(3)　反対意見も示すことで，一方的に賛成意見を押し付けることは問題であると考えたことが読み取れるはずである。

＜国語解答＞

一　一　ア　そぼく　イ　けんちょ　ウ　かっさい　エ　おごそ(か)　オ　つや
二　ア　貴重　イ　配信　ウ　綿密　エ　届(く)　オ　札　三　イ

二　一　エ　二　ウ　三　(例)山梨県産の果物を使ったおいしい食べ物を作り，新しい楽しみ方として定着すれば

三　一　ア　二　(始め)　古代的　(終わり)　だろう　三　(1)　エ　(2)　(例)読者の脳裏に，俳句の中のすべての言葉とイメージが一体となって現れている状態。
四　(例)寝釈迦だけが見え，迫力が生まれる効果。
五　B　リズムの軽快さ　C　(例)一つの助詞を，二通りの意味に解釈する

四　一　あじわい　二　A　(例)母の望み　B　(例)雪深い季節で，竹の子がとれなかった
三　(例)母親が竹の子を食べたところ，病気が治り長生きしたこと。

五　一　a　ウ　b　カ　二　イ　三　(例)弟に対して感じた嫉妬については考えずに，自分の仕事に集中しようという思い。　四　A　(例)天気の状況　B　(例)選手たちが輝く場所を最もよい状態に整える　五　ア　六　(例)私は，中学校ではバスケットボール部に入部した。しかし，チームの中でも体が弱く，試合で起用されることはほとんどなかった。そんな私に，部活の先輩が「短所を消すぐらい長所を伸ばせ」と声をかけてくださり，それが私の転機となった。

私は，練習後に一人残って，3Pシュートの練習を黙々とこなした。精度が上がり，チームメイトや監督からも信頼されるようになり，3Pシューターとして起用されるようになった。長所を伸ばすことが，自信となり，さらには信頼につながることを私は実感した。

＜国語解説＞

一　(知識－漢字の読み書き，筆順・画数・部首，書写)

一　ア　「素朴」は，考え方などが単純で，まだ十分な考察が加えられていないさまのこと。
イ　「顕著」は，際立って目につくさまのこと。　ウ　「喝采」は，声を上げて褒めること。
エ　「厳か」は，重々しくいかめしいさまのこと。音読みは「ゲン」で，「威厳」「厳格」などの熟語がある。　オ　「艶」は，光沢のこと。音読みは「エン」で，「妖艶」「艶美」などの熟語がある。

二　ア　「貴重」は，非常に大切な得難いものであるさまのこと。　イ　「配信」は，情報を送信すること。　ウ　「綿密」は，詳しく細かいさまのこと。　エ　「届く」は，送った品物や郵便物が相手のところに着くこと。　オ　「札」は，文字や絵などが書かれた紙や木材のこと。音読みは「サツ」で，「改札」「入札」などの熟語がある。

三　「くさかんむり」は，行書になると筆順が変化する。行書では，「縦→縦→横」の順となる。この知識は，書写の行書に関する問題では頻出で，過去には2018年入試でも問われた。「あめかんむり(あまかんむり)」では，4つの点の省略がみられる。

二　(会話・議論・発表－内容吟味，文脈把握)

一　①の最後の一文「私は，今後さらに観光客を増やすとともに，また来たいと思ってもらえるような方策として，新たな名物となる食べ物を作ることを提案します」に着目する。ア～ウの選択肢の内容も①に書かれているが，これらは最後の一文を導くための前置きとしての役割を果たしている。

二　[2]の最後の一文「これらのこと(＝①および②の資料の結果)から，山梨県の新しい名物となる，おいしい食べ物を開発することで，観光客を増やすことができるのではないかと考えました」に着目する。これが，選択肢ウと合致する。

三　まず，条件1として，Aさんは[1]で「新たな名物となる食べ物を作ること」を提案し，3ではその食べ物として「山梨県の特産である果物(＝ぶどうや桃)を使うこと」を考えていることを踏まえる。次に，条件2として，資料より，第一段落ではなく第二段落の内容「(一時の流行ではなく，)果物の新しい楽しみ方として今後定着するとよい」を話す内容として盛り込む。これらを整理して，指定字数に合うように解答を仕上げればよい。

[三]　(説明的文章－内容吟味，文脈把握，指示語の問題，脱文・脱語補充)

一　まずは，傍線部を含む一文をしっかり読む。すると，[A]の直後とその直前の段落では，内容的に対立していることが分かる。よって，対立を示す逆説の接続語「ところが」が適切である。

二　まずは，空欄を含む一文をしっかり読む。すると，傍線部1「意識に残っています」の主語は，「葛城(が)」であることが分かる。葛城(カツラギ)については，傍線部1の直前の段落で，この句をはじめて読む人は「(「カツラギ」は)古代的な響きのある固有名詞だろう(という察しはつきます)」とある。この箇所が，設問の「どのように思っているということか」と対応している。

三　まずは，傍線部を含む一文をしっかり読む。すると，「喩えて言えば」という言い換えを示す語句があることから，傍線部の内容はこの箇所よりも前に書かれていることが分かる。その際，傍線部を含む一文で，「時間的」と「空間的」という語句には(会話・引用ではないにもかかわらず)「　」の符号がつけられていることから，筆者がこれらの語句をあえて強調していることを踏まえて考えるとよい。　(1)「時間的」は，「葛城の山懐から」で始まる段落の「言語時間」と対応している。そして，この「(はじめて読む俳句の)言語時間」についての詳しい説明は，「本文冒頭～人懐かしい言葉の響きも余情を添えます」で書かれている。その範囲の中で，たとえば本文中の「山懐は，山に囲まれた，奥まったところです。そういう辞書的な意味は知らなくても，着物の懐か懐中という連想は働きますから，おのずから，山襞の窪みのような地形が思い浮かぶ」という箇所は，選択肢エの「出会った言葉の情景を一つ一つ想像したり」と対応する。同様にして，本文中の「このあと何が現れるのだろうかと期待しながら読者は下五に進みます」という箇所は，選択肢エの「次に現れる言葉に期待したり」に対応する。　(2)「空間的」は，傍線部2の直前の段落の「言語空間」と対応している。そして，「言語空間」の直前が，(「言語空間」を詳しく説明している)連体(名詞)修飾節になっているため，この箇所を(設問の条件に合うように「読者」という言葉も使って)整理すればよい。

四　傍線部3の直後の三文が，実は傍線部3の内容の理由になっていることを見抜く。傍線部3の直後に，理由を示す接続語「なぜなら」を補うと読みやすくなるだろう。そのうえで，直後の三文から筆者が言いたいことを捉える。まず，「葛城の山懐に～では寝釈迦が見えて来ない」ということは，この句では「寝釈迦が見える(効果がある)」ということ。次に，「葛城の山懐に～としても寝釈迦ほどの迫力はない」ということは，この句では「迫力が生まれる(効果がある)」ということ。最後に，「涅槃像には～寝釈迦に集中しきれないのです」ということは，「寝釈迦に集中できる(効果がある)」ということである。よって，(設問では「十五字以上，二十字以内」という指定があるため，)これら3つの効果のうち2つの効果を解答に盛り込めば十分であろう。

五　空欄[B]について，まずは空欄を含む一文をしっかり読む。すると，【まとめ】の[B]の直後には「同じ音の繰り返し」とあり，これが【資料】の「(「き」)音の繰り返し」と対応している。

よって，この箇所の直前で(五字以上，十字以内の言葉として) B に入るのは，「リズムの軽快さ」が適切である。空欄 C について，まずは空欄を含む一文をしっかり読む。すると，「一方」という対比を表す語句があることから，(直前に「本文では，助詞が一字変わるだけで俳句の趣も変わってしまうことを挙げて，作者の才能を称賛している」とあるように，) C にも「俳句における助詞の働き」についての説明が入ることが分かる。よって，【資料】の中で「俳句における助詞の働き」について書かれているのは，「ところで」で始まる段落である。この段落の内容を，自分の言葉で言い換えればよい。つまり，自分の力で「具体例→抽象(一般)」の作業をすることが求められる。

四 (古文・漢文－内容吟味，指示語，脱文・脱語補充，仮名遣い)

〈口語訳〉 孟宗は，幼いころに父に先立たれ，一人の母を養っていた。母は老いて，持病を患い，食べ物の好みも，食事のたびに変わったので，(あるとき調達が)不可能な物を欲しがった。(母は)冬であるにも関わらず，竹の子が欲しい(食べたい)と思った。そこで，孟宗は，竹林へ(竹の子を)探し求めに行ったけれども，この雪深い季節なので，どうして簡単に(竹の子を)手に入れることができようか(。いや，できない)。「ひたすらに，天(神様)の御慈悲をお頼み申し上げます」と言って，祈りをかけて大いに悲しみ竹に寄り添ったところ，急に地面が開いて(土の中から)竹の子がたくさん出てきた。(孟宗は)とても喜び，すぐに(竹の子を)採って帰り，お吸い物を作って母に与えたところ，母はこれを食べて，たちまち病も癒えて，長生きをした。これはひとえに，深い親孝行の思いを(天が)感じて，天からお与えになられたものだ。

一　語頭以外の「はひふへほ」は，現代仮名遣いで「わいうえお」と読む。

二　まずは，空欄を含む一文をしっかり読む。「竹林に入ったが」は文章中の「竹林に行き求むれども」に対応するため， A はこれよりも前， B はこれよりも後から解答の根拠を見抜く。孟宗は，「冬であるのに竹の子が欲しい(食べたい)」と思った母の望みをかなえるために竹林に入ったのである。しかし，「雪深き折なれば，などかたやすく得べき(＝雪が深い季節なので，どうして竹の子を手に入れることができようか。いや，できない。)」とあるように，竹の子を採ることができず，祈りをかけて悲しんだのである。

三　二重傍線部の「天意平安を報ず(＝天が孝心に報いるために，平穏無事を与えたのだ)」は，古文の「これ，ひとへに，孝行の深き心を感じて，天道より与へ給へり(＝これはひとえに，深い親孝行の思いを(天が)感じて，天からお与えになられたものだ)」と対応している。よって，指示語「これ」が指し示している直前の一文の内容を解答の根拠にすればよい。

五 (小説－情景・心情，内容吟味，脱文・脱語補充，語句の意味，表現技法・形式，作文)

一　a「気後れ」とは，ひるんだり尻込みすること。　b「歴然」とは，紛れもなくはっきりしている様子のこと。

二　傍線部1の後「『風強いぞ』～下半身で踏ん張りをきかせる」に注目する。風で水が流されないように，「俺」はホースの角度をぐっと上げ，腕の力だけではなく，下半身の踏ん張りもきかせたのである。

三　まず，傍線部2を「そんな負の感情を振る払うように」と「ホースの角度を一気に上げた」の2つに分割して考える。「そんな負の感情」とは，傍線部2の直前に書かれている，「俺」の弟に対して感じた嫉妬心のことであり，「俺」はこの嫉妬心を振り払おう(考えないようにしよう)としたのである。「ホースの角度を一気に上げた」のは，自分の今の仕事(＝グラウンドキーパー)に集中するためである。この2つのポイントを押さえたうえで，解答を仕上げればよい。設問で

「どのような思いでいるか」と問われているため，文末は「～という思い」とする。

四　傍線部3の「祈る」の目的語は，傍線部3の直前に書かれている天気のことである。すると，［A］に入る言葉は「天気」としたいが，字数指定に合わない。そこで，「天気」の言い換えがされている箇所を本文中に求めると，「雨，風，太陽を感じるんや。周囲の状況をよく観察するんや」という箇所が見つかる。よって，［A］に入る言葉は，「天気の状況」などとするとよい。［B］は，傍線部3「グラウンドの最善状況(をつくる)」の言い換えを試みる。すると，本文中に「この場所は，選手たちが輝く場所だ。僕たちが主役になる舞台だ。グラウンドキーパーは，その戦いの場を整える」とあるため，これを言い換えの材料にすればよい。

五　解答の根拠として，「真夏さんのひいおじいさんの話を～現在のきれいな土と芝を見渡した」の箇所と，「この先，ずっと高校野球という文化が～たぶん大丈夫だと，何の根拠もなく考えた」の箇所を押さえる。この2箇所が，選択肢アの内容と合致する。イの選択肢は，たしかに虹の階調についてはさまざまな色彩を表す言葉が用いられているが，これが主人公「俺」の心の動きを表現しているわけではない。ウの選択肢は，「擬人法を用いて水を生き物のように描く」が誤り。エの選択肢は，「さまざまな登場人物の視点から同じ場面を描く」が誤り。この小説では，一貫して主人公「俺」の視点から場面が描かれている。

六　作文のテーマは，「年長者から声をかけてもらったり，教えてもらったりしたことの中で，印象に残っているものは何か」である。条件として，具体的な経験を書くことが挙げられている。作文の構成としては，第一段落で具体的な経験を書き，第二段落ではそれに対して考えた，前向きな内容を書くとよいだろう。原稿用紙の正しい使い方に従い，誤字・脱字や文のねじれなどによる無駄な失点にも気をつけて書き上げよう。

MEMO

大切なことはメモしておこうネ！

解答用紙集

○月×日　△曜日　天気（合格日和）

◆ご利用のみなさまへ

＊解答用紙の公表を行っていない学校につきましては、弊社の責任において、解答用紙を制作いたしました。

＊編集上の理由により一部縮小掲載した解答用紙がございます。

＊編集上の理由により一部実物と異なる形式の解答用紙がございます。

人間の最も偉大な力とは、その一番の弱点を克服したところから生まれてくるものである。 ――カール・ヒルティ――

東京学参株式会社

※ 156％に拡大していただくと，解答欄は実物大になります。

数　学

受　検　番　号	氏　　　　名

※印のところには，何も書いてはいけません。

得点 ※	※

（切り取ってはいけません。）

※印のところには，何も書いてはいけません。

数　学

解　答　用　紙

得点 ※	※

1

1		2	
3		4	
5		6	

2

1	x =	2	度

3

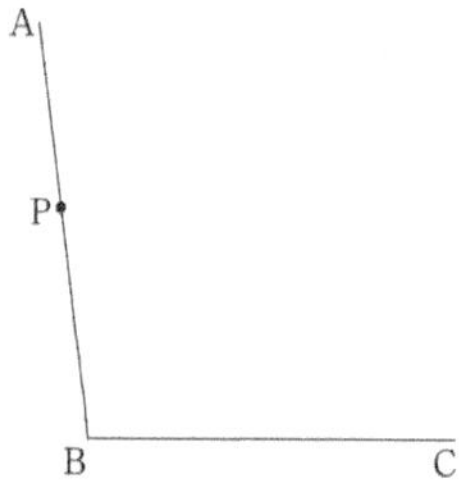

（作図に用いた線は消さないこと。）

4	個
5	

3

1	(1)	
	(2)	y =
2	(1)	
	(2)	記号 説明
	(3)	g

4

1	(1)	文字以上　　文字未満
	(2)	%
2	(1)	
	(2)	説明

5

1		x =
2		
3	(1)	△COB　：　△CPA ：
	(2)	t の値

6

1	(1)	証明		
	(2)	cm		
2	(1)	cm		
	(2)	cm^3	(3)	cm^3

※ 161％に拡大していただくと，解答欄は実物大になります。

英　語

受　検　番　号	氏　　　　　名

※印のところには，何も書いてはいけません。

得点	※	※

（切り取ってはいけません。）

英　語

解　答　用　紙

※印のところには，何も書いてはいけません。

得点	※	※

1	1		2		3		4
2	ア		イ		ウ		Ms. Kelly が最も伝えたいこと
3	Question 1		Question 2				

4	1	A		B		C	
	2	ⓐ		ⓑ		ⓒ	
	3	①		②		③	
	4	（　　　　　　　　　　　　　　　）？					
	5	あ		い			
	6						
	7	①		②		③	

5	1	①		②					
	2								
	3								
	4	【1】	【2】	【3】	【4】	【5】			
	5	A		B		C		D	
	6	5 10 15 20 25 30 35 40 45 50							

※ 159％に拡大していただくと，解答欄は実物大になります。

理　科

受 検 番 号	氏　　　　名

※印のところには，何も書いてはいけません。

得点 ※　　※

（切り取ってはいけません。）

理　科

解　答　用　紙

※印のところには，何も書いてはいけません。

得点 ※　　※

1

1 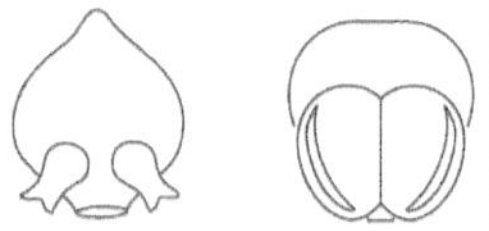

2 　　植物

3 A　　B　　C

4

5

2

1 (1)

(2) ⓐ

ⓑ

2 (1) 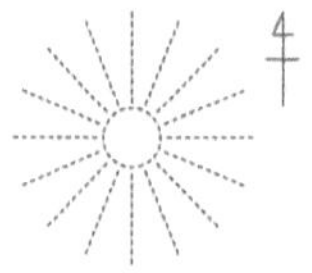

(2) 記号

理由

(3)

3

1

2 　　%

3

4

5

4

1 (1)

(2)

(3) 　　Hz

2 (1)

(2) 　　m

5

1

2 　　秒

3 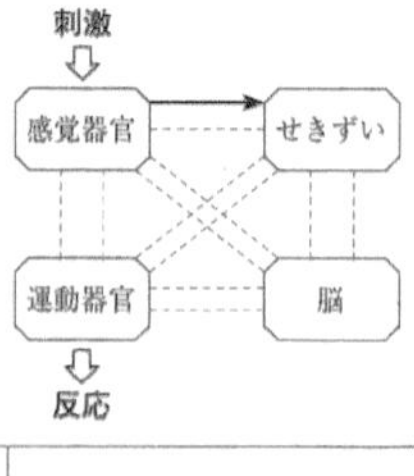

4 (1)

(2)

6

1 (1)

(2)

2 (1)

(2)

(3)

7

1

2

3 (1)

(2) A　　B

4

8

1

2

3

4 　　cm

5 　　Wh

※ 161％に拡大していただくと，解答欄は実物大になります。

社　会

受検番号	氏　　名

※印のところには，何も書いてはいけません。

得点 ※	※

（切り取ってはいけません。）

社　会

解　答　用　紙

※印のところには，何も書いてはいけません。

得点 ※	※

1	1	(1)	①
			②
		(2)	
		(3)	
	2	(1)	
		(2)	工業品出荷額 / 米の収穫量 / 中学校数
		(3)	
	3	(1)	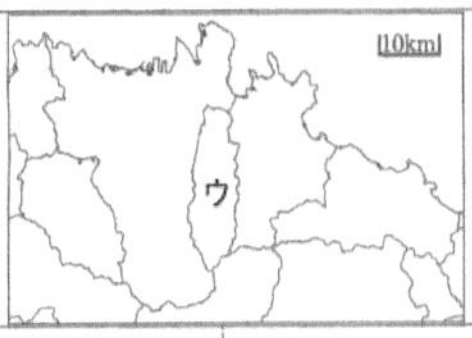
		(2)	
		(3)	a / b
2	1	(1)	X / Y
		(2)	→ → →
		(3)	
		(4)	
		(5)	
	2	(1)	資料Ⅰ / 考えられること 資料Ⅱ
		(2)	
		(3)	
		(4)	
		(5)	a / b
3	1	(1)	
		(2)	
	2	(1)	
		(2)	
		(3)	A / B / C
		(4)	
	3	(1)	
		(2)	麓と比べて山頂では，
		(3)	政策案Ⅰ / 政策案Ⅱ
		(4)	
4	1	(1)	
		(2)	
		(3)	A / B C / X
	2	(1)	
		(2)	
	3	(1)	① ②
		(2)	茨城県 / 大阪府
		(3)	

山梨県公立高校 ２０２４年度

※１６１％に拡大していただくと、解答欄は実物大になります。

国語

受検番号	氏名

※印のところには、何も書いてはいけません。

※

得点 ※

（切り取ってはいけません。）

国語

解答用紙Ⅰ

※印のところには、何も書いてはいけません。

※

得点 ※

一

一	ア		イ		ウ		エ	えて	オ	
二	ア		イ		ウ		エ	ける	オ	
三										

二

一		二	
三	そのために、（40）		

三

一			
二		三	
四	（45）		
五	B	（6）	
	C	（10）	
	D	（20）	

四

一		二	
三	A	（15）	
	B	（15）	
四			

五

一			
二	（5）	三	
四	A	（10）	
	B	（20）	
五			
六	別紙 解答用紙Ⅱ に書きなさい。		

国語

受検番号	氏名

※印のところには、何も書いてはいけません。

※

（切り取ってはいけません。）

国語

解答用紙 Ⅱ

※印のところには、何も書いてはいけません。

※

五

六

注意

1 原稿用紙の正しい使い方に従って書くこと。
2 題名、氏名は書かないこと。

100字　200字　240字

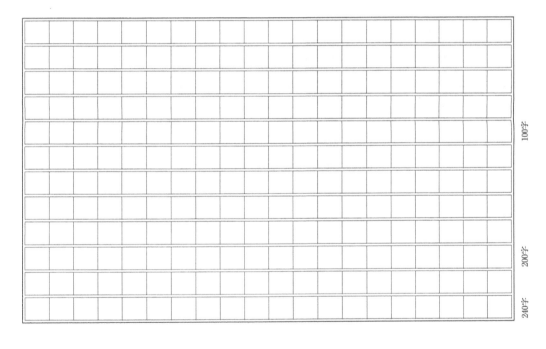

2024年度入試配点表（山梨県）

数学	1	2	3	4	5	6	計
	各3点×6	各3点×5	2(2)　5点 (3)　4点 他　各3点×3	2(2)　5点 他　各3点×3	3　各4点×2 他　各3点×2	1(1)　6点 2(1)　3点 他　各4点×3	100点

英語	1	2	3	4	5	計
	各3点×4	各3点×4	各3点×2	4,6,7　各3点×5 他　各2点×10 (5完答)	3,5　各3点×5 6　10点 他　各2点×5(4完答)	100点

理科	1	2	3	4	計
	1,5　各3点×2 他　各2点×3(3完答)	1(1), 2(3)　各2点×2 1(2)　各1点×2 他　各3点×2(2(2)完答)	2, 4　各3点×2 他　各2点×3	1(1),2　各2点×3 他　各3点×2	100点
	5	6	7	8	
	4　各2点×2 他　各3点×3	1　各2点×2 他　各3点×3 (2(1)完答)	1, 4　各2点×2 他　各3点×3 (3(2)完答)	2,3　各2点×2 他　各3点×3	

社会	1	2	3	4	計
	1(1)・(2),2(1),3(1) 各2点×5 2(2)　1点×3 他　各3点×4(3各完答)	1(3), 2(2)～(4) 各2点×4　1(5) 各1点×2 2(1)　4点　他　各3点×4 (1(1),2(1)・(5)各完答)	1, 2(1),3(1)　各2点×4 3(3)　各1点×2 他　各3点×5 (2(2)・(3)各完答)	1(1), 2, 3(1)②　各2点×4 1(3)　各1点×4 他　各3点×4 (2(1),3(1)①・(2)各完答)	100点

国語	一	二	三	四	五	計
	各2点×11	三　4点 他　各3点×2	一,五B　各2点×2 四,五D　各4点×2 他　各3点×3	一,二　各2点×2 他　各3点×3	一　2点　三,四B 各4点×2　七　15点 他　各3点×3	100点

※ 164％に拡大していただくと，解答欄は実物大になります。

数　学

受　検　番　号	氏　　　　　名

※印のところには，何も書いてはいけません。

得点 ※　　※

（切り取ってはいけません。）

※印のところには，何も書いてはいけません。

数　学

解　答　用　紙

得点 ※　　※

1

1		2	
3		4	
5		6	

2

1	x =	2	度
3			

4

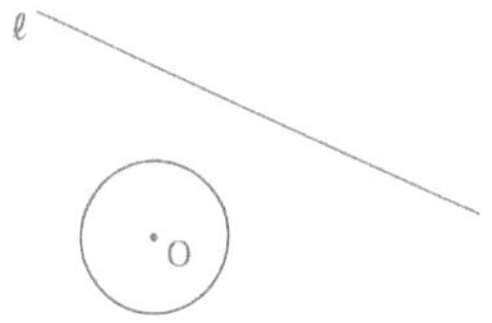

（作図に用いた線は消さないこと。）

5 (1) 冊

5 (2)

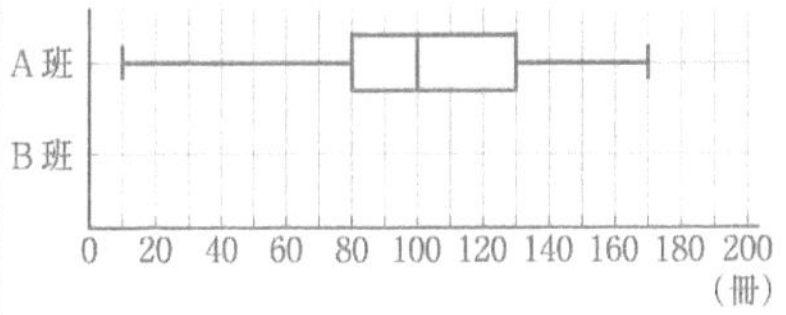

3

1 (1)

1 (2) 記号

説明

2 (1) 通り　(2)

4

1 説明

2 y =

3 花屋　分間　ケーキ屋　分間

4 m

5

1 (1) y =　(2) a =

2 (1) 証明

2 (2) X　Y

2 (3) cm

6

1 cm

2 (1) 四角形APCQ　：　四角形LIJK
：

2 (2) cm^2　(3) cm^3

※ 164%に拡大していただくと，解答欄は実物大になります。

英　語

受検番号	氏　　　名

※印のところには，何も書いてはいけません。

得点	※	※

（切り取ってはいけません。）

英　語

解　答　用　紙

※印のところには，何も書いてはいけません。

得点	※	※

1	1		2		3		4	
2	ア		イ		ウ		スライド	
3	Question 1		Question 2					
4	1	ⓐ		ⓑ		ⓒ		
	2							
	3	A		B		C		
	4	①		②		③		
	5	始めの２語（　　）（　　）　終わりの２語（　　）（　　）						
	6							
	7	①		②		③		
5	1	①		②				
	2							
	3	（　　）→（　　）→（　　）→（　　）→（　　）						
	4							
	5	A		B		C		D
	6	5 10 15 20 25 30 35 40 45 50						

※ 156%に拡大していただくと，解答欄は実物大になります。

理　科

受検番号	氏　　名

※印のところには，何も書いてはいけません。

得点 ※	※

（切り取ってはいけません。）

理　科

解　答　用　紙

※印のところには，何も書いてはいけません。

得点 ※	※

1

- 1 (1)
- 1 (2)
- 1 (3)
- 2
- 3

2

- 1

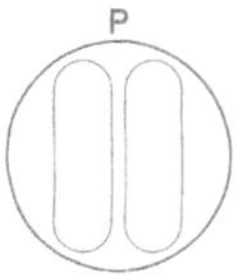

- 2　　形質
- 3
- 4
- 5

3

- 1 ⓐ　ⓑ　ⓒ
- 2
- 3
- 4
- 5　　g

4

- 1 (1)
- 1 (2)
- 1 (3)
- 2 (1)

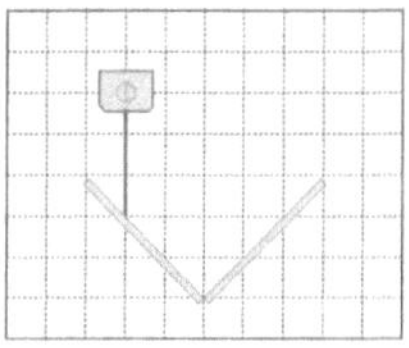

- 2 (2)

5

- 1 (1)
- 1 (2)
- 2 (1) ①　②　③
- 2 (2)　時　分　秒
- 2 (3)　秒後

6

- 1

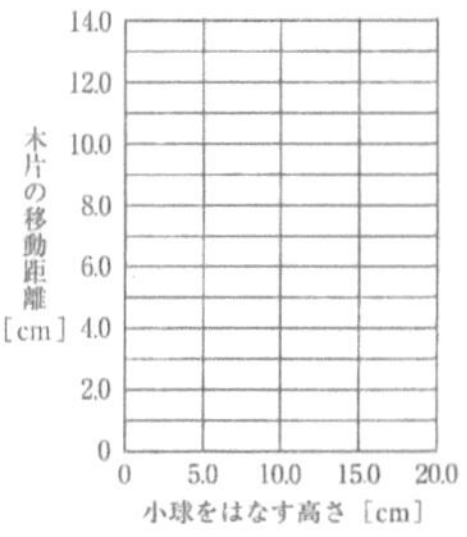

- 2 ①　②　③
- 3　　cm
- 4　　cm
- 5 A　B

7

- 1
- 2
- 3
- 4 (1)
- 4 (2)

8

- 1 酸化銅　酸化マグネシウム
- 2 銅　：　酸素
- 3 ⓐ
- 3 ⓑ
- 4　　g
- 5 ①
- 5 ②
- 5 ③

※ 164％に拡大していただくと，解答欄は実物大になります。

社　会

受検番号	氏　　名

※印のところには，何も書いてはいけません。

得点 ※	※

（切り取ってはいけません。）

社　会　　解　答　用　紙

※印のところには，何も書いてはいけません。

得点 ※	※

1	1	(1)	①	
			②	
			③	
		(2)	イギリス	ハンガリー
		(3)		
	2	(1)		
		(2)		
		(3)		
	3	(1)	a	b
		(2)	X	Y
2	1	(1)		
		(2)		
		(3)		
		(4)	→ → →	
	2		資料	メモ
	3	(1)		
		(2)		
		(3)		
		(4)		
		(5)		

3	1	(1)		
		(2)		
		(3)	①	
			②	
	2	(1)	①	
			②	
		(2)		
		(3)		
		(4)	①	
			②	
4	1	(1)		
		(2)	①	国の名前
				語句
			②	
	2	(1)		
		(2)		
		(3)	P	Q
	3	(1)	日本	フランス
		(2)		
		(3)		

2023年度

※167%に拡大していただくと，解答欄は実物大になります。

国語

受検番号

氏名

※印のところには，何も書いてはいけません。

※

得点 ※

（切り取ってはいけません。）

国語

解答用紙 Ⅰ

※印のところには，何も書いてはいけません。

※

得点 ※

一
- 一　ア　イ　ウ　エ　す　オ
- 二　ア　イ　ウ　エ　く　オ
- 三

二
- 一
- 二
- 三　30

三
- 一
- 二　A　B
- 三　(1)　30　(2)
- 四

四
- 一
- 二
- 三　20
- 四　20

五
- 一
- 二　15
- 三
- 四
- 五　40
- 六　A　14　B　30

七　別紙　解答用紙Ⅱ　に書きなさい。

国語

受検番号

氏名

※印のところには、何も書いてはいけません。

※

（切り取ってはいけません。）

国語

解答用紙 II

※印のところには、何も書いてはいけません。

※

五 七

注意

1 原稿用紙の正しい使い方に従って書くこと。

2 題名、氏名は書かないこと。

100字

200字

240字

2023年度入試配点表（山梨県）

数学	1	2	3	4	5	6	計
	各3点×6	各3点×6	1(2)　5点 他　各3点×3	1　5点 3　各2点×2 他　各3点×2	1　各3点×2 2(1)　6点 2(2)　各2点×2 (3)　4点	1　3点 他　各4点×3	100点

英語	1	2	3	4	5	計
	各3点×4	各3点×4	各3点×2	1,3～5　各2点×10 (5完答) 他　各3点×5	3,5　各3点×5 (3完答)　6　10点 他　各2点×5	100点

理科	1	2	3	4	計
	1　各2点×3 他　各3点×2	1, 3　各3点×2 他　各2点×3(5完答)	1, 4　各1点×5 5　3点 他　各2点×2	1　各2点×3 2　各3点×2	100点
	5	6	7	8	
	1(1), 2(2)　各2点×2 1(2),2(3)　各3点×2 2(1)　各1点×3	1, 4　各3点×2 3　2点 他　各1点×5	1, 4　各3点×3 他　各2点×2	1　各1点×2　2　2点 他　各3点×3 (3, 5各完答)	

社会	1	2	3	4	計
	1(1),2(1)　各2点×4 他　各3点×6 (1(2),3(1)・(2)各完答)	1(3)・(4), 2　各3点×3 (2完答)　3(3)　4点 他　各2点×6	1(3)②, 2(2)・(3)・(4)② 各3点×4 他　各2点×6	1(2)①, 2(1)・(2), 3(2) 各2点×5 他　各3点×5 (2(3),3(1)各完答)	100点

国語	一	二	三	四	五	計
	各2点×11	三　4点 他　各3点×2	一　2点 三(1)　4点 他　各3点×4	一　2点 二　3点 他　各4点×2	一　2点 五, 六B　各4点×2 七　15点　他　各3点×4	100点

※ 164％に拡大していただくと，解答欄は実物大になります。

数　学

受検番号	氏　　名

※印のところには，何も書いてはいけません。

得点 ※	※

（切り取ってはいけません。）

※印のところには，何も書いてはいけません。

数　学

解　答　用　紙

得点 ※	※

1

1		2	
3		4	
5		6	

2

1	x ＝	2	度

3

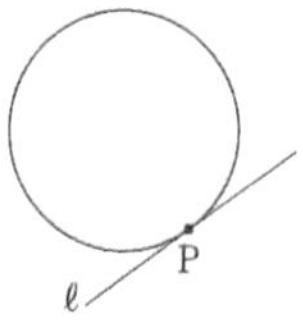

（作図に用いた線は消さないこと。）

4		5	

3

1 (1) 点

1 (2) 説明

2 (1) cm^2

2 (2)

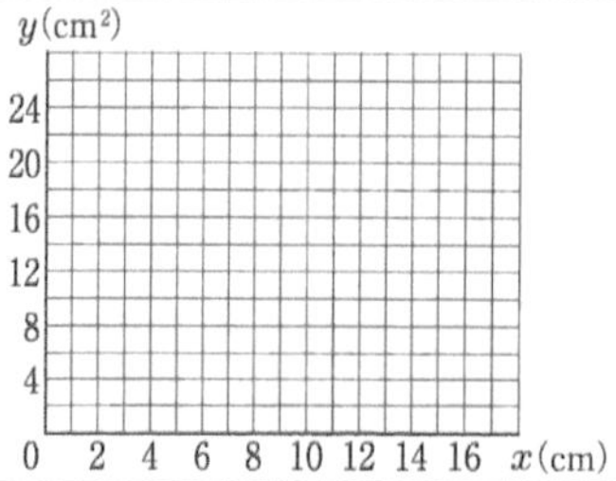

2 (3) xの値

4

1 (1) 回　(2)

2 (1) データ① 回　データ② 回

2 (2) 説明

5

1 (1) ≦ y ≦　(2) y ＝

1 (3)

2 (1) 証明

2 (2) AG ： GD
：

6

1	cm		
2	三角錐AEPQ cm^3	三角錐RFPS cm^3	
3	cm^2	4	cm^3

※ 164％に拡大していただくと，解答欄は実物大になります。

英　語	受　検　番　号	氏　　　　　名

※印のところには，何も書いてはいけません。

得点	※		※

-------- （切り取ってはいけません。） --------

※印のところには，何も書いてはいけません。

英　語	解　答　用　紙	得点 ※	※

1	1		2		3		4	

2	ア		イ		ウ		イラスト	

3	Question 1		Question 2	

4	1			
	2	A	B	C
	3	ⓐ	ⓑ	ⓒ
	4	①	②	③
	5			
	6			
	7	①	②	③

5	1	①	②	
	2			
	3	【1】	【2】	【3】	【4】	【5】
	4			
	5	A	B	C	D
	6				5
					10
					15
					20
					25
					30
					35
					40
					45
					50

※ 156％に拡大していただくと，解答欄は実物大になります。

理　科

受　検　番　号	氏　　　　　名

※印のところには，何も書いてはいけません。

得点 ※	※

（切り取ってはいけません。）

理　科

解　答　用　紙

※印のところには，何も書いてはいけません。

得点 ※	※

1

1	(1)	
	(2)	
2	(1)	
	(2)	
	(3)	

2

1		hPa
2	天気	風向
	風力	
3		
4	記号	
	理由	
5		g

3

1		
2		
3		
4		
5	ⓐ	
	ⓑ	

4

1		
2		単位
3		
4	ⓐ	ⓑ
5		

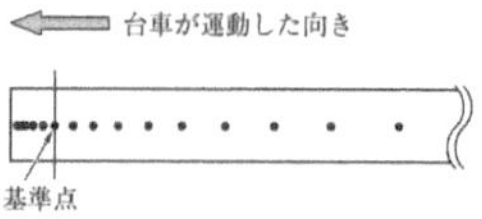

5

1		
2	ⓑ	ⓒ
3	記号	
	理由	
4		器官
5		

6

1	(1)	
	(2)	
	(3)	鉱物
2	(1) ⓐ	ⓑ
	(2)	

7

1	
2	
3	
4	
5	cm³

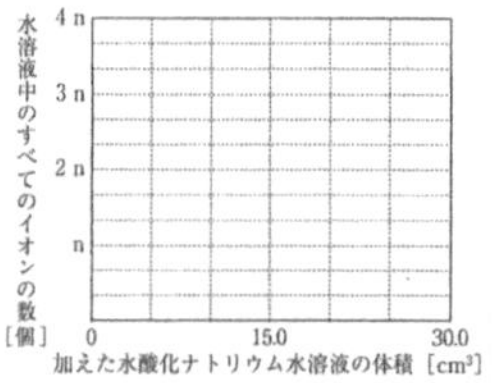

8

1	(1)	Ω
	(2)	A
	(3)	
2	(1) ①	②
	(2)	%

※ 164%に拡大していただくと，解答欄は実物大になります。

社　会

受　検　番　号	氏　　　　名

※印のところには，何も書いてはいけません。

得点	※		※

（切り取ってはいけません。）

※印のところには，何も書いてはいけません。

得点	※		※

社　会

解　答　用　紙

1	1	(1)	記号	首都の名前
		(2)		
	2	(1)	P	Q
		(2)	d	
		(3)		
	3	(1)		
		(2)	鳥取県	広島県
			山口県	
		(3)		
		(4)	①	
			② X	
			Y	
2	1	(1)		
		(2)	→　→　→	
		(3)		
		(4)		
		(5)		
		(6)		
	2	(1)		
		(2)		
		(3)		
		(4)		
		(5)		

3	1	(1)		
		(2)		
		(3)		
	2	(1)	a	b
		(2)	I	II
	3	(1)		
		(2)	①	
			②	
	4	(1)	X	Y
		(2)		
4	1	(1)	① X	
			Y	
			②	
		(2)		
	2	(1)		
		(2)		
		(3)	情報	グラフ
	3	(1)		
		(2)	P	Q
		(3)		

山梨県公立高校　２０２２年度

※１６７％に拡大していただくと，解答欄は実物大になります。

国語

受検番号

氏名

※印のところには，何も書いてはいけません。

※

得点 ※

（切り取ってはいけません。）

国語

解答用紙 Ⅰ

※印のところには，何も書いてはいけません。

※

得点 ※

一
- 一　ア　イ　ウ　エ　オ　か
- 二　ア　イ　ウ　エ　オ　く
- 三

二
- 一
- 二
- 三　40

三
- 一
- 二　始め　終わり
- 三 (1)
- 三 (2)　40
- 四　20
- 五　B　10
- 五　C　20

四
- 一
- 二　A
- 二　B　20
- 三　30

五
- 一　a　b
- 二
- 三　40
- 四　A
- 四　B　20
- 五
- 六　別紙 **解答用紙Ⅱ** に書きなさい。

国語

受検番号	氏名

※印のところには、何も書いてはいけません。

※

（切り取ってはいけません。）

国語

解答用紙 Ⅱ

※印のところには、何も書いてはいけません。

※

五

六

注意

1 原稿用紙の正しい使い方に従って書くこと。
2 題名、氏名は書かないこと。

100字

200字

240字

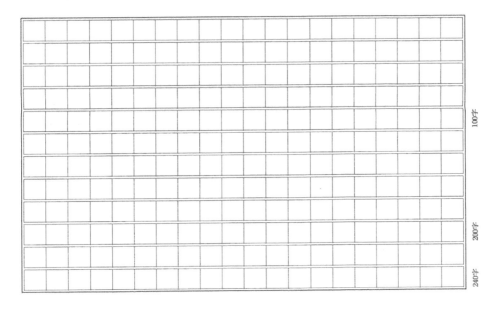

2022年度入試配点表 (山梨県)

数学	1	2	3	4	5	6	計
	各3点×6	各3点×5	1(2)　5点 2(3)　4点(完答) 他　各3点×3	2(1)　各2点×2 (2)　5点 他　各3点×2 (1(2)完答)	2(1)　6点 他　各3点×4	2　各2点×2 他　各4点×3	100点

英語	1	2	3	4	5	計
	各3点×4	各3点×4	各3点×2	1,6,7　各3点×5 他　各2点×10	3,5　各3点×5 6　10点 他　各2点×5(3完答)	100点

理科	1	2	3	4	計
	1, 2(3)　各3点×3 他　各2点×2	1, 3　各2点×2 2　各1点×3 他　各3点×2(4完答)	1, 2, 5　各3点×3 他　各2点×2 (4,5各完答)	1　2点　4　各1点×2 他　各3点×3 (2完答)	100点
	5	6	7	8	
	3, 4　各3点×2 他　各2点×3 (2,3各完答)	1(3), 2(2)　各3点×2 他　各2点×3 (2(1)完答)	4, 5　各3点×2 他　各2点×3	1(1), 2(2)　各3点×2 1(2)・(3)　各2点×2 2(1)　各1点×2	

社会	1	2	3	4	計
	1(1),2(3),3(2)・(4)②X 各3点×4 他　各2点×7 (1(1),2(1),3(2)各完答)	1(6),2(2)・(3) 各3点×3 他　各2点×8	1(2)・(3), 2(2), 3(2)②, 4(1)　各3点×5 他　各2点×5 (2(1)・(2),4(1)各完答)	2(3), 3　各3点×4 他　各2点×6 (2(3),3(2)各完答)	100点

国語	一	二	三	四	五	計
	各2点×11	三　4点 他　各3点×2	一　2点 三(2)　4点 他　各3点×5(二完答)	一,二A 各2点×2 他　各4点×2	二,五　各3点×2 三,四B　各4点×2 六　15点　他　各2点×3	100点

〜公立高校志望の皆様に愛されるロングセラーシリーズ〜

公立高校入試シリーズ

・全国の都道府県公立高校入試問題から良問を厳選
※実力錬成編には独自問題も！
・見やすい紙面、わかりやすい解説

数学

合格のために必要な点数をゲット

目標得点別・公立入試の数学 基礎編

- 効率的に対策できる！　30・50・70点の目標得点別の章立て
- web解説には豊富な例題167問！
- 実力確認用の総まとめテストつき

定価：1,210 円（本体 1,100 円 + 税 10%）／ ISBN：978-4-8141-2558-6

応用問題の頻出パターンをつかんで80点の壁を破る！

実戦問題演習・公立入試の数学 実力錬成編

- 応用問題の頻出パターンを網羅
- 難問にはweb解説で追加解説を掲載
- 実力確認用の総まとめテストつき

定価：1,540 円（本体 1,400 円 + 税 10%）／ ISBN：978-4-8141-2560-9

英語

「なんとなく」ではなく確実に長文読解・英作文が解ける

実戦問題演習・公立入試の英語 基礎編

- 解き方がわかる！　問題内にヒント入り
- ステップアップ式で確かな実力がつく

定価：1,100 円（本体 1,000 円 + 税 10%）／ ISBN：978-4-8141-2123-6

公立難関・上位校合格のためのゆるがぬ実戦力を身につける

実戦問題演習・公立入試の英語 実力錬成編

- 総合読解・英作文問題へのアプローチ手法がつかめる
- 文法、構文、表現を一つひとつ詳しく解説

定価：1,320 円（本体 1,200 円 + 税 10%）／ ISBN：978-4-8141-2169-4

理科

短期間で弱点補強・総仕上げ

実戦問題演習・公立入試の理科

- 解き方のコツがつかめる!　豊富なヒント入り
- 基礎〜思考・表現を問う問題まで
重要項目を網羅

定価：1,045 円（本体 950 円 + 税 10%）
ISBN：978-4-8141-0454-3

社会

弱点補強・総合力で社会が武器になる

実戦問題演習・公立入試の社会

- 基礎から学び弱点を克服!　豊富なヒント入り
- 分野別総合・分野複合の融合など
あらゆる問題形式を網羅
※時事用語集を弊社HPで無料配信

定価：1,045 円（本体 950 円 + 税 10%）
ISBN：978-4-8141-0455-0

国語

最後まで解ききれる力をつける

形式別演習・公立入試の国語

- 解き方がわかる!　問題内にヒント入り
- 基礎〜標準レベルの問題で
確かな基礎力を築く
- 実力確認用の総合テストつき

定価：1,045 円（本体 950 円 + 税 10%）
ISBN：978-4-8141-0453-6

県立高校に合格して、
君だけの未来を切り開こう!!
1対1だから、「わからない所まで戻って、
「理解できるまで」習うことができる！
一人ひとりに合った勉強のやり方を
指導することで 苦手を克服できる！
個別カリキュラムで、
全科目サポートするから安心！
無料体験
随時受付中!!
弱点の分析で
やるべきことが
わかる！
学生家庭教師会は….
プロと学生の先生を
同じ料金で派遣しています！
教材販売がありません！
頑張れ受験生！
ご入会キャンペーン
実施中！
詳しい内容はWEBで！
スマホで
ピッ!!
最新のキャンペーン情報
お住まいの地域の合格実績
お客さまの体験談…. など
学生家庭教師会
検索
創業50年以上の歴史と実績！中学受験・高校受験・中高一貫校・大学受験対応！
対象 小1～高3
※ 浪人生や公務員試験、看護専門学校の受験の一般の方も可能です。
無料体験・資料請求・お問合わせ
「過去問のチラシを見た」とお伝え下さい。
「生きる」を創造する
学生家庭教師会
0120-70-2339
受付時間（月～金）13:00～21:00
<運営>(株)ライフブリッヂ

東京学参の

中学校別入試過去問題シリーズ

＊出版校は一部変更することがあります。一覧にない学校はお問い合わせください。

東京ラインナップ

あ 青山学院中等部(L04)
麻布中学(K01)
桜蔭中学(K02)
お茶の水女子大附属中学(K07)
か 海城中学(K09)
開成中学(M01)
学習院中等科(M03)
慶應義塾中等部(K04)
啓明学園中学(N29)
晃華学園中学(N13)
攻玉社中学(L11)
国学院大久我山中学
（一般・CC）(N22)
（ＳＴ）(N23)
駒場東邦中学(L01)
さ 芝中学(K16)
芝浦工業大附属中学(M06)
城北中学(M05)
女子学院中学(K03)
巣鴨中学(M02)
成蹊中学(N06)
成城中学(K28)
成城学園中学(L05)
青稜中学(K23)
創価中学(N14)★
た 玉川学園中学部(N17)
中央大附属中学(N08)
筑波大附属中学(K06)
筑波大附属駒場中学(L02)
帝京大中学(N16)
東海大菅生高中等部(N27)
東京学芸大附属竹早中学(K08)
東京都市大付属中学(L13)
桐朋中学(N03)
東洋英和女学院中学部(K15)
豊島岡女子学園中学(M12)
な 日本大第一中学(M14)
日本大第三中学(N19)
日本大第二中学(N10)
は 雙葉中学(K05)
法政大学中学(N11)
本郷中学(M08)
ま 武蔵中学(N01)
明治大付属中野中学(N05)
明治大付属八王子中学(N07)
明治大付属明治中学(K13)
ら 立教池袋中学(M04)
わ 和光中学(N21)
早稲田中学(K10)
早稲田実業学校中等部(K11)
早稲田大高等学院中学部(N12)

神奈川ラインナップ

あ 浅野中学(O04)
栄光学園中学(O06)
か 神奈川大附属中学(O08)
鎌倉女学院中学(O27)
関東学院六浦中学(O31)
慶應義塾湘南藤沢中等部(O07)
慶應義塾普通部(O01)
さ 相模女子大中学部(O32)
サレジオ学院中学(O17)
逗子開成中学(O22)
聖光学院中学(O11)
清泉女学院中学(O20)
洗足学園中学(O18)
捜真女学校中学部(O29)
た 桐蔭学園中等教育学校(O02)
東海大付属相模高中等部(O24)
桐光学園中学(O16)
な 日本大中学(O09)
は フェリス女学院中学(O03)
法政大第二中学(O19)
や 山手学院中学(O15)
横浜隼人中学(O26)

千・埼・茨・他ラインナップ

あ 市川中学(P01)
浦和明の星女子中学(Q06)
か 海陽中等教育学校
（入試Ⅰ・Ⅱ）(T01)
（特別給費生選抜）(T02)
久留米大附設中学(Y04)
さ 栄東中学(東大・難関大)(Q09)
栄東中学(東大特待)(Q10)
狭山ヶ丘高校付属中学(Q01)
芝浦工業大柏中学(P14)
渋谷教育学園幕張中学(P09)
城北埼玉中学(Q07)
昭和学院秀英中学(P05)
清真学園中学(S01)
西南学院中学(Y02)
西武学園文理中学(Q03)
西武台新座中学(Q02)
専修大松戸中学(P13)
た 筑紫女学園中学(Y03)
千葉日本大第一中学(P07)
千葉明徳中学(P12)
東海大付属浦安高中等部(P06)
東邦大付属東邦中学(P08)
東洋大附属牛久中学(S02)
獨協埼玉中学(Q08)
な 長崎日本大中学(Y01)
成田高校付属中学(P15)
は 函館ラ・サール中学(X01)
日出学園中学(P03)
福岡大附属大濠中学(Y05)
北嶺中学(X03)
細田学園中学(Q04)
や 八千代松陰中学(P10)
ら ラ・サール中学(Y07)
立命館慶祥中学(X02)
立教新座中学(Q05)
わ 早稲田佐賀中学(Y06)

公立中高一貫校ラインナップ

北海道 市立札幌開成中等教育学校(J22)
宮　城 宮城県仙台二華・古川黎明中学校(J17)
市立仙台青陵中等教育学校(J33)
山　形 県立東桜学館・致道館中学校(J27)
茨　城 茨城県立中学・中等教育学校(J09)
栃　木 県立宇都宮東・佐野・矢板東高校附属中学校(J11)
群　馬 県立中央・市立四ツ葉学園中等教育学校・
市立太田中学校(J10)
埼　玉 市立浦和中学校(J06)
県立伊奈学園中学校(J31)
さいたま市立大宮国際中等教育学校(J32)
川口市立高等学校附属中学校(J35)
千　葉 県立千葉・東葛飾中学校(J07)
市立稲毛国際中等教育学校(J25)
東　京 区立九段中等教育学校(J21)
都立大泉高等学校附属中学校(J28)
都立両国高等学校附属中学校(J01)
都立白鷗高等学校附属中学校(J02)
都立富士高等学校附属中学校(J03)
都立三鷹中等教育学校(J29)
都立南多摩中等教育学校(J30)
都立武蔵高等学校附属中学校(J04)
都立立川国際中等教育学校(J05)
都立小石川中等教育学校(J23)
都立桜修館中等教育学校(J24)
神奈川 川崎市立川崎高等学校附属中学校(J26)
県立平塚・相模原中等教育学校(J08)
横浜市立南高等学校附属中学校(J20)
横浜サイエンスフロンティア高校附属中学校(J34)
広　島 県立広島中学校(J16)
県立三次中学校(J37)
徳　島 県立城ノ内中等教育学校・富岡東・川島中学校(J18)
愛　媛 県立今治東・松山西中等教育学校(J19)
福　岡 福岡県立中学校・中等教育学校(J12)
佐　賀 県立香楠・致遠館・唐津東・武雄青陵中学校(J13)
宮　崎 県立五ヶ瀬中等教育学校・宮崎西・都城泉ヶ丘高校附属中学校(J15)
長　崎 県立長崎東・佐世保北・諫早高校附属中学校(J14)

公立中高一貫校「適性検査対策」問題集シリーズ

総合編
作文問題編
資料問題編
数と図形編
生活と科学編
実力確認テスト編

私立中・高スクールガイド
THE《ザ》私立
私立中学＆高校の学校生活がわかる！

〈ダウンロードコンテンツについて〉

本問題集のダウンロードコンテンツ、弊社ホームページで配信しております。現在ご利用いただけるのは「2025年度受験用」に対応したもので、**2025年3月末日**までダウンロード可能です。弊社ホームページにアクセスの上、ご利用ください。
※配信期間が終了いたしますと、ご利用いただけませんのでご了承ください。

山梨県公立高校　2025年度

ISBN978-4-8141-3269-0

[発行所] 東京学参株式会社
〒153-0043　東京都目黒区東山2-6-4

書籍の内容についてのお問い合わせは右のQRコードから　⇒

※書籍の内容についてのお電話でのお問い合わせ、本書の内容を超えたご質問には対応できませんのでご了承ください。

2024年5月31日　初版